妖怪学とは何か

井上円了精選

井上円了
菊地章太 編・解説

講談社学術文庫

目次

凡例

一、井上円了の著述から妖怪学に関連する数篇を選び原著から翻刻した。

一、底本は以下のとおりである。

「妖怪談」『教の友』第二十二号、静岡県教友会、明治三十八年（一九〇五）十月一日刊。句読点がある。すべての漢字に振仮名がある。編者の判断で適宜取捨した。

『妖怪学講義録』佐渡教育会、明治三十一年（一八九八）八月刊。句読点はない。濁点もない。振仮名は若干ある。いずれも適宜補った。

「真怪論」『妖怪学雑誌』第一号、妖怪学雑誌社、明治三十三年（一九〇〇）四月十日刊。読点のみで句点はない。振仮名は若干ある。いずれも適宜補った。以下同様である。

「妖怪学と諸学との関係」『妖怪学雑誌』第三号、明治三十三年五月十日刊。

「忘憂術」『妖怪学雑誌』第十号、明治三十三年八月二十五日刊。

「論怪」『妖怪学雑誌』第二十号、明治三十四年（一九〇一）一月二十五日刊。

『おばけの正体』丙午出版社、大正三年（一九一四）七月五日初版。句読点がある。すべての漢字に振仮名がある。適宜取捨した。

補遺三篇「妖怪学講義細目」「妖怪学講義参考書目」「調査地一覧」は以下より抜粋した。

『妖怪学講義緒言』哲学館、明治二十六年（一八九三）八月二十四日初版。

一、漢字は原則として新字体を使用した。無理な宛字以外は底本を尊重したが、読みやすさを考慮し仮名に改めたところもある。仮名遣いは「現代かなづかい」に統一した。

一、振仮名は底本に従った。同じ語でも異同が少なくない（「所業《しょぎょう》」「所業《しわざ》」等）。統一せずに底本を尊重した。難解の語には振仮名を適宜補った。

一、送仮名は底本ではかならずしも一定ではなく、名詞に用いる場合に仮名を送らず、動詞に用いる場合に末尾のみ仮名を送る等の方式が混在する（「取調《とりしらべ》の結果」「取調《とりしら》べた結果」等）。底本を尊重したが、読みやすさを考慮して改めたところもある。

一、反復文字はそのまま用いた（「〱」「ゝ」「々」等）。

一、会話文に鉤括弧（「」）が付されていない場合は、おおむね文末が地の文に接続している。これもそのままとした。

一、編者が補足した語句には［ ］を付した。

一、巻末の注は難解の語に施したほか、本文の歴史的状況を補足する事項に施した。

一、挿絵と図は底本にあるものはすべて掲載した。他書において同じ話題に付された挿絵や参考となる図があれば転載し、出典を注に記した。

一、文中には今日の人権意識に照らして不適当な表現や語句が見られるが、原文の歴史性を尊重してそのままとした。

妖怪学とは何か

井上円了精選

井上円了　1858-1919［撮影年次不詳］
（『井上圓了先生』東洋大学校友会、1919年）

編者序文

ある明治人の軌跡

妖怪は学問の対象になるか。

明治の世に井上円了《いのうええんりょう》はその実現へ向けて邁進した。

円了は越後の真宗の寺に生まれた。生家の寺を捨て、東京で哲学を教える学校を創った。僧侶となる道を放棄した身だが、かえってそれだからこそか、文明開化の時代に即応した仏教のありかたを模索した。そのうえに、妖怪学という学問を確立すべく、全国を歩きまわって妖怪の伝承を収集して等身におよぶ著述をなした。哲学をおのが本尊とした人が、なぜ妖怪を研究対象としたのか。――それは決して余技でもなく道楽でもない。生涯をかけて学問体系の構築をめざしたのだ。本書はその浩瀚《こうかん》な業績のなかから、妖怪学研究の精華を汲み取ろうとする試みである。それは頼るものとてない未開の原野を開墾しつづけた明治人の軌跡をたどる作業にほかならない。

哲学、そして仏教の改革

井上円了、幼名を岸丸《きしまる》といい、のちに襲常《ともつね》と改めた。ついで円了を名のり、甫水《ほすい》と号した。安政五年（一八五八）に越後国三島《さんとう》郡浦《うら》村に生まれた。現在の新潟県長岡市浦である。甫水の号は「浦」の字を割ったもの。生家の慈光寺《じこうじ》は真宗大谷派に属している。寺の門前に道一本へだてて土手があり、あがれば目の前は信濃川である。滔々《とうとう》たる流れが越後平野をうるおしている。

明治四年（一八七一）に数え年十四で得度して僧籍を取得した。七年（一八七四）に新潟学校第一分校に入学した。現在の県立長岡高等学校の前身である。ついで本山東本願寺が明治初年に設立した教師教校に入学する。これは宗門の師範学校にあたる。そこから東本願寺留学生に選抜されて大学予備門に派遣された。のちの旧制第一高等学校である。十四年（一八八一）に東京大学に入学した。帝国大学令発布前なのでこれが当時の名称である。文学部哲学科に進み、アーネスト・フェノロサのもとで近代ヨーロッパの観念論哲学を学んだ。

明治十八年（一八八五）に円了は大学を卒業して学士になった。東本願寺留学生として最初の学士号取得である。本山から届いた辞令には印度《インド》哲学取調《とりしらべ》掛《がかり》とあった。学士第一号にはなったが、末寺の子にすぎない身である。宗門上層部はなんら優遇の策を講じなかった。円了はこれを謝絶した。教師教校教授南条文雄《なんじょうぶんゆう》、オクスフォード大学で学位を取得したその人から母校の教授に推薦されるが辞退した。東京大学御用掛で、のちに陸軍軍医総監となる石黒忠悳《いしぐろただのり》から文部省への出仕を推薦されるがこれも辞退した。そしてたったひとりで学校を創ることを決意した。郷里長岡は戊辰戦争の敗者である。生国が勤王か佐幕か。それが明治人の一生に影を落とした。そんな時代のことである。

円了は明治二十年（一八八七）九月に本郷区（現文京区）の臨済宗寺院の一棟を借りて、私立哲学館を開館した。現在の東洋大学の前身である。そのおり「哲学館開設ノ旨趣」が発表された。めざすのは哲学を教授することである。なんとなれば「哲学は実に諸学を総合統括する学問」だからであるという。幕末明治創設の私立学校は、慶應も早稲田も明治も法政も、いずこも政治経済や法律を教える学校である。実学本意の学校ばかりが繁盛するなか、哲学を看板にかかげる学校など前代未聞だった。

同じ年、円了は『仏教活論序論』を出版している。これは仏教を西洋哲学の理念によって解き明かそうと試みた書物である。これによって廃仏毀釈このかた衰退のきわみにあった仏教を再生しようとはかった。円了の全著作のなかで生前もっとも読まれた書物とされる。一度は捨てた仏教に新たな可能性を見出し、進むべき方向を示唆したのである。生家を継ぐことを切望した両親の願いはついに振り切った。すでに受けていた宗門の得度は委託返上のかたちとなった。円了は自分が生まれた寺を捨てた。自分を育てた父と母を捨てたのである。この思いを一生背負って生きるしかなくなった。

仏教を哲学として理解する。これは今でこそ定着しているが、明治の世にあっては破天荒な着想だった。この時代に、近代化とはすなわち欧米化を意味した。円了の仏教改革もその線に沿うところが多大である。そこにはその後の日本社会において宗教が変容していく根源とも言うべきものがある。と同時に矛盾点や疑問点も胚胎させてはいないか。それを批判的に見ていく必要もあるだろう。

迷信の打破をめざして

哲学館開館の前年、円了は同窓生をさそって不思議研究会を発足させた。時代遅れの迷信の徹底破壊をめざす集まりが誕生した。そのとき名をつらねた同志の筆頭は哲学科出身の三宅雄二郎《みやけゆうじろう》、のちに雪嶺《せつれい》と号した人である。政治科を卒業した坪内雄蔵《つぼうちゆうぞう》の名もある。のちに逍遙《しょうよう》と号した人である。

これより先、医学部に精神医学講座が新設され、エルヴィン・フォン・ベルツが教授に就任した。蒙古斑の命名や草津温泉の開拓で名高い御雇外国人である。ちまたでは御一新の世でさえ狐憑《きつね》きが多発していた。政府はこれを憂慮し、ベルツに調査を依頼した。

明治十八年（一八八五）に『官報』所載の論考「狐憑病説」が完成する。それによれば、憑依するのは狐に限らない。ある土地では狐憑きと言うが、別の土地では犬神と言う。だが憑依された人の病症はみな同一であり、それが発現する際には他者（たとえば祈禱師《きとうし》）の暗示が効力を発揮する。そこでは共同体の内部に伝わる俗信が重大な役割をはたしていた。そのことがまず明らかにされる。そのうえで、直接の原因は憑依されたと信じている人の大脳の変調に求められる。脳内におけるエネルギー分布の均衡がくずれたとき、知覚や運動に異常が生じて精神活動に支障をきたすという。

ベルツは不可解な現象を解明していくにあたり、今日の分類で言えば民俗学から神経病理学まで、幅広い領域を横断してアプローチを試みた。その姿勢と具体的な方法を円了は範と仰いだ。不思議研究の最初の取り組みは、当時ちまたで流行していたコックリさんの実態解明だった。円了は全国各地から情報を収集した。それをもとに伝播の経路をたどっていくと、伊豆の下田に行き着いた。西洋人の船員たちが持ち込んだものらしい。そのころ欧米ではテーブル・ターニングという名の擬似降霊術が花盛りだった。コックリさんはその日本版にほかならない（具体的なメカニズムについては、本書所収の「妖怪談」ならびに『妖怪学講義録』を参照されたい）。

円了は哲学の合理的な思考のありかたを重んじた。思い込みや偏見に囚われることなく、客観的な観察と主体的な思考にもとづいて世界を見つめる。そうした理想をかかげて身のまわりのことを解き明かしていく。その時代、人々の周囲にはいまだ不可思議な事象が満ちあふれ、さまざまな迷信が語り伝えられていた。なかには妖怪のしわざに違いないと考えられていたことどもが無数にあった。

「王子装束《おうじしょうぞく》ゑの木大晦日《おおみそか》の狐火《きつねび》」と題する版画がある。東海道五十三次の連作で名高い歌川広重が描いた。円了が生まれる一年前の安政四年（一八五七）、維新のほんの十年あまり前の作品である。狐が松明《たいまつ》を口にくわえて集まっている。時代はほどなく文明開化を迎え、街に瓦斯《ガス》灯がともり、やがて電灯が普及していく。だがそれは都会の話。日が暮れてしまえば村の夜は真っ暗だった。そこには闇夜のあやかしの世界がなおも人々の日常を支配していた。

全国津々浦々へ

哲学の普及をみずからの使命とした円了にとって、まず立ち向かうべきは、世間にはびこる無知蒙昧なる妖怪の迷信を打破し、不合理な現象を合理的に解明していくことだった。妖怪の存在を否定するために妖怪を研究したのである。そしてその成果を「妖怪学」という正規の科目として哲学館で講義した。円了という一個人のなかで、哲学と妖怪学は分かちがたく結びついている。両者はじつに表裏一体をなしていた。

世間一般に思われているような河童や天狗、お化けや幽霊だけが妖怪学の対象とする領域ではない。『妖怪学講義録』は記す。「何をか妖怪と云う。曰く異常変態にして且つその道理を解すべからざる所謂不可思議に属するものにして、換言せば不思議と異常変態とを兼ぬるものこれなり」と。すなわち通有の道理では解することのできない不可思議な現象全般を妖怪の名で総括し、その考究を妖怪学のめざすところと定めたのである。

慶應義塾は入学者が減少して経営難におちいったことがある。福澤諭吉は旧幕臣の代表格だった勝海舟に借財を求めた。しかし三田の私有地を手放さずにいたことが露見して海舟に拒絶された。哲学館の経営の困難さは慶應の比ではない。円了は何の資産もなく、裸一貫でこれをはじめたのである。大学出の若造が誰にも頼らず、何に役立つかわからない哲学の学校を創った。海舟はこれに感じ、円了に説いた。私学を経営するならあくまで独立自活の精神を維持すべきであると。どこかに依存すれば私学にとってもっとも大切なものが失われてしまう。海舟は同志社の新島襄にも同じことを語っている。資金獲得の方策ならある。館主みずから全国を講演してめぐり、各地の聴衆から広く賛同を得よという。海舟自身も後援を惜しまなかった。円了が途方もないエネルギーを費やすことになる全国巡講はこうしてはじまった。

演題は主催者や聴衆からの希望に応じることもしばしばある。教育や道徳に関する内容ばかりでなく、妖怪や迷信に関するものがすこぶる多い。そのため円了は「お化け博士」とか「妖怪博士」と呼ばれたという。演題の細目は『哲学館講義録』によって知られる。この書物は英吉利《イギリス》法律学校（のちの中央大学）や東京法学校（のちの法政大学）等が法律関係の講義録を発行しているのにならい、明治二十一年（一八八八）に創刊された。

円了は足をすりこぎにして全国をかけずりまわった。馬車のかよわぬ山奥へも行った。小学校で場所を借りて話をする。そこで寝泊まりする。土地の人々と車座になって、どぶろくを飲む。そうしてようやく所期の目的を達することができた。行く先々で人情風俗をさながらに聞かせてもらう。古くからの不思議な言い伝えも豊富にあった。円了はそれを全国津々浦々で聞くことができたのである。

その足跡は当時の行政区分で一道一府三十二県にのぼる。こうして厖大《ぼうだい》な不思議現象の聞き書きが試みられた。その調査研究の成果をまとめて、明治二十六年（一八九三）に『妖怪学講義』を創刊する。これはやがて二十四分冊もの成果となった。それは民俗伝承の宝庫というべきものだろう。二十九年（一八九六）の再版のおりに増補され、全六冊に合本された。あわせて二千五百ページを超える大著である。さらに市井の人々に語った啓蒙書も続々と刊行した。

「迷信」もしくは「民間信仰」

妖怪など迷信にすぎない。それはそうだとしても、私たちは長いあいだ妖怪がいると信じてきた。これはまぎれもない事実である。ありえないものを信じつづけてきたというその事実のなかに、日本人のものの考え方や感じ方を理解するための大事な手がかりがひそんでいる。そうした視点から、妖怪の研究に真正面から取り組んだのが柳田國男である。

日本民俗学を開拓した柳田は、妖怪に対する円了の姿勢を批判した。円了は妖怪の言い伝えのもとになっている迷信を否定しようとしたが、柳田にとっては妖怪が迷信か否かは問題ではない。そもそも「迷信」という言葉は使わず「民間信仰」と記している。柳田の場合には、むしろ人々が妖怪を信じて恐れるという思いを捨ててしまうのではなく、なぜそんなものを信じてしまうのかを理解する。それこそが重要だと考えたのである。

明治三十六年（一九〇三）に岩手県出身の青年が上京してきた。佐々木喜善《ささききぜん》という。ふるさとの遠野には、さまざまな迷信や妖怪の伝説が語りつがれている。東京には井上円了という偉い先生がいて、妖怪学を講義しているという。それを聴きたくて哲学館に入学した。ところがその内容は予想とは大違いだった。妖怪なんぞにまどわされてはいけないというのだ。喜善はすっかり失望した。

その後、友人の紹介で喜善に出会った柳田は、彼が話す遠野の伝説におおいに関心を示した。『遠野物語』の序文には、喜善が夜分おりおり訪ねてきては故郷に伝わる話を語ってくれたと書いてある。円了の名は出てこない。しかし最近は遠野が注目を集め、『遠野物語』の研究もさかんになって、ようやく柳田による円了批判という側面が浮かびあがってきた。円了の姿勢に反対するという意識が、この書物の出発点にあったのだ。ここから民俗学という巨大な学問が胎動していく。

『遠野物語』を著したとき、柳田はまだ現地を訪れていない。出版は明治四十三年（一九一〇）である。それに先立つ年の夏、はじめて柳田は遠野を旅した。東北本線の花巻駅で下車し、人力車を乗りついだ。その先は、ただ青い山と原野が広がるばかりの土地である。宿屋で馬を借り、物語の舞台となった河童の淵や天狗の森を歩きまわったという。ただ、遠野の町そのものは繁華な都会であった。序文に「遠野の城下は則ち煙花の街なり」と記したほどである。

柳田の全集をひもとくと、ときおり円了を揶揄したような言葉が出てくる。はっきりと述べたところもある。明治三十八年（一九〇五）の「幽冥談《ゆうめいだん》」には、「僕は井上円了さんなどに対しては徹頭徹尾反対の意を表せざるを得ない」とある（『柳田國男全集』第二三巻、筑摩書房）。続けて言うには、このごろは妖怪学の講義とかいうのがあるが、妖怪の説明はなにも円了にはじまったわけではない。江戸時代にも生意気なやつらがいて、妖怪は心の迷いだなどと言っていたくらいだと。それにしても「徹頭徹尾反対」とは手厳しい。円了は柳田にどう反撃したか。

妖怪の撲滅か擁護か

大正三年（一九一四）に本書所収の『おばけの正体』が出版された。『遠野物語』の四年後に書かれている。緒言によれば、この本は「妖怪に迷える児童」のために執筆したという。自分の子どもの頃の体験から語りはじめる（第二項）。――夜中にふと目がさめた。あかりは消えて真っ暗である。そのとき「枕を着けた儘眺《まゝ》むるに、隣室の障子の戸骨《ほね》の間より何物か室内を覗《のぞ》き込《こん》でいる顔が見ゆる」という。ときおり引っ込んだり、また覗いたりする。怖くなって布団を頭からかぶり、縮みあがって寝ていた。翌朝、隣りの部屋に行ってみれば、障子の紙が破れていた。風が吹きこむたびに人の顔が動くように見えただけなのだ。それからは「幽霊を見ても紙切れと思えば、恐ろしくも怖くもないと云う決心を起した」という。

『おばけの正体』は百三十の短い章からなる。語られた内容は「明治維新後に起った出来事」に限定されている。そのひとつひとつに対して、原因を解きあかした書物である。お化けの正体は、破れ障子であったり、奥座敷のボンボン時計であったりする。どれもすとんと腑《ふ》に落ちて、安心があとに残る。

かたや『遠野物語』も百十九のごく短い章からなり、内容も「此は是目前の出来事なり」と記されている。どの話にも解決はあたえられない。読んだあとに残るのは、変わりゆく世のはかなさであり、もの知らぬ身のあわれさであり、生きていくことの寂しさである。それが得も言われぬ余韻となっている。

『遠野物語』に円了の名が出てこないように、『おばけの正体』にも柳田の名はない。子どもたちに、おばけなんか怖くないぞと語った書物である。民俗学者の名を出す必要はもとよりない。それにしても『遠野物語』のことは意識されていたに違いない。「之を語りて平地人を戦慄せしめよ」と記した柳田である。円了はそれに一矢を報いたのではないか。

円了と柳田はたがいにめざす方向がまったく異なっていた。ふたりとも日本各地を訪ね歩いて妖怪に関する厖大な記録を残したが、一方は妖怪を撲滅するため、もう一方は妖怪を擁護するためだった。

円了が世間にはびこる妖怪現象の掃討に力をつくしたことはまぎれもない。しかし何もかも一網打尽にしたかといえば、そうとばかりは言い切れないところもある。『妖怪学講義』をひもとくと、そのあまりの情報量に圧倒され、明治の世にはこんなに妖怪が存在したのかと逆に感心してしまうほどである。円了は情熱をこめて妖怪学を考究し、日本中にうごめく妖怪事象を求めて旅を続けた。埋もれている伝承を訪ね歩き、古老からじかに話を聞いて、それを書きとめた。その点では、柳田がめざしてきたことと変わりがない。かえって柳田の場合、収集した伝承を記録する際に、かなりの文飾を加えたことが指摘されている。その点では、『遠野物語』の作者の方がはるかに近代的な嗜好の持ち主だったかもしれない。円了は聞き書きの成果を生《なま》の素材のままで提示した。そのため今となっては貴重な伝承資料となっている。

今でこそ忘れられた存在であっても、円了に対する同時代人の反応はなかなかに大きかった。柳田のような反発もあれば同調もある。三遊亭円朝、ラフカディオ・ハーン、泉鏡花、西田幾多郎、出口王仁三郎等々、語るべきことは多い。降っては、宮田登、小松和彦氏による円了批判が重要であろう。また、水木しげる、京極夏彦氏の言説も想起されるが、ここでは紙数も限られているので、詳細は拙著『妖怪学の祖 井上圓了』（角川選書）を参照していただければ幸いである。

なお、円了の著述には現代の私たちからすれば明らかに女性蔑視や階級差別と映じる発言がまま見られる。男性の高額納税者だけに参政権があたえられていた時代のことではあるが、しかしまた一方で、教育者としての彼が、今ならばあたりまえの男女共学を他大学に先んじて実現したこと、たとえ貧しくとも勉学が続けられるよう格段に低額な授業料で学校経営を維持してきたことも忘れずにいたい（いずれも私立医学校済生学舎を創立した長谷川泰の影響ではないか。長谷川と円了は同郷である）。なお、心身の疾病に関する記述は時代の制約によるものであり、差別を助長するものでないことは言うまでもない。

本書所収の講演録・講義録・論説・著作はすべて原典に依拠した。総じて表記は不統一である。長い年月にわたる著述活動に起因するに違いないが、一書の中にも揺らぎがある。また、言文一致体の文章や筆録においてさえ文語が基底にあるため、語彙も語法もそれに準じている。原文の趣意にもとることを懼《おそ》れ、画一的な表記の調整は控えた。いずれも『井上円了選集』全二十五冊（学校法人東洋大学、一九八七〜二〇〇四年）のうち妖怪関係の著述を収めた六冊にも収録されている。これは普及を旨とした出版であるためか字句の変更が少なくない。原典校訂にもとづく全集の出版が待たれるところである。

円了妖怪学の今日的意義

『おばけの正体』第四十項に大正初年に起きた怪事件が記録されている。鹿児島市内のある家で不審なできごとが頻発した。風のなまぬるい真昼時、机の上の絵の具が消えて、井戸の中に血のように溶けていた。大きな石が音も無く座敷に転がり込んでくる。家族はいたたまれず転居したが、移った先でも異変はやまない。飼っていた金魚が忽然と姿を消した。障子があき砂が舞い込む。噂を聞きつけた警察が調査に乗り出したところ、その家の下女の挙動がいかにも不審である。巡査が張り込みをしていると、戸外に出た下女の顔つきが豹変した。「赤黒きチヂレ毛を逆立《さかだ》て、眼は異様に輝き、あたかも一寸ばかりも飛出《とびだ》した如く」であった。飛鳥《ひちょう》のように砂をつかんで屋内に投げ込んだ直後、見馴れぬ履き物に気づいた下女のすさまじい形相に、さすがの巡査も総毛立ったという。

円了はこの事件を「一種の発狂的に属するもの」と捉え、つまりは「病的作用」にほかならないと結論づける。だがこれでは問題は何も解決されない。このことは宮田登がすでに指摘している（『妖怪の民俗学――日本の見えない空間』岩波書店、一九八五年）。つまるところ妖怪現象が人の行為に起因するにせよ、なぜそうした事態が現出したかが問われるべきだろう。当該の事件に関して言えば、記録されたような異常な行為に及ぶところまで一女性が追いつめられてしまった、その時の精神状態に思いをいたすことが肝要だと思う。宮田が述べたとおり、「こういう現象が若い娘、そしてとくに下積みの生活で働いている下女に収斂《しゅうれん》されてくる」という、そこにこそ問題の本質があるのではないか。

円了は所詮は啓蒙家にすぎなかった。そうした批判は無理からぬことである。ただ、それを言うならば明治の同じ世代は誰もみな啓蒙家であったに相違ない。哲学の世界を見わたしてもそうだろう。西洋の借り物でない哲学が生まれたのは、西田幾多郎以後、円了よりあとの世代からだった。円了がかえりみられなくなったように、西周《にしあまね》も井上哲次郎もかえりみられなくなった。啓蒙家であるかぎりいつかその役割を終える。円了はもはや役割を終えたのである。——そういう見方が一般的かもしれない。

円了が学問を形成したのは近代的学術の黎明期だった。さまざまな知の領域を横断することができた時代だった。そもそも学問の「横断」という言い方からして今時の発想だろう。やがて学問分野は細分化され、横断など到底不可能になった。それを実現した人はもはや過去の人になった。円了の妖怪学は人文学はもちろんのこと、社会学や自然学まで射程に入れている。かつてそれは可能だった。しかし今やそんなことを実現できる人間などいなくなった。その必要もなくなったのである。

しかし、あまりにもこまぎれになってしまった今の時代、総体的な知の再建が抜き差しならないほど要請されてきた。ひとりの人間を形成していくには、バランスのある知の統合が必要だと痛感されるようになった。それが不可解な迷信や不合理な権威にまどわされないことにつながっていく。それは百年以上たった今も変わっていない。

円了が解明に尽力した妖怪現象は、現代ではそのほとんどがもはや自明の事実となった。今さら誰もそれを恐れたりはしない。ならば世間から不可思議な事象は清算されたかといえば、決してそんなことはない。本書所収の論説「論怪」で糾弾したような理不尽な営為は、あいもかわらず後を絶たない。それに対抗すべき建設的な提言は黙殺され、いつの間にかあたかも既成の事実であるかのごとく日本社会に居すわってしまう。どれも私たちがつね日ごろ経験することばかりではないか。そうした妥協とあきらめになずんだ民族の心性こそが、妖なるものにほかならず、怪と呼ぶにふさわしいのかもしれない。であるならば、撲滅すべき対象は時代とともに変われども、世にはびこる魑魅《ちみ》魍魎《もうりょう》に敢然と立ち向かった円了妖怪学の精神は、なおも有効であるとは言えまいか。

謝辞

原著の閲覧にあたり便宜をはかられた東洋大学附属図書館事務部の新屋良子さんに謝意を表します。講談社学芸部の栗原一樹氏の誠意あふれる編集に心から感謝いたします。

妖怪談

本講演録は明治三十八年（一九〇五）十月に刊行された雑誌『教の友』第二十二号に掲載された。円了四十八歳の講演録である。前々年に専門学校令が発布され、哲学館は私立哲学館大学に昇格した。編者序文に述べた円了の資金調達はなおも継続し、あいかわらず妖怪に関する講演を求められた。そのことが冒頭の挨拶からうかがえる。話題はコックリさんから狐憑きに転じ、「真の妖とは何ぞや、曰く心之《これ》なり」と語って講演を閉じている。なお、この年の暮れに円了は哲学館大学長を退任した。

エー、今晩は、臨時の御好みに従いまして、御注文の通り妖怪談を演説する事になりました。何分《なにぶん》世間では妖怪学は私の専有物であるかの如く評判致しまして、いずれへ参りましても、話を頼むという事になると、どうか妖怪の談《はなし》をして貰いたいと申します。先年の事であります。私が或る処《ところ》へ参りました。その要件というのは即《すなわ》ち哲学館大学の資金募集(1)の為に出張致しましたのにもかゝわらず、寄附話は止《や》めてどうか妖怪談をして願いたいと言うのでございます。そこで私は今回余《わたし》が参りましたのは演説をやる為に来たのではありませぬ。寄附

を願う為に参りましたのだからと御断りを致しました。ところが彼等が言うには此処《こゝ》で妖怪談をして下さるならば全員挙《こぞ》って寄附に御賛成申すが、もし話して下さらぬならば我吾《われ〳〵》にも不本意ながら御寄附にも賛成はできませぬ、と申した事がございますが、妖怪談というものは左程《さほど》までに面白《おもしろ》いものではありませぬから、この辺の事はあらかじめ御承知を願って置きます。

さて、妖怪と申しまするど、何か幽霊かのように思われますが、決して一つや二つのものではありませぬ。その種類と言ったら百も二百もあります。まず私が調べたところのもののみでも四百通りもありますから、とても一つ一つこれをお話しておる分《わけ》には参りませぬ。まあその中《うち》の面白いのを一つ二つお話致しましょう。それにしても皆様の御希望もありましょうから、それを伺ってと思って諸君の希望を問うたのであります。ところが十人十種《といろ》、或る人は天狗《てんぐ》の談《はなし》を、或る人は狐の話を、又或る人はお化《ばけ》のお話を、或る人は霊魂のと申されまして、何を話してよいやら一向分りませぬから、皆様の御注文は容《い》れられませぬ。全体天狗の事は当地が本家本元でありますから、只今《たゞいま》御話を致しませんでも定めし諸君等の方が確実《くわ》しく御承知の事でありましょう(2)。これは御預りと致して置きまして何か狐に就《つい》ての実験談か或いは又、幽霊の話でも致して見ようかと思います。

さて又、この霊魂否《いな》幽霊を話そうやには、どうしても無限絶対という事を話さんければなりませぬ。この無限絶対を話そうというのは甚《はなは》だ困難の事(話せぬ分ではないが心の本《もと》からして話さねばなりませぬから一朝一夕の事にはまいりませぬ）であります。なお幽霊を話すには足りませぬ。どうしても霊魂不滅という事を語らねばなりませぬ。ところがこの霊魂不滅という事は、哲学に於《おい》て研究する事柄であって、最も難解のものであります。およそ困難《むずかしい》というても之程至難《これほどむずかし》［ママ］なものはありませぬ。もしこの霊魂が分明《わか》りましたならば現在この世界にあるところの学問は皆解決したと申しても過当の言とは申されませぬ。学問という学問は多くあるけれども、研究に研究し尽《つく》したる暁《あかつき》必ずこの心という事になります。

　この心即ち霊魂に至りますと古来幾多の学者もまた学説も、皆此処に至ると体屈《たいくつ》し、膝折れ、拝跪問撏《はいきもんしん》(3)たゞ天帝を祈り、神仏に祈誓するの外《ほか》なく、一人としてこの大問題を解決するの勇士はなかったのである。其れ程の大問題でありますれば、容易に話されませぬ。しかるにいずれへ参りましても、直《じき》に申します、霊魂の説明を願います、このような願《ねがい》は無理でありますから、常に今演《の》べたように断《ことわ》りを致します。しかるに多くの人々は私に向って申します。そんなむつかしい事は御尋ねせんでも宜《よ》いが、何とか一口に分る事がありましょうがナ、私どもが死んだ後が有るとか無いとかの御答を聞けばよろしいのでございますと言うが、この有無《あるなし》の一言がなか〳〵言えぬ。(4)たゞ一言《ひとこと》死ぬと霊はなくなるものかあるものかと言うのみであるが、これが哲学の上で言えばあるでもないが、ないでもないと言うより外はない。しかしこれでは誰も承知はできませぬ。しかし精《くわ》しく学ばんとするならば少なくとも三年位は研究せねばなりませぬ。もし諸君が強《しい》て話せと言うならば私は申しますがその前に私に願《ねがい》がある、その願を叶《かな》えて貰いたい。それができたら私も話《はなし》ましょう。その願というのは外でもない、諸君は多く農《のう》の方々にてあるから、こういう願を申します。「今晩の中《うち》にお米を蒔《まい》て明日その稔ったお米で御飯を炊《た》いて下さい」これができるならば私も話します。ともかくも三年も学ばねば分らぬものを一時《いっとき》間や二時《ふたとき》間に聞こうとするのは、あたかも一年かゝってできるお米を一昼夜に作れとの無理な注文と同じ事である。かような分《わけ》でありますから霊魂、いや幽霊の話はよして狐に就て何か面白い実験談を致しましょう。

それに就てなお先に申上げて置きたい事がある。こういう事は日本のみではありませぬ。西洋でも非常に盛んに言われておるという事です。西洋ではこういう事を研究する会がありまして、多くの人が月に一回とか二回とか会合を開きまして妖怪に対する研究を致します。エー先年私が西洋の方へ漫遊に参りました時(5)にも英国に於て此等《これら》の会が開かれておりまして、此等の人々が申しまするには近日の中《うち》に日本から妖怪博士が渡英せらるゝがこの会へ請《しょう》待《たい》して一場の話を願いたいものであると言うので、私が未《ま》だ英国へ着かぬ先に我が駐英公使の所へ願い込みました。私が英京倫敦《ロンドン》へ着くと、公使からその事を照会せられました。私も面白い事であるから一度行《ゆい》て見たいものであると思っておりました。ところがちょっと不幸にも前より取調《とりしら》ぶる用件がありまして、或る田舎《いなか》へ行《ゆか》ねばなりませぬ。彼是《かれこれ》しておりました時に病気に罹《かゝ》り、又日子《にっし》も定限《きまり》がありまして事情再び倫敦に来ることができませなんだ。英国を去って米国へ参りましたから、遂にこの会へ出席することはできませなんだ。

その後米国へ渡りましたが、やはり米国に於ても、こういう幽霊研究会とか妖怪攻究会とかいうて多くの仲間がございます。一日《いちじつ》余がボストンへ参りました時に我が領事が申しますには、この市に非常な日本贔屓《びいき》の男がありますが、この男がかねてより深く妖怪を信じ且《か》つ又日本人を迎《むか》うる事を喜んでおりますから一度この人を訪問しては如何《いかん》、と申しましたから私も行《ゆい》て見たいものだと思いましたから領事に照会を頼みまして参りました。その人の名はウエドと言う人であります。家へ往《ゆい》て見ると驚くばかりであります。まず門の作り方家の造作《つくり》器具に至るまで日本品を以て備付《そなえつ》けられ、庭園の植込竹木《うえこみちくぼく》等皆《みな》日本種ならざるはなく、一々日本より舶来せるものなり、と特《こと》に五重の石の塔の如きまで配致《はいち》せられ、最も私の目を驚かしたのは、庭園に注ぐべき水を運ぶ為に水ニナイ桶《おけ》の備えられてありましたのです。その風致あたかも小日本の観がありました。そこで取次《とりつぎ》に主人の在不在を問いました。幸い在宅でありまして主人は早速出迎えました。彼に尾《つい》て客間へ通りました。勿論《もちろん》金満家でございますから家内万事整頓しておりまして、その室内の器やら間造《まづくり》等一切が日本風というので如何《いか》に日本嬉《ず》きの主人であるかゞ分ります。

時に主人が申しまするには「先生は妖怪に就て非常に御研究遊ばされたと申しますが、私ももとこの事に就きましては永年研究致しておりました。しかるにこの頃その妖怪なるものを発見致しました」と言うので余は「それは如何なる事ですか」、主人が申すには「さらば只今その証拠を御覧ぜ申します」と言いながら一枚の油絵を持参致してきました。如何に見ましてもたゞ一片の絵画《え》に過ぎないのです。その中《うち》に幽霊の図が表わされてあるのでこれが妖怪とは信じられませぬ。しかるに彼はこの絵画《え》を以て「これがその証拠です」と言いながらこの上に風呂敷様《ふろしきよう》のものを覆い掛けましてこれを指ではじくと画《え》が現われ出《いず》るという方法です。しかして何日《いくにち》に出よと言えばその日に出ると言うて信じております。又一ツは文字の書かれたるものにて同じく空《から》の室《へや》に於きまして同じく風呂敷を掛け爪にてはじけば文字が出る。ところがその中一字どうしても読めぬ字があるので彼は「これは何という字か」と私に問いました。私は「これは図〔圖〕という字でありまして支那の文字でございます」と申しましたら彼は大いに驚きまして「妖怪は支那の文字まで知っておるものか……」と言いました。この外になお石板に文字の書かれてあるものがありまして、聞けば如何にも不思議そうでありますから、余もこれを実見してみたいと思いましたが、何分《なにぶん》にもウエド氏は今他出《たしゅつ》前の事でありましたから止《や》むなく退出しました。この実験を見るには少なくとも四五日は当地に滞留致しておらねば彼は帰らぬので見る事はできませぬ。しかるに帰朝の日取《ひどり》も究《き》めあれば長々は止《と》まられませぬから、遺憾ながらこの事は知る事を得ませなんだが。このウエド氏はこの妖怪なるものを熱心に研究し非常に信じておりますけれども、余にはどうしてもこの事は信ぜられませぬ。西洋人の仲間にもこの連中が沢山《たくさん》ございます。

その後紐育《ニューヨーク》に参りました。ところが当所の領事の妻君が私に問いました。「妾《わたし》が一日《あるひ》狐《コッ》狗狸《クリ》(6)様をやる方々の処へ参りました。そうして妾は彼等に申しますのには、貴君方《あなたら》は妾の父の名を聞かせてください、と申しました。すると彼等は妾の父の名を申しました」と言うて領事の妻君は大いに驚き、真に狐狗狸様が在《あ》ってこんな事ができるものであると信じておるような風で問うたのであります。この驚きはもっともであります。誰でも初めは驚きます。しかしそんなに怖るべきものではありますまいと思います。まずその狐狗狸様を行うには種々《いろ〱》なやり方があります。普通三本足のテーブルを用います。しかしてその構造は極めて動きやすく、如何なる微動もこれを感受し得るようにまず四つ脚を却《さ》って特に三脚を用いるのであります。そうしてテーブルの上の板がやはり動きやすく且《か》つ廻転自在に造られ、下の板も動くように作られ、且つ台の板がまた廻転するように造られてあるので如何にも動揺しやすき構造であります。而《そう》してその台になる板にはＡＢＣＤ……の文字が書かれてありまして、この板が転《まわ》るのでございます。この時執術者《しじゅつしゃ》も被術者《ひじゅつしゃ》も共にこの危うきテーブルに軽く手を触《ふ》るのである。この時に執術者は常に被術者の顔面《かお》と文字とを熟視し且つ手の感覚に注意するのであります。欺《か》かる間に対者《あいて》の心中を判断するものです。ちょっと西洋に読心術《どくしんじゅつ》というのがあります。この方法とほゞ同様なものです。

この読心術にはＡＢＣ……の文字を数えつゝ対手《あいて》の心中を読む方法がございます。人は感情の動物で物に触れ事に応じて感動し易《やす》きものでございますから、孔夫子は「思内《おもい》にあれば色外に顕《あら》わる」(7)と言える如く被術者の総ての思いは今胸に充ち満ちておって、その注視する文字によりて思いは外に顕われ執術者の眼に手に心に通《とお》するのです。この心通の作用によりまして対手の心を読了《さと》る事ができるのでございます。故に勿論この方法による時は過去経験し来《きた》れる事実を知る事はできますけれども、未来に来《きた》る未知の事実を知る事はできませぬ。もし未来の事を知るならばそれは只当座に浮べる空想に過ぎないのです。狐狗狸様もこの通りでございまして、過去を知ると雖《いえど》も未来を問うの必要はないのです。故にまず予《あらかじ》めこの領事の妻はその父の名を知りしならん。人としてその父の名を知らざる者は愚狂にあらざればば無き筈《はず》でありますから、必ず知っておったのでございましょう。彼女は既に父の名を知れるが故に、感情としてその父の名の文字が来れば動かざるを得ざるものである。この時早くも執術者はこの状態を感受するのです。その様子はまず術者は常に対手の面《おもて》を注視し且つテーブルの微動に注意するのである。欺かる時に板は廻《まわ》りて或る文字夫人の前に至らば直《たゞ》ちにこれは我が父の頭字《あたまじ》なりと感ず。又その次の字なりと思惟《しい》するが故に微動と顔色とは時々刻々術者の脳裡《のうり》に印《いん》せらるゝものであります。譬《たと》えば木村なればKimuraにて、初めKが来ればこれ我が父の姓の頭字なりと思います。同時に感動を起します。術者は早くもこの感動を感受致しまして、その次のiもまた同じく感じ、mもuもrもaも共に感受致しますので、その木村なる事を表白するものでございます。箇様《かよう》の訳《わけ》でございますから決して恐ろしい事でも不思議な事でも何でもないが、一寸《ちょっと》聞くと何となく不思議なように聞こえますものです。しかるにやはりこの狐狗狸様をやる連中は真に狐狗狸様があってかく告げるものだと信じております。箇様に申しますと狐狗狸様は誰にもできるようですが実際は誰にもできませぬ。勿論できるべき別《わけ》であるが何分《なにぶん》にも心通の機微なるが故に、感知するの能力《ちから》を養わざれば全く不可能でございます。この能力《ちから》を養うには吾人が諸種の芸能を学ぶが如くに非常に大なる練習を積まねばならぬ。あたかも撃剣(8)の如く練習によりてその機合《きあい》を認めるので初めて功力《きゝめ》を生ずるものですから、素人にはできませぬのである。しかるに撃剣家がその機合の神命《しんめい》なるを以て人業《ひとわざ》とはせませぬ如く、彼らの仲間では霊妙なるものがあって告げるものであると信ずるのです。

さて此処に狐に就《つい》て一つ御話致しますが、これが説明は甚だ困難なものです。今私は余が実験致しました狐就《きつねつき》(9)について御話致します。この話は東京の神田神保《じんぼう》町の洋服屋の主人に狐就がございましたのです。この実見談ですが只今この話を致しまするのは何だか辻褄《つじつま》の合わぬ話のようですが、あたかも狐狗狸様の連中が狐狗狸の霊を信ずるが如きものでございますからこの御話を此処に持ち出しましたのです。

或る時の事でございますが、この主人が座敷におりまするると多くの狐が依《よ》り集まって来まして、右往左往《あちらこちら》と馳廻《はせまわ》り戯狂《くるい》廻るので、それを見ておりますと何とも言えぬほど面白く愉快でございました。この狐共《ども》は面白そうに走廻《はせまわ》りおると段々自己の身体《からだ》へと登って来て遂には頭の頂上《うえ》へ昇りました。そうすると狐はこの頭の真中《まんなか》へ穴を穿《あ》けました。その穴から狐共が入込《いりこみ》まして追々《おいおい》と腹の方へと下《さが》って往きました。初めの中《うち》は面白がっておりましたところが、狐共は腹へ徊入《はいり》てからというものは絶え間なく腹中を馳廻るので、遂には腹部の激痛を感ずるようになりましたので苦しむようになりました。ところが狐は入《いり》かわり出かわり頭から出入《しゅつにゅう》するので堪《た》えがたく、遂に非常なる苦痛と不愉快とを感ずるようになりましたから、どうかしてこれを防ぎたいものだと種々《いろいろ》工夫をしたけれども、致し方がないので呪咀《まじない》や祈禱《きとう》やなんぞをして貰《もら》いましたが、一向きゝ目がないので日々苦痛は勝《ま》さるのみでありました。

すると或る時の事でありましたが、常の如く多くの狐がそばを彼方此方《あちらこちら》と馳廻《はせまわ》り、今や頭より入《い》らんとする時ふと横を見ると釜がございました。直ちにこれを取るより早くずんぶりと頭へ被り、黒金《くろがね》の山高帽子を被ったように致しました。狐は色々工夫をしてみましたが遂にこの釜の底を貫《ぬ》いて入る事はできませなんだ。それ故にこの洋服屋の主人は大いに喜びまして、狐が来る度《たび》に釜を被ったのでありますが、狐は絶えず来る、釜は常に被ってはおられませず、どうしたらよかろうと思案致しました。お釜は金《かね》で造られたものである。してみると金なれば狐はこれを破る事はできぬものと考えましたから、金の帽子を被れば狐は入る事ができぬに相違ないというので、直ちに金の帽子を鍛冶屋へ注文致しました。その後は寝ても醒《さ》めても常にこの金の帽子を頂《いたゞい》ておりました。それ故狐は頭からは遂に入込《いりこ》む事ができませぬようになりましたので、彼は大いに安心致しておりました。

すると狐は又考えるのです。金の帽子を被りおるから頭からは入られぬ、何とか工夫をして何処《どこ》からか入込んでやろうではないかというので、多くの狐共は此処に会議を開いたのでございます。或る狐は何処其処《どこそこ》から、或る者は何《いず》れより、又或る者は此処よりと議々した。結局お尻から俌入《はい》るという事になりました。これには洋服屋の主人も大いに弱っておりました。頭は金の帽子で防げたから金ならば狐は防げるというたところで、まさか金の猿股《さるまた》や金の褌《ふんどし》は掛けられもせませぬから、如何《どう》したらよかろうかと大いに苦心考慮の結果考えましたのはゴムの褌。これは如何であろうというので、これを作りてはめてみましたところが、狐はまたこのゴムの褌を破って俌入る事はできませなんだ。まずよろしいというので再び安心致しましたところが、狐は又会議を開きました。もっとも今度はお臍《へそ》から俌入るという事になりました。今度はお臍から俌入るのですから、これを防ぐにはなんでも金ではいかぬ、お尻がゴムで止まったのだから今度もゴムならよからんというので、自分が洋服屋ですからゴムの洋服を造ってこれで防ぎました。さあこうなると狐の方では俌入る事ができませぬ。頭は金の帽子、お尻はゴムの褌、お臍はゴムの着物、最早《もう》頭の天上より足の爪先まで空間《あきま》がないので大いに困っておりましたところが、会議の決議は寝首を縊《しめ》るという恐ろしい事になりました。さあそうすると毎夜〳〵寝るとさえが［ママ］蒲団《ふとん》の上から押《おし》しめるので、その苦しさは譬えようがありませぬというので、種色《いろ〳〵》考えてみるも防ごうという方法がないので、止《や》むなく御祈禱や信心を致したり御咒咀を致して貰いましたが、更にきゝめがありませぬ。毎夜睡《ねむ》られぬので日夜苦痛に攻められ、防がんに策尽きて、今はたゞ死の運命を待つより外《ほか》はなかったのです。

いずれこんな時には誰でも色々な事が耳へ入るものであります。何処から聞いたものか私が狐を落とすと言う者があったので、彼《か》の人はこの苦痛を除く為には多くの手段を尽《つく》しても全く無効であった。しかし背に腹はかえられぬので私の宅へ参る事になりました。

取次《とりつぎ》の者が私の所へ参りまして申しますには、斯くの如き風態の狂人《きちがい》が参りまして而々《しかじか》の儀にて先生に御面会致したいと申しておりますと言うので、如何にも面白い風《ふう》であるし又何かの研究材料にもなるかも知れんと思いましたから、まず通してやれと命じました。すると洋服屋はゴムの洋服を着て金の帽子を被ったまゝ余の室《へや》へ入りました。まず帽子を取って会釈し、礼儀が終るが早いか金の帽子を被《かむ》り、箇様《かよう》々々《く》の儀《わけ》で一時もこの帽子を取っておく事はできませぬから御免を被りますと申して断りました。その用件はと言うと彼は言う、私の御願というのは外《ほか》でもないがどうも狐に苦しめられるので甚だ困却致しました。聞けば先生には狐を御落としなさるという事でございますので、どうか狐を落として願いたいのでございますと言うので、言葉は明瞭《はっきり》しておるし別《わけ》も分って、如何《どう》にも正気の人のようでありますが、その風態は如何にも狂人の如くで偽《にせ》狂人の如くであるが、全くこれは狂気《きちがい》であります。既に十数年間仕事もできず遊び暮すので既に家計に苦しむようになりました。「しかし十年来の事でもあれば直ちに快復するという事は難《かた》いが、幸い私の処に狐を落とす道具がある。その品というのは奥州に於て何千年の昔の物か知らないという大きな朽木《くちき》がありまして、古老が伝えて言うにこの木片を持っておれば狐につまゝる事はないというのであります。先年私はこれを貰ってきました。この木をあげるから終始この木を持っておって狐が来たらばこれで輪を画《えが》け。そうさえすれば狐は来ぬから」と言ってやりました。彼は甚だ喜んで帰りましたが、その後何の音信《おとさた》もありませぬから如何《どう》なりましたか一寸も分りませぬが、何しろこの人の病気はこの狐が最初目に見えた時が初めで、段々重《おも》って遂に真の狂人となったのであります。

いずれ病後の疲れか何かでございましたでしょう。誰でも身体が甚《ひど》く疲れると精神も弱りますから夢なぞを見るようになります。[10]これがもっと強甚《ひど》くなりますと普通醒めておる時に夢を見るものでございます。勿論夢を見ておる時には夢とは思いませぬものです。箇様に醒めておる時に夢みる人も精神が狂っておるとは毛頭感ぜませぬので、真実《ほんとう》に事実が見えるものであると信じております。それ故に奇怪なる事を言いましたり仕《し》ましたりするものです。元来夢と申しまするものは全く無き物を見るという事はありませぬ。或る記憶せる過去の事実や経験せる事、又は曾《かつ》て意識したる事柄、或《ある》いは希望せる事実等の一部々々を取捨して一種の妄想を表現《あらわ》すものでございます。故に夢そのものは過去の経験の事実ではありませんが、夢は一度己《おの》れの記憶せる事柄であるという事は明らかな事であります。しかして吾々は寝たる時のみ夢みるものであるか否か。吾々が寝たる時夢みるならば醒めたる時もまた夢みるべきである。しかるに吾々醒めたる時夢みざるは何故なるか。譬えば夜間爛《らん》たる星の光の無数なるを見るけれども、一度太陽が昇ってからは一つだに見られぬと同じ事です。必ず昼間でも星は有るべきです。或る器械の力を借りて見ますれば認め得らるゝものです。しかるに昼間に於ては吾々の肉眼では見えませぬ。何故でございましょう。即ち太陽の光り余り大なるが故に比較的微力なる星は覆いかくされたものであります。それ故に一度日蝕にでもなりますときら〳〵と星は光り輝くのであります。

さように吾々の夢は心の中《うち》に常に潜在して、外部《ほか》の活動止《や》まば直ちに出《い》でんとしております。醒めたる時は強き外部《ほか》の刺戟《しげき》を受けますから夢は蔵《かく》れて出《いで》ませぬ。一度《ひとたび》この刺戟を休みますれば直ちに夢は現れ出でます。即ちこの微《かすか》なる妄覚は真実の強き刺戟には耐え得られずして消滅し去るものであります。何によらず静かなる時は微なる力も大なるが如く、遠き処のものも近きが如く感ずるものは、他の騒然たる障害の為に覆われておったものがその覆いから出でたのであるから意外の感がするのであります。吾々はこの意外の感覚に或る過去の記憶の一部分を混《こん》じて迷わさるゝ事があります。

エー何年程前の事でありましたかこんな事実があります。何処でありましたか能《よ》くは分りませぬが、東京近傍の汽車道に狐が出まして汽笛の摸倣《まね》を致しました(11)。車掌は前の方から汽車が来たものだと思いましたから、衝突させてはならぬというので直ちに停車しましたところが、何程《どれほど》たっても汽車は来ないのでありますから、発車しましたところが何事もなかったので、これは狐が汽車の笛を摸倣したものだと申しておりました。しかしながらこれは狐でも何でもありませぬ。御承知の通り東京近辺には多くの線路がありまして、間断《かんだん》なく汽車は動いておりますので汽笛の音も諸処で致しますけれども、昼間の中《うち》は騒がしい為に聞《きこ》えませぬ。もし聞えても甚だ遠く聞えるものであります。しかるに夜間になりますと静かになりますし、特《こと》に雨気《あまけ》でもありますとはっきりと聞えますもので、遠方の声も近く聞えるものでございます。そういう分《わけ》で或る線路の笛を聞いたもので、あまり近く聞えたので己れの前方《まえ》へ汽車が進行して来たものと聞違《きゝちがえ》たもので、狐の業《わざ》でも何でもありませぬ。かくの如く寂寞たる深夜に於きましては、遠方の事の近く聞えるものであります。これらはたゞその一例であります。あたかも星の光が夜見えて昼見えないようなもので、音が競争致しましてその力の強いのが聞えて弱いのが消滅するのは自然の勢いであります。

即ち吾々が醒めておる間は眼や耳や種々《いろ〳〵》の官管《かん〳〵》(12)に強い刺戟を受けますから、心の中《うち》に浮かんだる弱き夢は打ちまかされて遂に消滅して、夜間外来の刺戟の比較的静かなる時に夢見るものであります。箇様な分でありますから、もし心の中の力と外界刺戟の力と同一であったならば夢見るという事は無いでありましょうが、内部《うち》の力が強いと醒めておる中に於きましても夢を見るものでございます。事柄によりますとこの現象があります。かの熱病に罹《かゝ》った人の如きは熱の為に内部《うち》に非常なる刺戟を与えますから、心中にある事柄が目前に現れ出《い》でて、或いは鬼、或いはお化《ばけ》の顔なぞを見て驚き、又は意外の事を口走るものであります。又非常な心配事でもありますとひどく心の勢力《ちから》をその事に注ぐ為に内部《うち》の勢力《ちから》が強くなります。このような場合に往々夢見る事があります。譬えば道端に首縊《くびくゝり》でもあって、これを見てアー気持が悪かったとか恐ろしかったとか常に思っておりまして、気の小さい人なぞは其処《そこ》を通るとその人が出たなぞという事が往々あります。世間には愛子《あいじ》が墓前に露《あらわ》れ出でたとか親が出たとか怨者《おんじゃ》が出たとかいう事は沢山あります。

又一事に熱注しまするとほかの感覚力を減ずるという事がございます。譬えば目に力を注げば耳の感覚は薄らぎ、耳に音声を聞き愈々《いよいよ》傾注すれば目に物を見ざるが如く、その感覚力には分量の有るものでありまして、物事を忘れた時なぞに手を拱《くん》で目を眠り首をかたげて考えますと考え出す事があります。これは手や眼《め》に費す丈《だけ》の力を心の内部《うち》に加えるものですから、考察力が一層完全なるものであります。故に内部《うち》の刺戟強ければ感覚は薄弱となるもので、譬えば碁打《ごうち》なぞが碁に全力を注《そゝい》で人の話なぞは耳にも入《い》らず、煙草《たばこ》の火を消さずに着物を焼いて、皮膚に火傷《やけど》を致しまして初めて感ずるというような事は沢山あります。これと同じく感覚が弱ければ心内に伝達する力も弱きが故に、感官のにぶき時は内部《うち》に於ける妄想を感ずるものです。これは心理作用の一片でありまして総ての事柄を解釈する事はできませんけれど、かくの如き類も沢山あります。只今話しました狐就の如きも箇様な分《わけ》で心理作用によりて説明することができます。しかし一般の狐就が皆箇様に説明する事ができるという事は難しい。或る場合には箇様なものでこんなものも世間《よのなか》には数多い事でございます。

以上の如く説明致してみると、この世界には何物も妖怪たるものなし。しかしながら既に斯《か》く言いおる者が妖怪を造り出すものであろうと思います。箇様な業《はたら》きが霊の妙用でありまして、この霊の作用が如何なるものをも造り出すもので、迷《まよい》もし悟《さとり》もし喜《よろこび》もし悲《かなしみ》もするのが心の妙で、能《よ》く万象を見、能く万象を記憶する、これ即ち心の奇々妙々なるところにして、世間では私の事を妖怪を非認すると申すそうですが、私は決して妖怪を非認致しませぬのみならず大いに妖怪ありと申しますが、しかし世間に所謂《いわゆる》妖怪と申すのは真《まこと》の妖怪でなくしてその妖怪の端《はし》であります。その真の妖とは何ぞや、曰く心之《これ》なりと申します。この外《ほか》に妖怪を認めませぬ。又これ以上に逆《さかのぼ》ってたずねる事はできませぬ。しかして何故《なにゆえ》さぐる事ができぬか。心は如何なるものかと探るものもまた心の作用なり。又心は何々なりと言うも、心は有《あり》と言うも無《ない》とするもまた不思議とするも皆心の作用なれば(13)、たゞ心が心の事を言うのでありますから、分ったと言うのも心なれば分らぬと言うも心でありますれば、あたかも自分の眼《まなこ》では自分の眼が見えぬが如く、又自分の力で自分を挙上《あげ》る事はできませぬが如く、心で心を知る事はできませぬ。そこで仏教ではこれを妙心(14)と申します。これほど大きなる妖怪はありませぬ。これが妖怪の親玉でありまして人々自分《じぶん》々々御持参の事でありますれば、別に他に向かって妖怪の求むべきはありませぬ。たゞこれを御話すれば沢山でありますが、やはりこれを知らんには多くの例を話さんければ分りませぬから先刻から種々《いろ〳〵》の話を致しました次第でございます。時間も大部遷《うつ》りましたから今晩はまずこゝで御免を蒙《こうむ》ります。

妖怪学講義録

本講義録は明治三十一年（一八九八）八月に佐渡教育会から刊行された。円了四十一歳の講義録である。本文四十二ページの小冊子だが、円了妖怪学の要諦が簡明につづられ、その全体像を把握するうえで好個の書物と言えよう。はじめに研究の趣旨を述べ、ついで妖怪学の理論的枠組を提示したのち、具体例として天狗狐狸等を検証していく。最後に「今日に於て最大急務なるは物に動かされざる確固たる精神を造るを要す」と述べ、妖怪研究と哲学が不即不離であることを強調する。

本文に先立つ緒言には、「余は是より日々三時間づゝの講義をなさんと欲するが其内一時間を妖怪学に一時間を倫理学に費し残る一時間を以て質問又は余の時々思ひ付きし講話をなすの時となさん」とある。本文の後には佐渡教育会による跋文が付され、「佐渡教育会ノ決議ニ基キ明治三十一年七月二十五日ヨリ同八月五日ニ至ルマデ佐渡尋常中学校ニ於テ第四回夏期講習会ヲ開キ講師トシテ東京哲学館主文学博士井上円了先生ヲ招聘シ倫理学並ニ妖怪学ノ講述ヲ請ヘリ」とあって、成立の事情が知られる。

妖怪学研究の趣旨

さて余が妖怪学研究をなすにつき世人或《ある》いは好奇の余りに出て無用の間言語《かんげんご》(1)を弄するが如く思為するものあれども、それ奇を好み間言語を弄するが如きは余の不肖と雖《いえど》もまた肯《あえ》て為さゞる処《ところ》なり。抑《そもそ》も余のこの挙に出でしものは実に已《や》むを得ざるありて然《しか》るなり。そは今日我国を一見するに、有形上の政治法律の如きはこれを欧米の諸国に採りて稍《やゝ》完成するが如しと雖も、無形上の道徳革新に至りては未だその運に会せざるが如し。しかしてこの革新をなすは抑も誰の責任なるか。即ち教育宗教の二者によらざるべからず。然るに両者を普及改良するには教育家宗教家その人を進めざるべからず。しかしてこれを進むるに当りて常にその進路を遮断するものあり。これを何とかなす。曰《いわ》く迷信これなり。その迷信の起る原因は人世の常として死を懼《おそ》れ災難を懼るゝに起因せざるはなし。死を懼れ災難を懼るゝは人情として敢《あえ》て無理にはあらざれども、そのこれを懼れこれを免れんと欲するの結果、財産を作るも労力を費すも皆これが為になすに至りてはその愚も亦甚《またはなは》だしからずや。生死はこれ常数、何ぞ懼るゝが為にこれを免るゝを得んや。されば舟乗り早死にするとも限らず、家居するものもその期に至れば何ぞ免るゝを得んや。されば死生は天の命ずる処、少しく識見を有するものより見ればこれ一の迷信に外《ほか》ならず。世の御幣担《ごへいかつ》(2)ぎと云う人々は総ての事につきて死を忌むの極、四十二（死重二）四十二の二つ児（四ニ四ノ重ナル）等をも忌み嫌い、また十九（重苦）三十三（惨残）等をも嫌忌するが如き、東京の消防組にも「し組」を置かざるなどその例枚挙に暇《いとま》あらず。世に云う彼《か》の人相家相方位等もたゞ一の迷信たるを免れず。欧米にても皆無と云うには非《あら》ざれども、近世に至りてはたゞ宗教上に於て僅かに金曜日に人の集会を嫌う（コレ耶蘇《ヤソ》ノ磔日ナリ）数に十三を忌むが如き（コレ耶蘇ノ殺サル、前ニ十三人ニテ晩餐セシト云ウ）等なり。しかしてこの迷信を打破するは即ち妖怪学の研究を措《お》て他に求むべけんや。(3)

前にも述べしが如く我国をして欧米と均勢を保たしめんとするには先《ま》ずその任に当るの人は教育家なれども、教授の時間より家庭にあるの時間は多く、従いて家庭教育の及ぼす勢力もまた大なり。しかして家庭には前述の迷信あるに於ては遂にこれが為に感化せらるゝやまた必然たり。その家庭の迷信を破るべき宗教そのものも当今の如くんば、反《かえ》てこれを補助こそせめ、これを打破してその幽冥を開くが如きことは望むこと難し。就中《なかんづく》天理教の如きその最たるものたり。希《こいねが》わくは宗教家その人も純然たる直正《じきしょう》の宗教を布《し》きて以て世の迷信を導き闢《ひら》かんことを欲して余がこゝに斯学を講ずるになん、今また一の方面より今日世間の好楽する処を見るに甚だ野卑にして学問の進歩に伴い自然に高尚には至らんと思えども、現今の状態にては実に道徳上に影響する処僅少にあらず。故にこれを改良するは学者の任務にして所謂《いわゆる》風俗改良これなり。そのこれをなすに就《つき》てもまた妖怪学の研究こそ必要なれ。

世間通俗の妖怪となす処のものは火玉幽霊の如き不思議を義とするものゝ如し。されどこれらは敢て不思議となすに足らず。顧みて吾人の身体を見よ。立つも不思議なり、泣くも不思議なり。世間万般の事々物々皆不思議ならざるはなし。吾人朝夕この不思議に接してこの不可思議を楽しむべし。通例世人の楽しみとするは衣食住にあれども、これ下等の楽しみにして、人智進むに従い下等の楽《らく》を去りて高尚に推移すべきものにして、飲食衣服の如きは唯《たゞ》に自身の営養を保つを以て足れりとす。しかれば即ちかの不平不満等を悉《ことご》く変じて無上の快楽を味わしむるに至らん。しかしてこの一大天地の妙味を知るに至るは妖怪学研究にあらんと考う。

世の政治法律道徳の罪人を生ずるは皆天地の不思議妙味を味わうを知らざるの罪にして、下等なる衣食住を貪《むさぼ》りてその極《きわみ》詐欺取財の罪悪を犯すの人とならざるはなし。

上述せる事によりてこれに妖怪学研究の要旨を概括せんか。一方には真理に対し一方には国家に対し、人心の迷雲を一掃し社会の弊習を除去し、教育宗教の位置を高めて道徳の一大革新を実行するの端を開かんと欲するに外ならず。しかして妖怪の研究は理学哲学によりて説明すべきものにして、天地万有の法則は古今東西一定不変のものなり。されば妖怪学の研究も理哲学の範囲内に於て説明せんと欲す。然れども理哲学は表面より説明を与うるものにして世には表裏なるものあり、また事に正権《せいけん》の別あれば理哲学は表面正道の学にして妖怪学は裏面権道《けんどう》(4)の学と云わざるべからず。故に理哲学を正式学と云い妖怪学を変式学と名づく。

妖怪の解釈

妖怪とは何ぞや。曰く異常変態これなりと。(5) 異常変態は妖怪の一原因たることは相違なし。例えば一口両目は人の常なり。然るを三ツ目小僧のあらんか、これを妖怪と云わん。されど単に異常変態のみを以て妖怪となす能《あた》わず。そは異常変態を以て妖怪となさゞることあり。例えば面を被りたるが如きその原因の判明せるものは誰か妖怪となさんや。然らば人智の測り知るべからざる所のもの、即ち不可思議のものを以て妖怪となすか。曰く否。例えば人心の如き天地の如き実に不可思議なるも人これを妖怪とせず。然らば何をか妖怪と云う。曰く異常変態にして且つその道理を解すべからざる所謂不可思議に属するものにして、換言せば不思議と異常変態とを兼ぬるものこれなり。

妖怪の変遷

妖怪なるものは常に一定不変のものに非ず。即ち太陽の如き古代の人民にありては妖怪なりし。その当時に在りては不思議なるもの一にこれを神と名づく。されば希臘《ギリシア》等にてもアポルロー(6)と名づくる神ありて毎日太陽を引き廻すとなせり。また星を降雨の穴なりとし地震を地鯰の動くとなせしが如き、されど今日に於ては誰かこれらを妖怪となすものあらん。然りと雖も今日はまた今日の妖怪あれば妖怪は決して一定の標準あるに非ず。通俗の所謂妖怪なるものは人と世とに従いて変遷するものにして、甲の妖怪は乙の妖怪に非ず昔日の妖怪は今日の妖怪に非ず。即ち妖怪の有無は物に非ずして人にあり。故に妖怪は下等の人民に多しと雖も、学術の進歩に伴うて今日迄《まで》不思議となさゞるものを反《かえり》て不思議として疑うに至る。故に常に新妖怪は吾人の前面に降り来《きた》り、決して妖怪を根底より払い去るが如き事はなし得べからざる事業なり。

妖怪の種類

妖怪の種類は甚だ多けれども概括すれば左の如くに分《わか》つを得ん。

- 妖怪
  - 虚怪
    - 偽怪（人為的妖怪）
    - 誤怪（偶然的妖怪）
  - 実怪
    - 仮怪（自然的妖怪）
    - 真怪（超理的妖怪）

虚怪

虚怪とは妖怪に非ざるものを混ずるものあり、誤《あやま》りて妖怪となすものあり、偶然に妖怪となすものあり。概して妖怪は世に多きものにして通俗の妖怪となす処のものは誤聞またはその事実を敷衍《ふえん》補飾せるものありて、最初は些《いさゝ》かなることも人より人に伝わる間に遂に大怪となること往々これあるものなり。故に伝記口碑は断じて信拠すべからず。(7) 世間にて話上手と呼べる人は好奇心によりて無を有になし針小なる事も棒大となすことありて、妖怪と云えるものを極尋すれば、自己の見聞せると云えるものは甚だ僅少なるものなれば、これ大いに妖怪研究につきては注目すべき点なり。故に古人云える事あり、尽《ことごと》く書を信ぜば書なきに若《し》かずと。(8) 実に至言と謂《い》いつべし。

実怪

実怪とは虚怪を除去せるものこれなり。

虚怪の分類

虚怪を分ちて偽怪誤怪とす。しかして偽怪を人為的妖怪、誤怪を偶然的妖怪とは名づく。偽怪とは人為によりて妖怪となりしものを意味し、例えば好奇心より捏造《ねつぞう》し或いは私利を営まんが為、或いは人の喝采を得んが為、或いは小説的或いは弁護的に作為せるものを云う。就中神仏に托して自利を謀《はか》るが如きはその罪軽からざるものなり。また偽怪中には政略上より人心を収めん為、或いはこれを鼓舞《こぶ》せんが為に、かの秀吉が出陣に際し厳島に詣で百文銭を神前に投じその表裏を以て軍の勝敗を占いしが如きは、予《あらかじ》め二銭を糊合したるものなれども一時人目を眩惑せしめ以て神意となすが如き、また復讐的に出でたる例を挙げば、出雲国などにては富豪にしてもし吝嗇《りんしょく》なるの人などあるときは誰云い始むるともなくかの家には人狐の出《い》ずとの風説を流布す。これ一度《ひとたび》人狐出ずとの風説を唱わるゝときは該家は直《たゞ》ちに社会に擯斥《ひんせき》せられし上遂《つい》に絶交さるゝに至ると。これ即ち妖怪を機械的使するものにして真にこれあるには非ざるなり。

一昨年の事にかありけん。上州磯部《いそべ》の温泉にて林屋と云えば名代の旅館なるが、隣家なる旧士族の小間物商をなせる家との中間より火を失し火元争いの起りしが、遂にその火元の小間物屋に帰するに至りしかば、小間物屋の主人は武門の家庭に養われし士風にて、憤怒の余り林屋の新築落成するや否や二階の客間に忍び入り、腹十文字に搔切《かきき》りて自殺せしかば、風聞直ちに四方に弘まり林屋にては士の幽霊が出ずるよとて誰一人として宿泊するものなかりければ、遂に已《や》むなく転業するに至りしと。斯かる人為的妖怪は世間往々見る処なり。

精神上の妖怪

精神病には種々あるが中に偏狂(9)と名づくる一種は平生は変わりたる処なきも、唯《たゞ》或る一事一物に就て精神の変調を起してそれを言行動作に現すものを云う。彼好奇心にかられて種々の行為をなすは偏狂と見て可ならんか。或る村境に四人掛《がゝ》り位にて漸《ようや》く動かし得る程の石地蔵のありしが、一夜の中《うち》に後ろ向き給いしかば人々奇異の思いをなし、直ちに正し置きしに再び背面を向き従いて直せば従いて転ずるものから、これは必ず地蔵尊の御心に叶《かな》わざる事もあらんかと、夫《そ》れ念仏よ夫れ供養よとさわぎしも、これは全く村内に大力の男ありて早朝こゝに来《きた》りその向きを変えしに過ぎず。さればこれらを好奇心より来る偏狂と云うて可ならん。

偏狂に関しては随分面白き話もあり。余が先年実見せし一人の如きは書籍も一通り読めし人なりしが、精神の過労より幻視聴を惹起し曰く、空中に魔あり常に余の所持金を明知しその金を強請するにより、已《や》むなく室の窓上にこれを置けば即ちこれを奪い去ると。これ自己の所持金を自己の精神が明知する、云わずして可なり。窓上の金の持ち去らるゝが如きもその窓の前は即ち道路なりしと云えば、その魔もまた知るべきのみ。

朝日新［聞］(10)紙上にも掲載しありしが、余の実験中にいと面白き一話あり。そは今も生存しおる人にて東京にてもかなりの洋服店なりしが、此処《こゝ》の主人は得意先へ物品を持ち行くときは途中にて必ず魔物に出会い、持てる物品の代価につき割引の談判をさるゝを常とし、その度毎《たびごと》に損失を招き遂《つい》に破産するに至れり。余を訪い来りしときなども、魔が自己の脳中を攪乱すれば先生御免候えとて、金の製なる帽子を頂《いたゞ》きおりしなどは頗《すこぶ》る奇怪なりし。しかして自らはその魔は豊川稲荷なりと云いおれり。以上は皆一の偏狂に外ならず。

誤怪

誤怪はその実、妖怪に非ざるものゝ不知不識《しらずしらず》の間に妖怪となりしものにして、先年余の寓居にて夜の十一時過ぎ下婢《かひ》が便所に行かんとせしが、行く手の道に白狐の横たわるゝを見、驚くこと一方ならず直ちに引返《ひきかえ》して家内のものを呼び醒《さま》し共に行き見れば、果《はた》してその言の如し。されど暫《しばら》くの間これを望めども敢て動くべくも非ざるより、点灯これに臨めば露だもその形迹を認むる能わず。因《よ》りてこは定めて光線の作用ならんと思い、その原因を捜索せしに果せるかな一条の線路を発見せり。就《つい》てこれを見れば洋灯《ランプ》の光線が戸隙より漏れ来るの結果なりし(11)。斯くの如く光線などは往々妖怪を造り出すことあり。音響もまた人をして妖怪となさしむることその例に乏しからず。

実怪

実怪を分ちて仮怪真怪とす。仮怪を自然的妖怪、真怪を超理的妖怪と名づく。仮怪は怪は怪たるも学芸の進歩によりてその原因を探究するを得べきも、真怪に至りては到底人智の以て窺い知るべからざるものを云う(12)。

仮怪

仮怪を分ちて心理的妖怪物理的妖怪の二とす。今これが説明をなさんに物理的妖怪とは火玉の如きこれなり。かの有名なる九州の不知火《しらぬい》の如き物理学の進歩に伴いその原因を発見するに至らんも、今日に於ては未だ確然たる説明を与えざるものを云う。尤《もっと》も先年熊本学校教員の研究の報告によれば大方海虫ならんとの説明を与えたるに過ぎず、(13)また近頃までは有馬《ありま》に鳥の地獄とて飛鳥《ひちょう》のその上を過ぐるあれば直ちに落ち来りて死すと伝えられ、毒水なれば近よるべからずとて廻《めぐ》らすに柵を以てせしも、輓近《ちかごろ》理学の進歩より化学上の分析を施して遂に炭酸水たることを発見し、今日にては瓶詰《びんづめ》となして発売するに至れり。

心理的妖怪

心理的妖怪とは幽霊の如き幻視幻聴の類にして精神作用の変態より起るものにて、これらは心理学上より説明せらるゝものなり。夫子《ふうし》は怪力乱神を語らず(14)と云いしも、畢竟《ひっきょう》人倫道徳の上に関係なく且《か》つ古代にありては理学の進歩幼稚なりしが為に、これを闢《ひら》かんと欲すれば益《ますます》迷路に践《ふ》み入り易《やす》きを以ての故なり。されど当今の如く開明の世となりては宜《よろ》しくその迷雲を闢き、幽微を発してこれが原由を究め、人心をして安心立命せしむるは豈《あに》また徒労の業ならんや。

自然的妖怪の種類

自然的妖怪即ち仮怪は吾人の研究すべき局面なれば、これより進んでこれが説明をなさんに、一を物理的妖怪、一を心理的妖怪とすることは既に説示する処なるが、再び物理的妖怪を各科に分類せば、物理学的妖怪即ち光線音響等の諸作用の現象によりて生ずるもの等。化学的妖怪、こは化学の原理によりて説明を与うべきもの、例えば元素の結合分解等によりて生ずる諸現象。天文学的妖怪、昔は天文に就ては種々の妖怪を感ぜし、そは彗星流星天ノ川等、尤も今日に於てすら天ノ川等は一の太陽系の如きものならんとの想像説に止《とゞ》まる程なり。地質学的妖怪、例えば化石結晶石の類なり。動物学的妖怪、例えば尾州熱田《あつた》の社内には雞の雄のみにして外より雌雞を持ち来《きた》すも遂に変ずると云うが如き、動物学上より研究すべきもの(15)。植物学的妖怪とは植物に就ての妖怪にして変草の如き、換言せば植物の変態これなり。例えば京都の下加茂の社内にては柊《ひいらぎ》のみにて如何なる植物を移し植ゆるも柊に変ずると云うが如き、植物学上より研究し併せて地質学上よりもその理を究むべきものを云う。世間にては年代を経ると共に種々の奇怪なることを云い触らすものにて、老樹古木を神木と称し、これを伐れば祟《たゝり》のあるなど云うは植物学的妖怪に非ずして心理学的妖怪の範囲内に在るものなり(16)。尚一種の妖怪ありて生理学的妖怪と名づけ、人身に於て異常変態を現すものを云う。

以上は物理的妖怪の分類にして即ち有形的妖怪とす。有形的妖怪に対して無形なる精神作用より起るもの即ち心理的妖怪の来《きた》る原因は種々ありて、外界に現ずるもの即ち心以外に現るゝもの、幽霊の如き自己の精神より出ずるものにせよ、とにかく心の外なる外界に於て見るもの、また他人の媒介を経て現るゝもの、人に神を乗り移らすが如き、或いは人相家相加持祈禱の如きこれなり。その他自己の心身上に発するもの、例えば夢感通(17)または精神病の如き類にして、これらは何によりて研究すべきかと云うに心理学によらざるべからざれども、到底心理学のみにては説明を付する能わざるものありて存すれば、病理上より発するものは病理学或いは生理学上より論じ、また迷信等より来《きた》るものは宗教に関することと大なれば宗教上より講究せざるべからず。その他経験上より来るものあり、例えば事実の偶合的中せるこれらは物理または社会学の力をも借らざるべからず。されば心理的妖怪をば心理学のみにては悉く説明を与うる能わざるにより、心理学社会学宗教学論理学病理学生理学等に渉《わた》りて研究するの已《や》むを得ざるに至れり。

物理的妖怪は理学に関するものにして哲学に関せざる処なれば、これをばそれら専門家に譲り心理的妖怪に属する部門を講述することゝせん。

妖怪解釈の時期

古代蛮民が宇宙万有に向《むかい》て説明を試みし以来、今日に至るまで一般人智の発達と与《とも》に説明そのものも次第に進化して、不完全なる説明より漸《ようや》く完全なる説明を得るに至れり。余はこの発達の年代を分《わか》ちて三大時期となさんとす。

第一期感覚時代

感覚時代とは万有の解釈を与うるに感覚にて見聞し得らるゝ形質上のものにより説明を与

うる時代なり。これ人智の最下位にして幽霊を見しと云うが如き、幽霊を以て霊魂の変象としながら霊魂そのものが無形たるにも拘《かゝわ》らず幽霊を有形体となすに至りては、今日三尺の児童も首肯せざる処なり。抑《そもそ》も幽霊と云う語に就て考うるに、幽とは無形にして表現する能わざるものこれを幽と云う。故にこの世を顕界[18]と云い、死後目に視る能わざるを幽界と名づくるより考うるも、幽霊を視しとは云うべからず。されば古代にありては精神を有形となせり。故に幽霊に抑えられて重く感ぜしと云うが如き重量を表し、寺へ参詣せしと云うが如きは形状を表す。また扉を開きしなど〻は無形の幽霊何等《なんら》の必要かありてこれを開く。さは云え未開の時代に於ては有形以上を考うべき脳力を有せず、今日と雖も下等社会には尚斯かる妄想を抱くものこれあるは実に歎かわしきの至りならずや。この期に於ては精神作用なることを知らず、我なる体に二様ありて、その中一我此処《こゝ》にあり、他我彼処《かしこ》に遊ぶものとせり。これを一身重我説と名づく[19]。昼間は二我相合して作用を現し夜間は一我内にありて他我外に遊ぶものとなす。これ夢の解釈にして当時無形を想像すること能わざるを以てその二我は共に有形なるものとなし有形上の説明を与えし、またこの理を推して人の死に及ぼし死も夢も同一にして一我此処にありて他我彼処に遊ぶより起るものと信ぜり。但《た》だその異なる点は他我の遊ぶに夢に比すれば更に遠く且《か》つ久しきの別あるのみ。これを以て人の夢境にあるときは随意に喚醒し得べきも、一度《ひとたび》死するに及びては何程《なにほど》大声疾呼するも蘇生することなし。乃《すなわ》ち死は他我の出遊甚《はなは》だ遠くして呼声のこれに達すること能わざるによると信ぜり[20]。

その他疾病失神癲狂《てんきょう》狐憑《きつねつき》等も皆重我の説によりて説明を与えたり。それ人の一身は甲乙二我によりて成るを知り、また甲我此処にありて乙我外に出ずる事を得るとなすと同時に、一人の乙我の外出したるときは他人の乙我のその中に入り来《きた》ることありと想い、即ち癲狂者の如きはその人の挙動平生に比して全く別人の看《かん》あるものは、自己の乙我の出遊するに際し他人の乙我の入り来るものとなせり。もしまた他人の乙我の力強くして自己の乙我の存在するにも拘らず乱入することあり[21]。これ人に病患の起る所以《ゆえん》となし、その説明は一切の事物皆有形の道理を以て証明するものにして、余が所謂《いわゆる》感覚時代の説明に属す。蓋《けだ》し当時にありては人既に死後の世界あるを知るも、その世界は我感覚上目前の世界の上にあるものと信じ現世界と同一なるものとなし、その鬼籍に入るは今日現在世界の上に於て一地方より他地方に移住するが如きものとなせり。これ皆有形上の説明なり。この時代の漸《ようや》く進みて鬼神を想するに至るも、その鬼神は猶《なお》有形質にして人類の性質を一層増大にしたるものに外ならずと信ぜり。例えば雷神は太鼓を具し風伯雨師《ふうはくうし》また皆或いは風嚢《ふうのう》を帯び水瓶《すいびょう》を携うとなすが如き類これなり。

第二期想像時代

この期は感覚時代の一歩を進めたるものにして人智漸く進み、また実際上有形質のみにて解説すべからざるものあるを知り、自然に無形質を想像するに至る。故にこの期に於ては第一時期と異なり神を無形体となし、凡《すべ》ての怪を以て神のなす処となし、神は吾が心の本元実体となすと雖《いえど》も未だ論理の階梯を践《ふ》まず、直覚的に空想を虚構し来るものにして、その説は未だ以て吾人を満足せしむる能わず。これ第三時期を要する所以なり。

第三期推理時代

この時期は智力の大いに発達したる時代にして所謂学術時代なり。されば虚構想像を交えず確実なる推理によりて、卑近より高遠に、有形より無形に、感覚以内より感覚以外に及ぼすものにして現今学術時代の解釈これなり。即ち神は何なりや、夢は如何なるものかを説明するの時代にして、今余が講ぜんと欲する所のものはこの第三時期の解釈法により説明を与うるにあり。今上来講述せる処を概括略記して示さば左の如し。

第一期　一身重我説は万有各体の内に存する他元にその原因を帰するもの。

第二期　鬼神説は万有各体の外に存する他体にその原因を帰するなり。

第三期　この期は以上の二期に異なるなり。既にこれを内に存する他元に求めず、またこれを外に存する他体に求めず、万有そのものに固有せる天理天則にその原因を帰するの別あり。されどもこれも或る程度までの事にして、換言せばその天理天則の既知と未知とありて、未知の中に可知と不可知とあれば、如何なるものが可知なるか、如何なるものが不可知なるかを発見するにあり。即ち前《さき》に分類せし仮怪は可知にして不可知を真怪とす。故に今日にありては仮怪と真怪との境界線を発見するにあり。

心理学部門中の妖怪の一類　夢の説明

吾人の精神作用につきては実験学に於ては到底充分なる説明を与うる能わずと雖も、輓近《ちかごろ》学術界の進歩に伴い心理学研究の結果より多少解釈を与うるに至りしと雖も、心は如何なるものなりやと云うが如き問題に至りては未だ説明の限りに非ず、故に余は理学心理学等によりて説明し得らるゝ限りに於て夢の現象を説明せんと欲す。夢は睡眠中の心の状態の一なれば、これが道理を知らんと欲せば先ず睡眠そのものに因りて起り来る所以を究めざるべからず。しかして睡眠に関しては心理学上よりの説明と医学上よりの説明と異なる処あることを記憶し置かざるべからず。

睡眠の説明

抑《そもそ》も事物は一定時の間使用せば、また一定時の間休息せざるべからざることは普通の原則にして、例えば機械の如きも或る時の間使用せば必ずこれを休止し、或いは油を注ぎ或いは修繕を加えざるべからず。斯くの如くなすときは長時の使用に堪《た》うべく、然らずして不断これを運転せば忽ち摩損減耗しまた所用に堪えざるに至る。これ実に看易《みやす》きの理なり。これと同一にして人間も一定の時間労働せば、また一定の時間の休息なかるべからず。そは人身はこれを労すること一定の時間に達すれば必ず疲労を覚え、この疲労を復せんには一定の休息をなし、その間に労養を得ざるべからず。これ猶《なお》機械の摩損せる部分に修繕を加うるが如し。しかしてこの事は吾人の体軀四肢を問わず皆同一にして手足の如きもまた然り。一昼夜絶えず働くこと能わざる故に吾人の食時は三回の度を限り、英国にては五回となしおるも二回は珈琲《コーヒー》を飲むの時にして、仏国は二回にて朝は牛乳位に止めて午餐と晩餐とに別《わか》てり。

斯くの如く何《いず》れの国に於てもその度を限りあるは、もし然らずして常にこれを労せば必ずその部に於て疾病を起すの患あるによれり。然るに独《ひと》り心臓肺臓に至りては日々夜々毫も間断なく作用するものにして、もしこれを休息せば忽ち吾が生命を失うべし。然らばこの二つの機能は全く例外にして右の規則以外に存するものゝ如しと雖も、熟々《つらつら》これを考うるに決して然らず、同じく一定の休息をなすものなり。今その方法を観るに心臓肺臓は他の機関［器官］の如く一定時の動作をなし一定時の休息をなすものには非ずして、一刻一秒の間に或いは働き或いは休み以て少分ずつの休息をなすものなり。即ち肺臓につきて云わば一呼一吸の間に一回の休息をなすものにして、吸気と呼気との間には休息なく相連続すれども呼気と吸気との間に休息あり。その順序は一吸一呼にして爰《こゝ》に一休しそれより一吸一呼することになるなり。斯くの如くにして一昼夜間には平均八時間の休息する割合なりと云う。次に心臓の方は奈何《いかん》と云うに、これもまた一伸一縮の間に休息を取るものにして一縮一伸の間には休息なし。故にその順序は一縮一伸一休一縮となるなり。しかして二十四時間中に合算する時は六時間内外の休息なりと云う。

これによりて観れば吾人人間の有機体は一昼夜に六乃至《ないし》八時間内外の休息を要する事明白なり。されば吾人精神の最高機関たる脳髄もまた六七時間の眠息を要するや必せり。但《た》だ脳は心肺臓の如く一刻一秒の間に休息すること能わざるのみ。もし然らずして時々刻々の休息をなさば忽ち思想の連絡を失するに至るべし。例えば他人より「サドカハハラダ」を語り聞かさるゝとせんに、もし脳にして一秒毎に休むと仮定せば、サを聞きてドを聞かずカを聞きてハを聞かざれば、この場合に於ては思想の連絡を失するは云うに及ばず、遂に何事をも得て領会すること能わざるべし。これ脳の自然的に一定時間中は不断労働し一定時間の休息を採るものにして即ちこの休を睡眠とす。

睡眠の種類

睡眠に二種あり。一は熟睡にして夢なきの時を云い、一は夢にして脳全体の休息せざる時を云う。今以下にその原因状態を説明せん。

夢の原因

夢の原因は種々あれども、先ず昼間脳が平均に活動せるが故に、またその疲労の状態を異にするが為その醒覚の時間一斉ならず、或る部分のみが活動するはこれ夢なれども五官は全く休息するものとす。もし脳の全体の活動するときはこれを醒覚せるものなり。故に夢には正覚なるもの少なし。これ覚むると同時に感覚甚だしく強くなるが為にその夢を忘却するに至るものなり。夢には数年以前の事柄をも夢むることあり。また夢は前述の如く或る一部の他の部分に先《さきだ》ちて醒覚するに依ると雖も却《かえり》てその疲労せる部分の事を夢むることあり。それは後段に於て説明する事として、吾人の脳髄中の意識作用と醒覚夢熟眠死等につきての関係を左に示さん。しかしてこれが表を掲ぐる前に注意し置くべきは意識作用及び反射作用これなり。反射作用とは無意識作用の事にして例えば心臓肺臓腸胃等の働きの如く己れの意識にこれを覚えずして働きつゝあるものを云う。意識作用とはこれに反して己れ斯くなさんと欲する有意的作用にして、例えば水を飲まんとして手を動かすが如きを云う。されば熟眠中は脳全部の休息にして毫も意識作用なきものなれども、中頃より一部分に意識の現れ想像起りてこれより夢境に入る。故に夢は眠りに就きたる際より将《まさ》に覚めんとする時に多し。しかして醒覚には全部分の意識ありとす。もしそれ死時と熟眠とを比すれば共に無意識作用なれども、死時は身体の有機的反射作用をも合《あわ》せて欠くものなり。左表の如し。

	反射作用	意識作用
醒覚	有	有
夢	有	一部分

熟眠	有	無
死	無	無

以上はこれ心理学上の分類たり。

夢の生起する原因

夢の起る原因を別ちて二種とす。一般の場合、特殊の場合これなり。一般の場合は疲労の度の不平均より来るものにして、特殊の場合はこれを内外の二つに別つ。

特殊の場合の内の外部の事情

外部の事情とは感覚上より来るの謂にして、眠れる人に火を近づくれば火災の夢を見るが如き、嘗《かつ》て或る人の臥床の近傍をその母の燭火を持ち行きて物を探しゝに、翌朝その人の曰《い》えるには、前夜盗あり、室内に入り明《あかり》を採《とり》て捜索せりと夢みしと話せしが如き類、枚挙に暇《いとま》あらず。余が実験せし中に於ても、嘗《かつ》て盤石を以て圧迫せらるゝの思いをなし、覚めて見れば枕を落とし頭を火鉢に触れつゝありしを発見せり。また冬季手足を夜具の外に顕《あらわ》しおれば、雪中または氷上を渡るの思いあり。列子にも帯を席《し》きてねむれば蛇を夢む(22)とあるはこれらの故なるべし。一夕余が傍《かたわら》に熟眠せる友人の唇に一滴の水を点ぜしに、当人は一酔の後眠りに就き頗《すこぶ》る酒渇を覚ゆる有様《ありさま》にて、その点じたる水を喜んで口中にて味わいたるもの〵如く見えたり。暫時にして目をさませし故、汝は夢を見たりやと問い試みしに、当人答えて曰く、夢に伊太利《イタリー》に遊び暑気の甚だしきを感じ、葡萄酒一杯を傾け実に甘露の如き味を呈せりと。

この他五官以外の筋覚により夢を結ぶことあり。即ち筋肉を圧するより起るものにして、足を重ね居るときは高所に昇るが如く、これを落とせば低所に飛びしかの感ある等、和歌山県人久保某氏の書翰中に、一夕夢中にて己れの傍にあるもの棒を揮《ふ》り廻すに、余その棒の己れが身体に中《あた》らんことを恐れしに、や〵久しくして果して己れの頭に中れり。因りて驚きこれによりて夢醒《さ》むれば、遇《たまく》己れの傍に臥したる者が手を伸《のば》して己れの頭に触れたるなりと。また食物の不消化より腸胃を刺激し、為に苦しき夢見をなすことあり。また体温の変調より起ることあり。されど胸に手を置きて恐しき夢などを見るは世人の熟知する処なれども、これらは習慣となるときは更に感ぜざるものなり。以上はこれ外部の事情の重なるものなり。

内部の事情

内部の事情とは精神の以前の状態によりて夢を結ぶことあれども、一々その原因を明示すること難きのみ。されば十中八九迄《まで》は必然の原因ありて、自己の身心に毫も事情なくして偶然に起れる夢は決してこれなしと断言することを得ればなり。例えば夢の変態とも名づくべき夢によりて病気等を前知するが如きは毫も怪《あやし》むに足らざるなり。抑《そもそ》も病と云えるものは外部に発せざる以前に於て必ずやその兆《きざし》を内部に発せざるはなし。なれども目の覚めたらん時は外部の感覚強力なるが為に精神この方面に傾注し内部の事情を知るの便なきのみ。然るに眠りに入ればそれら外部の感覚を鎖《とざ》し細微の事をも感ずるが為にして、彼の目を閉じて物事を思考するが如き、白昼よりは夜間の勉学に適するが如き、便所に於て考うるの良按《りょうあん》の出ずる等、皆四隣に精神を乱すものなきによる。されば人定まり神静かなるの時に於て身体組織に変態あるときはその刺激によりて夢を喚び起して前知する、また不思議なることに非ず。

夢の変態

夢には時間場所の関係は決して順序を逐《お》いて来《きた》るものに非ず、古今東西遠近の差別更になし。今その理由を説かんに総じて吾人の見聞は心界中に止《とゞ》まるものにしてこれを印象と云う。その印象が観念となりて現るゝものにして、即ち目を閉じて扇子の如何なるものなるかを知るを得るはこれ観念によるものなり。しかしてこの観念が互いに連絡してその連絡力に強弱あり。例えば書籍につきての観念、学校机等皆これ個々の観念なりと雖も、書物は常に机上にあるものなるを知るはこれ観念の連合なり。机は学校内に在るものなるを知るはこれ連絡なり。然るに吾人醒覚中は観念の全体が活動しおれども、その意識中の一の中心なるものありて、前後の事情内外の関係によりて生ずるものにして、談笑中佐渡の話より九州の話に移り行くも、必ずやその中間には連絡を有するものにして、殆《ほとん》ど無関係なるが如き話頭に転ずるも、その中間には必ず何等かの連絡なかるべからず。されば醒覚中は心界中の如何なる方面へも随意進行することは明々たれども連絡を有することも白々たり。これに反して夢中には不眠の観念のみの働くものなれば時間場所等には合理せざることのみ多し。仮令《たとえ》ば故友に面接するが如き、その死せしと云うことにつきて観念の活動せざるが故に生前の印象のみが浮かび出ずるも、これを正誤するの観念なき故に生けるが如く感ず。場所等もまた然り。九州より佐渡へ一瞬間に於て至るの不合理なることを正すの観念なければなり。

さは云え時としては観念の連合することあれどもその夢を一貫して連絡を持つことは殆どこれなく、唯多くの部分が醒覚せるときは比較的連絡を有するに過ぎず、また夢に作詩詠歌などの出来は一部分の醒覚せるのみなるが為に却て好都合なることあり。そは醒覚中は外界の事情の雑多なる為に感覚四方に散乱して精神の集合をなし難しと雖も、夜中人定まりたるときに於ては、外にしては五官より来るの妨碍《ぼうがい》なく、内にしては睡眠せる部分よりの刺衝《ししょう》[23]杜絶せる故に、斬新の考案の浮かぶことなきに非ず。されども確実なりしと思いし事の醒めての後は案外相違せることも多くこれあるものなり。彼の忘れたる事を思い出すが如きことは世間往々これあるの事実にして、これ脳中には幾多の印象は雑穀蔵中に種々の穀類の堆積せらるゝが如くなれども、その観念となりて顕出するものは常に強力なるものに限らるゝは、彼の月明らかにして星稀《まれ》なりと云うが如く、微《かす》かなる星光は強き月光の為に一段その光輝を失するが為のみ。観念の現出もまたこの理に外ならず、然るに睡眠中は強力の観念は反《かえり》て疲労せしが為に休憩して微弱なるもの丶現出するによれり。嘗て或る人重要の事件を忘却せしが、夢に何書の裏に記しありと云うことを考え出したることありと、これ微かの印象睡眠中に現出したるに外ならず。

霊夢

霊夢とは遠隔なる地に於ての出来事または事を未然に於て夢にて前知することを云うものにして研究中の大要点たり。されどもこの霊夢と云うものには霊夢に非ざるものを混ずるものなれば、これらのものを除去したる後に、尚《なお》真の霊夢なるものあらば大いに吾人の研究を要する処のものなり。今霊夢に非ざるものを挙げんか。古代の伝説は悉く信憑すべからず。今日の如き電話電信等の便ありてすら猶《なお》誤謬の大き事のみなるに、況《いわん》や古代の人より人に転々幾数十回、否《いな》数百回の人口時日を経たるものに於てをや。また夢は醒めて後思い考うるものなればその間に必ずや誤謬なきを保せず。またその事は前に想像し得べきことなるや否やをも考察せざるべからず。例えば事を約してその期に至り思い出すが如き、朝寝する人の汽船の発程時には不思議にも醒むる如き等はこれ精神作用の妙処にして、親の死を前知するが如きも親の病勢等によりて帰納的想像のでき得べきものなれば、これらも悉く除去すべし。

さて時間などにつきて前知するは、人一途に信仰するときはその信ずるが如くなることあるものにして、その例には或る時死罪の囚徒に目を蔽《おお》い置き、汝の足より生血一斗をとれば必ず死すべしとの予言を聞かしめ、然る後その身体より出血せしむとの宣言をなして、唯に罪人の皮膚に一の刺戟を与え、大声にて一升二升と数えて一斗という呼声と共に絶命せりと云うが如きにても知るべし。吾が郷里に於ても現に或る夜、夢に神の如き異人来りて枕頭に立ち、汝は来年五月に没すべしとの示現を受けたりしが、夢醒めて自ら驚き且つその夢を信じ居たりしかば、果してその月頃に至り病に罹りて遂に起《た》たざりしと。これ自己の信仰より来るものにして更に不可思議となすべきの理なし。

その他暗合符合等の霊夢もまた世に少なからず。嘗て或る人郊外の塋地《えいち》(24)に於て墓誌を読むことを好めり。一夜夢みらくその慣習の如く塋地に到れば忽ち新墓ありて目に触れ意を惹《ひ》けり。就てこれを見ればその親友の墓にして、死没の月日姓名を表して的然たれども、その友は即ちその日の暮夜に共に会したるの人なりしの故を以て極めて驚愕したれども、唯その夢なるを以て再びこれを意に介せずそのことを追懐することなかりしが、数日の後その友の訃音に接せしにその死没は夢中に墓誌を読みしその日なりけり。これ単に友人の墓を見しのみにて即夜没せし人の臨終をば見ずして、未だ建設前なる墓表を見しとはこれ偶合に非ずして何ぞや。以上論述せるものを除去せる以外に真の符合これあらば、今日の理学心理学の範囲外たらざるべからず。彼の精気の如きは光線につきてのみ研究せられたるのみなれば、将《はた》して感応作用のあるや否やは未定に属する問題たり。

眠行（睡遊）

夢に次《つい》で眠行を説明せんに、睡遊とは睡眠中自ら覚えずして立ちて歩み或いは談話する等を云い、これらは多く児童に於て見る処なれども、また老成人に於ても応対問答をなしながら自覚せざるものあり。古来の伝説中には暗夜自ら立ちて家の周囲を三回して後就眠せしも毫も記憶せざるが如き、または屋上に登り或いは馬を囲いより引き出《いだ》しなどし、最も甚だしきは争論の末ピストルを放ちその音に驚き初めて覚知せしと云うさえあり。尤も人の性質にも関すれども囈語《げいご》(25)などは多くあることにして、これらは夢と等しき精神作用より来るものなり。

説明

脳は休憩し居るも五官神経及び運動神経が活動するものにして、応答等は脳の反射作用によるものなり。脳の或る一部分が醒覚せるは夢にして、五官神経及び運動神経のみの働く場合は睡遊とす。夢の起るは将《まさ》に目の醒めんとするときに多く、例えば目は最早《もは》や醒めたるも動く能わざる、或いは耳には聞けども口にする能わざることあり。

幽霊

幽霊はこれを実在すると云う人世に多く、現に谷干城《たにたてき》氏の幽霊談[26]として国家学会に掲載せるが如きは、友人を訪いて茶漬三碗を傾けて立ち去りしと云えり。

今幽霊を心理学上より説明するにつき感覚の変態に就て述べん。

感覚の変態に三種あり。一に変覚、二に幻覚、三に妄覚とす。また各《おのおの》を五つに分《わか》つ。左表の如し。

変覚	変視	変聴	変触	変嗅	変味
幻覚	幻視	幻聴	幻触	幻嗅	幻味
妄覚	妄視	妄聴	妄触	妄嗅	妄味

変覚とは見聞するときに実物の儘《まゝ》に見聞せざるを云う。遠きが近く近きが遠く、高きが低く低きが高く見ゆるなど、日常に於ても山岳等に就て見れば明亮《めいりょう》なることなり。舟乗りなども未熟不練の内はこれが為《ため》往々距離を誤ることありと。右は変視に就ての挙例なれども変聴以下推して知るべし。

幻覚とは啻《たゞ》に高下遠近等の差のみならず、全くその実体を他の物質と見做《みな》すを云う。例えば前面に古縄の横《よこた》わるを見て蛇となすが如き、或いは路傍の石を見て大狐の道を要すると誤認する等なり。

妄覚とは幻覚よりも一層甚だしく無を有となすものにして、こは身心に変調を呈するとき即ちマラリヤ熱に犯さるゝ者、精神病者等に於て親しく見る処なり。されど妄覚は自身が非常に強く感ぜしものは往々にこれあるものにして、太陽を凝視せる後幾秒間は太陽を目前に散見するにても知らるべし。故に幻覚は原因たるべき事物の現存ありて妄覚はこれなきものとなさん。

変覚の原因

一は媒介物の状態、一は時間の関係によりて起るものなり。例えば空気中を通過せる光線と水中を通過する光線との屈折の度に差異あるにより、同一物体を二ツの場所に於て見るが如き、また時間が隔たりて所在の異なるときはその幾分を変ずるものなれども、重量等は前後の関係によりて感覚に大なる誤謬を生ずるものにして、重き物の後に軽き物を持てば実量よりも軽く感じ、また井水は冬夏によりて温度に大差なきも、外部の冷熱によりて吾人の感覚には夏は冷《ひや》ゝかに冬は暖かに覚ゆるが如き、その前後の関係によりて感覚の不確実なる事は吾人の常に熟知する処たり。

内部の関係

即ち精神作用によりても大いに相違するものあり。列子の中に孔子東方に遊び両児が太陽の朝と日中と孰《いず》れか近きの問いに対し、夫子もこれを弁ずる能わずして愚者なりと嘲《あざけ》られしと云う(27)。また日月の大きさなどに至りては人々個々の思想を抱くものならんと考う。幻妄両覚には種々の原因の存するならんも大別して内界外界の二つに分つ。

外界の原因

事物の影像の曖昧模糊たるときの如き、或いは外界より与うる処の刺激の不充分なるが如き、もしくは急劇に過ぐるの場合、或いは諸感覚同時に起り複雑にして分界の明《めい》ならざるときの如き、或いはその感ずる処のもの、新奇にして過度に注意を惹くべき場合の如き、これなり。

内界の原因

第一は想像にして吾人は外物を感ずるや心中の想像これに加わりて外物を構造し以てその実像を誤ることあり。第二は予期の為に己れの意を以てこれを迎え以てその実像を誤ることあり。第三は智力作用のその宜しきを得ざる為に判断の誤りを生ずるにより、第四は恐怖の情により謬《あやま》りて外物を認むるによりその実像を誤るに至る。これを要するに幻妄覚は平常健全の場合には多く見ざる所なるも、以上列挙するが如き原因によりて平時と雖も間々これを見るに至ることあり。今これを表示せば左の如し。

外界	一 影像ノ曖昧	内界	一 想像
	二 刺激ノ強弱		二 予期
	三 感覚ノ混雑		三 判断
	四 現象ノ新奇		四 恐怖

次に精神作用の筋肉に及ぼせる例を挙げば、生来毛虫を嫌える人の裸体たりしときその背に粟の穂を触れて、それ毛虫なりと告げしに当人は大いに驚怖せしが、後に至りその部分は脹起して宛《あたか》も毛虫の害を受けたる者の如くなれりと云う。

余の斯学を講述せしは、先にも述べし如く元来世人の迷信を打破せんと欲したるものなれば、決して奇好の余りに出でたるに非ずして、これを心理学病理学哲学物理学等の原理より研究して、これが説明を与えてその迷雲を闢《ひら》くにあれば、その真意は護国愛理よりして来るものなり。(28)抑も余は古《いにしえ》の学者と呼ばれし人の如く啻《たゞ》に学理のみを研究して、そのこれを実地に応用する事を勉めざるが如きは余の採らざる処にして、余は寧《むし》ろ学者たらんよりは実践家たらん事を希《こいねが》う処の者なれば、諸君にも斯学の聴講を以て単に面白《おもしろ》き妖怪談を聞くの念を離れ、理論を覚えたりと云わんよりは、唯《たゞ》一片の迷信を去りて一の真理を得しと云わんことを〔ママ〕希望に堪えず、されば余は哲学館内員にも常に社会有為の人物とならんことを諭示し、利国公益を計るの精神を発揮せんことを訓《おし》えり。これより前講に継ぎて意識作用を掲図説明せん。

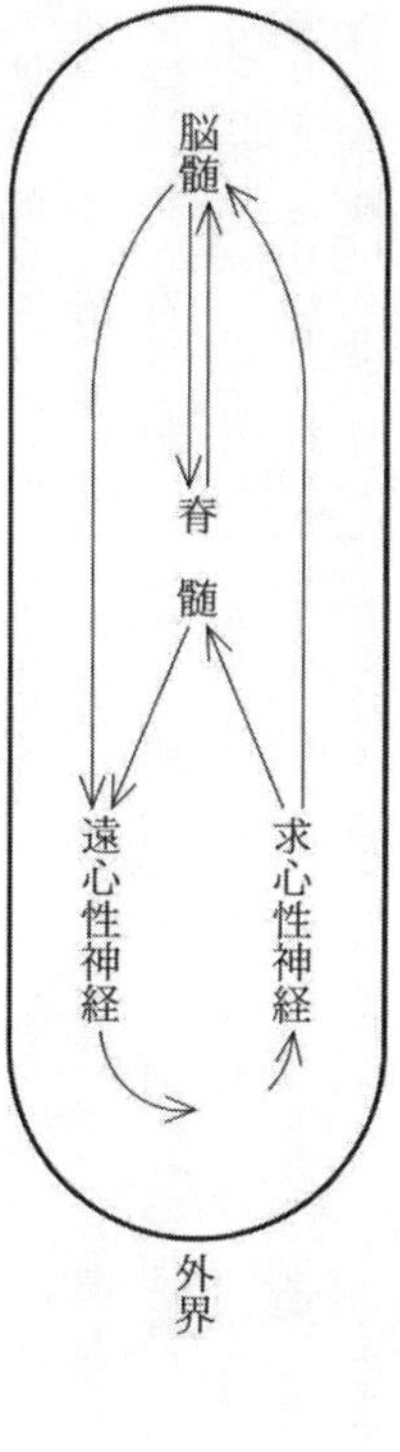

通常意識作用は外界の事物、求心性神経を経て脊髄に至り脊髄より脳髄に達すべし。脳よりは脊髄に還り脊髄より遠心性神経に伝わりて外界に出ず。されども求心性神経より直ちに脳に至り脳より直接に遠心性神経に至るものあり。然るに求心性神経より脊髄に至り脊髄より直ちに遠心性神経に出ずるものを反射作用と名づけ無意識作用を呈す。意識作用は必ず脳に入りて来るものに非ざるはなし。然るに妄覚幻覚は外界より入り来らずして脳より外界に

向《むかい》て現るゝものにして、通常の場合にはこれなく高熱の為か或いは甚だしく予期する処あるが為に起るものにして幽霊の如きこれなり。幽霊なるものは通常一般の場合に於ては、已れの深く思える人が死せるとか云う如き場合に於て能《よ》く現るゝものにして、これ精神の予期はその一原因たること疑いなし。また幽霊なるものは明々白々の時には視ることなく、薄暮或いは夜中に多く即ち曖昧模糊の中に予期して幻妄覚を起して人為的に構成するなり。故に予期せざることを視るは甚だ僅少なり。しかして物の目に触れて起るか、または然らざる場合のあるはこれ幻覚と妄覚との差に外ならず。

今幽霊につきて例を挙げんか。或る家にて昼間洗濯せる衣服を乾《ほ》し置き夜に至り持ち入るゝを忘れしを人の見て幽霊となせしが如き、また余の前宅は墓地と墓との間を通過して出入せざるを得ず、一夕下婢出でゝ食品を購《あがな》い帰らんと欲して墓畔を通過せるに、白衣の幽霊現出せりとて走り帰り倒れんず有様なりしかば、余も不審に堪えず老僕に命じ実検せしむるに、墓前に白張《しらは》り(29)の釣りてこれに蠟燭の未だ消えやらざるもののあるを発見せり(30)。これらを幻覚とは名づくめる。されば自己の精神さえ動かざるに於ては幽霊などは視るを得ざるべきなり。昔年松島瑞巌寺《ずいがんじ》の和尚毎夜十二時過ぎ海岸に赴き修行せしかば、近隣の青年輩戯れに木の上に潜み居り和尚の樹下を過ぎるを待受け、その円頭顱《まるがしら》を手もて押えしに、和尚はその儘《まゝ》立ち止まりて嘗て動ずる気色なかりければ、青年も遂に手持ち無沙汰にこれが手を除きしかば和尚も初めて静々とその歩を移せりと。その後和尚は一言この話に及ぶなかりしかば、人もて事の次手《ついで》に尊公には近頃何事かなかりしかと問わしめしに、和尚再三の尋ねに会い稍《やゝ》思考せし後、日外《いつ》ぞや余が海岸へ勤行に赴きての帰るさに、好事の人の余に悪戯を働きしことの有りしか覚ゆるよとて答えられけりと。

されば白昼に幽霊を見しとか多人数同一のものを見しとか云わば頗る研究の価値を有すれども、それらの例証は悉く古き時代の伝説に属し今日に於ては到底説明なすべき限りのものに非ず。余は単に妖怪を排するのみに非ずして、真実学術上に於て説明を与うる能わざるものを蒐集して研究せんと欲す。されば僅《わず》かに一二の例によりて判決を下す能わず。とかく幽霊の如きはその観念のこれなきものには出会せしと云うことを聞かざれば、畢竟自己の精神中に幽霊を宿すにあらんか。故に古《いにしえ》より変化《へんげ》は子供に叶《かな》わずとの諺《ことわざ》もあるぞかし。

天狗の説

天狗と云えることにつきては随分古くより学者の著書中にも記載せられ、その根元は詳《つまびら》かならざるものゝ如し。抑も深山幽谷には奇々怪々の獣類の棲息は疑いなきことにして、人その奇怪なる獣類を認めて天狗とはなすならんも、現今世間の持囃《もてはや》すが如き人身両翼を備え高鼻にして長喙鷙爪《ちょうかいしゅうそう》(31)なるが如きものにはこれ非ずして、これらは古人の想像によりて画工の手に成就せしものたるや疑いなし。しかしてその後の人々は皆話説絵画に於て天狗をば容易《たやす》く想像し得る故、山深く谷幽《かす》かなる処に於て幻覚妄覚を起して天狗に邂逅するものも多からん。唯中に就て天狗と共に名山大川を跋渉し或いは従いて文字を習いしなど云う如きは、一見奇怪なるもの〻如く全国に通じてその例をも往々聞く処にして且つその多くは小児に於てこれあることなるが、畢竟これらはもし道にても践《ふ》みまよえる等のことあるときは一時精神の狂態を呈して然るならん。即ち夢境に入り或いは幻覚を起し甚だしきは妄覚を生ずるに至るならん。前講に述べし夢の変形の如きものならんか。即ち先入の意識より夢を起し〻を己れ実践せしかの如く感ぜしものと考えらる。

左の例話は維新前の話ながら明治の初年まで存命せりと云う一話あり。そは阿波の国定光村に生来白痴同様の者あり、一日飄然《ひょうぜん》として天狗の許《もと》に遊び書字及び撃剣の技を学びて家に帰れり。爾後《じご》日夜を択《えら》ばず庭前の立樹に向いて撃剣を試みしが遂に大いに熟達せり。自らは謂《い》えらくこれ天狗の我に授けし処なりと。これより両技ともに頗る造詣する所ありて名声四近に聞こえしかば遂に徳島藩主に召されて撃剣の師となれり。人ありこれに妻帯を勧《し》む。某曰《い》く天狗堅く吾に妻帯を禁ぜし故に応ずる能わずと。されども人の再三再四強うるに及び已《や》むを得ず初めて妻を迎えしが、これと同時に撃剣及び能書の技術を失して復《ふた》〻び従前の白痴に帰せしと云う。

斯くの如き例は人々の最も奇怪とする処なれども、もし心理学上より考うるときはこれを説明することを得べし。即ち右の撃剣及び能書の如きは精神上の一時の変動より生ぜしものにして、某は当時必ず自ら天狗を妄見しこれによりその術を伝授せられたる夢境を現ぜしならん。爾後一時精神の変動によりてこの二術ともに大いに発達し、また曩日《のうじつ》(32)の白痴にあらざるに至りしも元《もと》これ一時の変動のみ。しかしてその妄見せし天狗が妻帯を禁ぜし一言とその伝授せし技術とは相連帯して己が記憶内に存せしを以て、一旦妻帯してその禁を犯しゝことを覚知するときはまた精神上に一大変動を起し来りて、これと連帯せし技術までも俄《にわか》に退歩するに至りしならん。斯くの如く一時の変動によりて得たりしものはまた一時の変動によりて本《もと》に復し易きものにして、既に妻帯の後はこの事毎に己れを責め、我《わが》術は嘗て天狗より授けられしものなりとの信仰心を破るに至らば、これと同時にその芸能をも失うべきこと自然の理と謂うべし。故に斯かる現象は心理上種々の作用に照して考うるときはまた敢て奇怪となすに足らざるなり。

思想の専制

精神病に就ては思想の専制と云えることを講ぜざるべからず。されど当今の医学に於ては病理学生理学及び経験等よりこそ論ずれ、心理学上よりはこれを論ずること非ざるも是非これらは一面心理学上より論ぜざれば不可なり。吾人の精神が或る一点に集合して他の精神が悉くこの指揮を受くるを専制と名づく。本来精神は多く使用する処のもの或いは非常の感覚によりて得たる処のものはまた甚だ明亮にして、これに反する不明亮のものは不確実なるものなり。故に日々相接する人々の氏名は深く記憶に存すれども、疎遠なる人の氏名の不明亮なる、かの外国語の学び難きもこの理によるなり。されば如何なる人も自己の氏名を忘却するものはあらずして、暗黒なる室に困臥する眠中の人にても自己の名を呼ばれたるものゝ先ず目醒むるが如きその例なり。されど余りに泥酔するときは己れの姓名すら失念することのあるものぞかし。先年徳川公爵家に於て旧臣を会し園遊会を催せしに、三人程熟酔してその場に倒れ帰らざりければ、人々その宿所へ送り帰さんとて住所氏名を尋ねしも忘却して確答し能わざりしと云う。

総じて観念の中に就てその力の強弱はあるものゝ、それらのものが互いに相均勢を保ちたる上に必ず中心と云うものゝ出《い》で来《きた》るは普通のことにして、或る特別の場合には一点に於てのみ中心を作り他の観念が悉くこれに指揮せらるゝことあり。これ所謂《いわゆる》専制にして精神病者の普通の人と相異なるは即ち思想の専制を作るにあり。例えば物を度《はか》るに尺度の異なるが如し。故に精神病者より吾々を見ればまた吾々が精神病者を見るの感あらん。これ中心に相違あればなり。

偏狂は少しくこれと異なりて単に或る一事に於てのみ専制を来すなり。その例として先に掲げ置きし東京の洋服屋の話等に就ても、豊川稲荷を防ぐ為に護謨《ゴム》(33)の衣服を着け金の帽子を戴きその身体中へ進入を防ぎ、且つ稲荷を銃殺せんと欲するも単発にては到底その目的を達する能わざるなりとて銃砲店に就て連発を注文せしに、その注文に応ずるものを製造するときはその価《あたい》極めて高貴にして数百金を要するが為に未だ製作せずと云い居れり。これらは啻《たゞ》に豊川稲荷の一事に於ては専制作用を起し偏狂に罹るも、その他に於ては嘗て異状を呈することなし。然るに事々物々相会するもの毎《ごと》に就て偏狂を起せばこれ純然たる精神病者なり。しかして此処にまた専制を起せば非常なる怪力を顕すことあり。
先年陸軍省にて兵士の中にて思想の専制を起したるものが或る大石を動かせしことありしが、後日に至りて再び試みしめしに所詮動かし能うべきものに非ざるものなることを発見せりと。右等の例に就て考うるも精神が或る一点に集合するときは、常に異なりて非常なる強力を顕すものたるや明らかなり。専門家のその事業に対して異彩を現すが如き、これらは数理上将《まさ》に斯くの如くなるべきの事たり。左の図に就てこれを見よ。

〔第一図〕

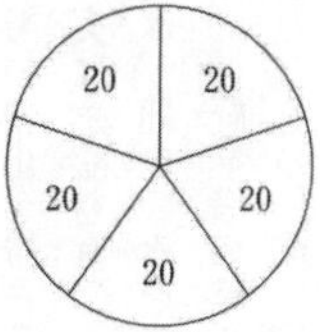

〔第二図〕

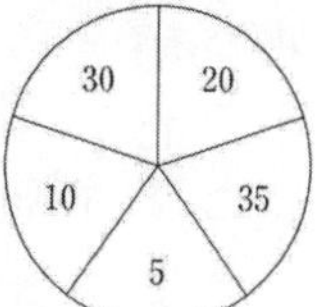

〔第三図〕

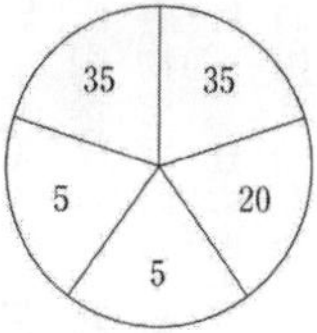

精神界を百なる数を以て表しこれを五等分し各二十ずつとせんか。然るときにこの心界は教育経験の結果により経済的利用法を以て融通運用することを得べし。即ち第二図第三図の

如し。これ百なる総数には嘗て増減なきものと仮定して、唯その数の中に於て彼に減じて此に増加する、所謂専門家の脳力のその一事に発達することを説明するに充分ならん。故に前図の示すが如く心力の一方に集合せらるゝの結果、他の方面に於ては反《かえり》てその心力の割減せらるゝは勢いの止《やむ》を得ざることとなり。今回も相川《あいかわ》鉱山の撰礦場《せんこうじょう》(34)に於て女工の礦石を類別する鑑識には実に感服せり。これ畢竟精神これに聚注《しゅうちゅう》せるが為のみ。両換屋にて手代を雇い入れし初期は、純金のみを一週間も目と手とに慣れしむるときは、贋物をば直ちに見出し得るに至ると。神経病者の格外なる働力をなし、又は暴飲暴食をなすは、狐狸の所為《せい》に非ずして身心の全力をその一点に集合せるの結果にて、火事場に臨める時の如き同理なり。東京にて十二ヶ月の餅を二年食せし人ありて、自ら題して曰く一年夢の如く又一年と云えり。又余が在所にて餅を多く食せし後、善光寺まで中途食事することなく兼行にて往復せりと云う人あり。随分多食の人も世にはこれあるものにこそ。

此処に精神病者の通常人と「の」差異を挙げんに、病者と云える人は固着して通常人はその一時に止《とゞ》まるものなれども、囲碁に熱心なる人は外貌稍《やゝ》愚鈍なるが如き感あるは、これ心力の囲碁に就て凝聚せるが為にして又名手たる所以なり。専門家に非ざる人も酒狂者の如き夫婦喧嘩の末一時の怒りに任せその妻を殺し後悔せしという例も世間往々これあることにして、癲狂《てんきょう》、人によりて多少強弱はあるものゝ精神の一点に凝集する事は免れ難きことにして、世に奇人と称せらるゝ人はこ者は只《たゞ》永続しその他の人に於ては一時に止まるの差あるのみ。

れ偏狂者なれども、この偏狂反《かえり》て世を利すること僅少ならず。もしまた世を益するに於ては誰か目して狂者と云わん。古より称する異人豪傑は一種の偏狂者と見做して不可なからん。物徂徠《ぶっそらい》(35)の門人或る年の元旦早々年始の礼に赴きしに、先生元旦なることを忘れ直ちに議論を始め遂にその日は祝詞を述ぶるの機なくして立ち帰れりと云う。故に奇人伝などを繙《ひもと》かば偏狂集を読むの感あり。されば精神病者なると否との界線を画することは甚だ困難なることにして、先年長州の人にて二十歳前後の悴《せがれ》を携え来り医師に診察せしめしに、病者に非ずとて治療を与えざりければ、何卒《なにとぞ》良方案もなきかと余を尋ねられしが、これは意力の衰弱して判断力の欠乏せしものにて余はこれを病者と認めし事あり。

狐憑の説明

狐憑を分ちて狐惑狐憑の二種とす。佐渡には狐の居らずして狢《むじな》の誑《たぶら》かすと云い囃《はや》すめれど、日本全国に通じては狐惑狐憑を以て多しとす。故に余の説明もまた狐惑狐憑に就て講述せん。

狐惑とは狐が外に在りて人心を左右する力を有すとし例えば山などを廻り行くなど、狐憑は人身の中に入り来りてその精神を支配することを得るとなすものにして、これらは只内部の精神作用のみに非ずしてその他に原因の伏在せるもの多からん。今狐そのものが人を誑惑《きょうわく》するものとなすときは忽ち種々の疑難起りて到底説明すべからざるに至る。今それを左に挙げんか。

第一　動物中には狐より怜悧なる動物、猿象の如きは今一層巧みに人を誑惑すべき理なるに、独り狐狸の属のみ人間を魅《み》すとは、そも如何《いか》なる故なるか。進化論によれば猿が人間に進化せしに非ずしてその祖先を等しくしてその進化の方向を異にせしものなりと云えり。世俗の俚諺《りげん》に猿は人間より三本だけ毛が不足せりと云うも、これは人間に近似して智ありと云うの評語ならん。

第二　西洋にては同種類の狐狸の棲めるも余り狐惑狐憑のことを説かず。しかして支那日本等に於てのみその説の行わるゝは奈何《いか》なる故ぞや。

第三　従来狐狸の人を誑惑するを看るに、こは一般の人には非ずして、必ず智識に乏しきか性質臆病なるか又は酒類に酩酊せる人々なり。又上等に位する人より下等の人民、男子よりは女子に多きはこれ疑うべきの一点なり。

第四　狐狸は人間を自在に左右するの力ありとせんか。他の猛獣と雖もこれを自由になすべき筈なるに、却《かえり》て他の猛獣の餌食となるは奈何《いかん》。又人間にとりても狐狸が猟者の手に捕獲せらるゝが如きも同じく解し難きことならずや。

第五　従来狐狸の人を誑惑するを聞くに、朝及び日中には少なく夕及び夜間に多く、又夜間にても月明の時より暗雨の節に多し。又人烟《じんえん》多き村落に看ずして寂寞たる山中又は社、墓地等に多きも解し難し。

第六　狐惑狐憑の如き事は未開の時代、不文の地方に多くして、教育普及し人智進みて人々の事理を解するに随《したが》い漸々減少するは奈何。

第七　下等無智の人民の中にても三四歳の小児又は生来の白痴にして毫末も事理を解せざるものは魅さるゝことなし。もし狐狸は男子より女子、有智よりは無智の人を 誑《たぶらか》 し易きものとせば、小児白痴の如きは最も魅し易かるべき理なるに、却てこの事なきは奈何。

第八　狐狸の人に憑附したる場合にはその人の言語挙動は平常に異なることありと雖も、しかも吾人の記憶に存し談話に聞けるか、或いは平常経験したることの外は言行に発することと能わずして、その智識相応の挙動を作《な》すはこれ疑うべき点なり。(36)もし狐憑病者にして西洋交通の前に在りて西洋諸国の事情を知り、洋学の渡来以前に在りてその文字を書せしことあらんにはこれ真に不可思議なりと雖も、今日までの狐憑病には斯くの如きことありしを看ざるなり。

以上列挙したる所に依りて考うるに、従来の狐狸の誑惑又は憑附なるものは、学識あり勇気ある人、或いは狐狸は斯かる魔力を有すとの記憶なき幼児白痴等に見ることを得ずして、愚昧《ぐまい》者臆病者泥酔者にして正気を失いし者又は山路に彷徨せし者、(37)殊に狐狸は人間を誑惑すとの記憶ある人等に限れるはこれ学術上の説明を要する点なりとす。

狐狸が人心を左右する神通力を有するかの如く云えども、これ自ら招くものにして愚民女子の如き思想の単純にして情の動き易きもの、性怯懦《きょうだ》なるもの並《ならび》に従来の伝説談話等によりて誑惑憑附の事を記憶したるものに限れり。その故奈何となれば思想の単純なるものは或る一種の観念に思想を聚合《しゅうごう》せんこと易く、性臆病なるものは観念の連合弱くしてこれ又心力の一点に聚合し易きものなり。しかして旧来の伝説談話等にて誑惑し憑附せし事実を記憶するときは、この記憶に思想聚合しこれを中心として意識を組織するが故に、一挙一動皆その記憶の命ずるが儘に作用するや必せり。且つ既に狐狸の記憶が意識の中心となりたるときは、これと連絡せる種々の観念心象同時に起り来りて、或いは狐狸の欲する食を求め又はその仮声及び挙動を呈するに至るものにして、皆これ自然の連合より生起せる所の現象なり。

故に狐狸の神通に非ずして精神の不可思議力によりて招くものにして人間の精神の霊妙に帰着するものなり。是《これ》に因《より》て之《これ》を観《み》れば動物が決して人を誑惑し能わざるや必せり。されば自己の精神さえ確固たれば如何なる時に如何なる場所を過ぐるもまた誑惑さるゝの虞《おそれ》あることなし。然れば誑惑は一の発狂にして、これあるが為には一の信仰即ち狐は人を魅すものなりとの迷信あれば、精神の中心点これに聚合し、然る後幻妄の両覚これに伴い真に然るが如く感ずるものなり。

狐憑には一分狐憑、自己と狐との二つが心中に宿るとなすもの、全分狐憑、全身が狐と変ぜしと感ずの二種ありて、第一は二重意識と名づけて自問自答するが如きこれなり。第二は自己が狐なりと思い定むることにして、所謂精神の中心が狐なるものに聚合して専制を起し、遂に一挙手一投足皆狐の所為に変ずるものにして、これ自己の記憶より喚起するものなり。しかしてこれを治するには中心の一点に聚合せるものを散ずれば足れるものなり。今日までは祓《はらい》とか祈禱とか称《とな》えて為し来りしが、これも一応道理あることにして祈禱祓にて癒ゆると云うことが記憶中に存すれば、聚合せる中心を解散するの方便たるや疑いなし。とにかく精神を反対の方向にさえ引けば可なり。さは云え長日月の間に渡り習慣第二の天性をなすに至りては、得てその効を収むべからず。

以上論ぜる処によりて心理学上誑惑憑附は精神の予期によりて専制を起し思想が固着するものとす。例えば入水は吾妻橋に、縊死《いし》は上野の摺鉢山《すりばちやま》に多くあるが如きは、[38]人心配なることにてもあれば記憶中より吾妻橋が専制を惹起し、不知不識《しらずしらず》の間に此に達し遂に身投げをなすが如く、何にても縊死場誑惑場等は一定せるものなり。さて古来の伝説には心理学上より説明を与うる能わざるものあれども、余が先般材料を全国に募りて蒐集せしも殆ど事実無根、亦は相違等にして、別に目覚ましき事例を聞かざりき。されば古来の伝説は信拠するに足るものこれ非ざるべし。

起原

狐惑狐憑談の起原は支那に始まりしものならん。かの国に於ては古くより随筆ものなどに多く散見することにして、狐のみに限りしことは如何なる故なるか解し難き事なれども、西洋などにても狐を以て狡猾なるものとしては持囃《もてはや》すめる。

催眠術（西洋にて降神術と称す）

神に代りて人が種々の吉凶禍福等を予言するは一種の催眠術なり。これを心理学上より説明せんに前章に説きし狐憑と同一理にして、神なる観念ありてその神に関するその他の観念が常には一観念となり居らざるも、神を信ずるの余り神なる一点に中心が集合し、その神に関するその他の観念も連絡を通じてこの点に集り来りて、常の愚鈍には似気無《にげな》く怜悧となるものとなり、色々の答をなすを得るに至る。これ心より迎うると外部にもこれを呼び起すの事情あるとによりて、一時精神の変態になるものなれば少時にして復旧するものなり。斯く場合に当りて不知の事柄を予《さきぶれ》するは果して不知たるか否やは確固たる事に非ず。されども精神の斯く変態を現せしときには微力なる記憶も大勢力を現出することは、下女にして論語を暗誦し居りしが如き何時かなこれを聞きしことあるものが或る一点に聚合して強力を顕すものにして、今までは英国語等の洋語を語りしものは聞かざりしも爾後にはこれをも談話するものあるに至らん。人生一生涯中に於て見聞することは数多きことなれども確固たる記憶に存することはまた案外にも少数なるものなり。

従来の予言なるものを聞くに予言者その人の智識以外の事は決して答うる能わず。故に少しく混雑せる事は得て聞く能わざれども、日常に比較しては幾倍の智識あるが如く思われど、これ精神の聚合作用の結果に外ならず。

催眠術

催眠術は近来の発明にして降神術など云えることは古くより西洋などにも行われしことなり。催眠は眠るのみを云うに非ずして、人為によりて人の精神の状態を一変して偏狂の状態に転じ、精神は醒覚し居るも幻境に入らしめて他人の指揮の儘に動作するものなり。

その方法に至りては西洋にては多く儀式的に行わる。先ず該術を行うには或る一点を凝視せしむるを以て第一着とす。しかして学識あり信仰心なき人には行われずして、朴訥なる信仰心あるものに於て行われ、且つ已れ先ず信じて然る後人に及ぼさざるべからず。先年馬島《まじま》東白《とうはく》(39)氏は斯術を治療上に応用して試みられしが、氏の顔面は一見斯術の行われ易き相貌なりし故に、その居室に入るや否や該術に感ぜしものありと云う。熱海にて氏の実験を目撃せしが、氏は式を用いずして只その面を向い合わすのみなりしが、最初は睡眠の状態に入り遂に幻境に移る。この時に於ては水を酒なりとて与うれば酒なりと云いて一口飲みて辛い〳〵と呼びながら口をいがめ、最も不思議なるは或る事物を仮定し彼に問うときは直ちにその実物もしくは形容を説明す。幻々居士(40)の該術を行うには最初烟管《キセル》頭を磨してその煌々たる一点を凝視せしめて遂に幻境に入らしめし。人によりてその感ずるまでの時間及び感ずる間の時間を異にす。馬島氏は治療上に応用せし結果は唯中症等のものにして、十余年の間屈伸せざりし手足等の感じ居る時の間は自在に運動することを得るのみ。然れども斯術は屢《しば〳〵》行うときは身心に甚だ弊害を被るものなれば犯行を慎むべし。
元良《もとら》氏(41)の弟子にて高島平三郎氏と云える人は教育上に利用せんと欲し、斯術を施し置きて或る事実を示しこの事は必ず記憶し居るべしと命ずと。世俗の所謂《いわゆる》不動金縛りの如きはこの催眠術ならん。

催眠術は各観念は醒覚せるも意力を失いて統括するの力を失い、為に他人の命のまゝなるに至るものならん。高島氏の研究中屢《しばしば》下婢に行いしかば、後には試みんと思うと共に下婢は斯術に感ぜしと云う。被術者と術者の中間に厚板を置き、術者これに文字等を書するときは能くこれを当つるものなれども、最初にその範囲を定むるを要す。古代の高僧大徳の人々が能く奇々怪々の事蹟を示したる所以をばこの術によりて知るを得べし。総て古代の人は性純樸にして且つ信仰し易きものなれば、斯かる人々に対して高僧智識の大徳が奇怪の作用を現じたるは、これ高僧大徳その人の力に非ずしてこれを信ぜし人の信仰上より起りし所の現象なり。換言すればこれを信仰せし人の自ら催眠の境遇に入りたるものと謂うべし。

先年品川辺にて或る宣教師、熱心なる真宗信仰の老婆に斯術を施し地獄極楽を現じて遂に改宗せしめしに、寺僧直ちに幻々居士を聘《へい》して再びこれに種々の現象を示して帰化せしめしと云う。東京にては一時斯術の流行を極めしより、遂にその筋より禁止せられたり。馬島氏も一時或る名称の下に会を設立し大いにこれを利用せんとせしかども好結果を見る能わざりき。

鬼火

鬼火の如きは物理的妖怪に属すれば、中学程度の物理教授に就て研究せらるゝも容易に了解せらるゝものにして、火箸をこき刃を渡る等は又一個の技術の熟練によりて行わるゝものなり。

コックリ

コックリは狐狗狸と書しその起原は西洋より来るものの如し。明治十七年頃の事とかや、豆州下田近傍にて亜米利加《アメリカ》の帆走船破損したることあり。その修繕の為に米国人中久しくその地に滞在せし者ありてこの法を同地の人民に伝えたりと云う。その中米人は英語を以てテーブルトルニング（机転術）テーブルトーキング（机話術）の孰《いず》れかを以て告げたるも、その地の人々英語を解せずしてその名を呼び難きよりコックリの名を与うるに至れり。蓋《けだ》しコックリとはコックリ〳〵と傾くを義として、竹の上に載せたる蓋のコックリ〳〵と傾くより起ると云う。これより一般に伝えてコックリ様と呼び、その名に配するに狐狗狸の語を用うるに至りしなり。果して然らばこの法は西洋より伝来したるものにして、その流行は豆州下田に起りしこと明らかなり。当時下田にありし船頭の輩、一度《ひとたび》この怪事を実視しその後東西の諸港に入りてこれを伝え、西は尾張または大坂長崎等に伝え東は房総または京浜に伝えしや必然なり。故にその東京に入るも深川京橋区等の海辺より始まる。是に因て之を観るに先年流行せるコックリは豆州下田に起因せること殆ど疑うべからざるなり。

コックリの方法は国々によりて不同あれども先ず生竹の長一尺四五寸なるもの三本を造り、緒を以て中央にて三叉に結成しその上に飯櫃《めしびつ》の蓋を載せ、三人或いは四人以上にて四方より相対坐して各片手もしくは両手を以て櫃の蓋を緩《ゆる》く押さえ、その内の一人は頻りに反覆「狐狗狸様〳〵御移り下され〳〵サア〳〵御移り早く御移り下され」と祈念し凡《およ》そ十分間も祈念したるとき、御移りになりましたら何卒《なにとぞ》甲某が方へ御傾き下されと云えば、蓋を載せたるまゝ甲某方へ傾くと共に反対の竹足を挙ぐるなり。その時は人々は共に手を緩く浮かべ蓋を離るゝこと五分程とす。それより人々の内誰にても種々のことを問うを得べし。即ち彼が年齢は何歳なるか、一傾を十年とし乙某または丙某が方へ御傾き下されと云うとき、目的の人三十代なれば三傾し五十代なれば五傾し端数を問うもまた同方法たり。その他甚句《じんく》躍《おど》りカッポレ躍り等好みに応じて三叉の竹足が調子面白く躍るべし。

コックリは精神作用及び物理作用より成るものにして手は自ら動かさざる積《つも》りなるも、空中に手を置けば自然動く如くどうぞ御傾き下されに精神を集中し、予期意向《よきいこう》によりて不覚筋動《ふかくきんどう》を起し遂に前述の結果を見るに至るなり。(42)不覚筋動を起すことは往々これあるものにして、見世物を立見するときは思わず立ち挙《あが》り角力《すもう》見物の力むが如き、歌好きが人の歌を聞きて細《かぼ》そ声に謳歌するが如きこれなり。棒寄せもまた同理なり。

御釜躍り

御釜躍りは維新前は都鄙《とひ》一般に行われしものなりと云う。その方法は児童五六人相集りて互いに手に手を取りて環状を成しその中央に一人の児童を据え置き、さて周囲のもの一斉に手を振りて躍り上りつゝ反覆数回左の如き言葉を唱うるときは、その中央の児童も自然に周囲の者と共に起《たち》て跳躍するに至ると云う。その言葉に曰く「青山葉山羽黒ノ権現並《ナラビ》ニ豊川大明神アトサキ言ワズニ中ハクボンダ御釜ノ神様」。これこの語もとより怪物を招き来るの力なきは勿論なれども、中央の児童の躍り挙るはこれ全く周囲の者の挙動を見て自らこれに感染し、反射作用によりて運動神経を促し知らず識らず同一の挙動に出ずるものなり。

占、マジナイ

近時高島嘉右衛門氏(43)等の唱導して大いにその流行を極むるものなれども、元来易は学理として哲学としては高尚なるものにして、啻《たゞ》に人心を決定せしむるに於てその効を見るのみならんと思為《おもいな》す。道理の上に於ては吉凶禍福を判断するものには非ず。高島氏は実験上より来ると云えども、余を以てこれを見れば心理学上予期意向より来るものにして、易の占が先見を有するに非ずして易を信ずるより来りしものたるを考えざるべからず。例せば勝軍を占うが如きこれなり。故に易に於て精神作用より来るものを除去するに於ては、未然の吉凶禍福が前知さるゝものに非ざること明らかなり。五行の占干支の占九星天源等、皆学理上に於ては決してさる事あるべき理なし。これらも皆精神作用より然るものに外ならず。過去の事は予期せざれば斯くと断言すべきものにも非ず。されば余に面して功を奏したるものなし。もし適中するものに於ては何等かの事情を混交せざるはなし。

上来縷《る》々講述せるも世間一般の妖怪は一面は物理の上より説明せられ一面は心理的精神作用に帰するものにして、研究の結果帰着点は奈辺にあるかと云えば遂に吾人の精神の妙用なることを感ずるのみ。されば以上の妖怪は心そのものに就て説明を与えしなれども、心そのものに至りては到底心理学上に於ても説明を与う能わず。生理学病理学等に於ては物質上より理化学に於ては有形より説くのみに止まり、無形のものに及ぼすべからず。されば生理学も脳の内部の作用に至りては嘗て説明を与えず、故に精神病者を病院に於て取り扱うは単に保護すと云うに過ぎず。是に因て之を観れば奇々怪々は妖怪を製造するものなり。然るに人の心程奇々怪々なるものは非ず、故に人心を以て蓋世《がいせい》の大怪となすべし。今心の作用に就て考えよ。語るも不思議なり話すも不思議なり。生理学上これを筋肉の働きとなせども斯くなすはまた不可思議なることに非ずや。故に宇宙間の大妖怪を以て人心となす。今これを倫理学講義に於ての表に就て人間の位地を示さば左の如し。

右の表につきて見よ。狐狸は決して霊長たるの位地を占むる能わずして、只《たゞ》霊妙の源は一物に帰して霊妙の活体を人に至りて闢《ひら》きたるものなり。しかして一物たるや耶蘇《ヤソ》の所謂ゴット（神）に非ずして反《かえり》て易の大極(44)に相当するものなり。されば一物と人心とが大怪たり。総《すべ》て妖怪を説明するは純正哲学にして斯学は事物を仮定して進行するものなり。今日に於て最大急務なるは物に動かされざる確固たる精神を造るを要す。然らざるときは自ら妖怪を造るなり。故に妖怪は精神の霊妙に至りて帰着すべきものとす。

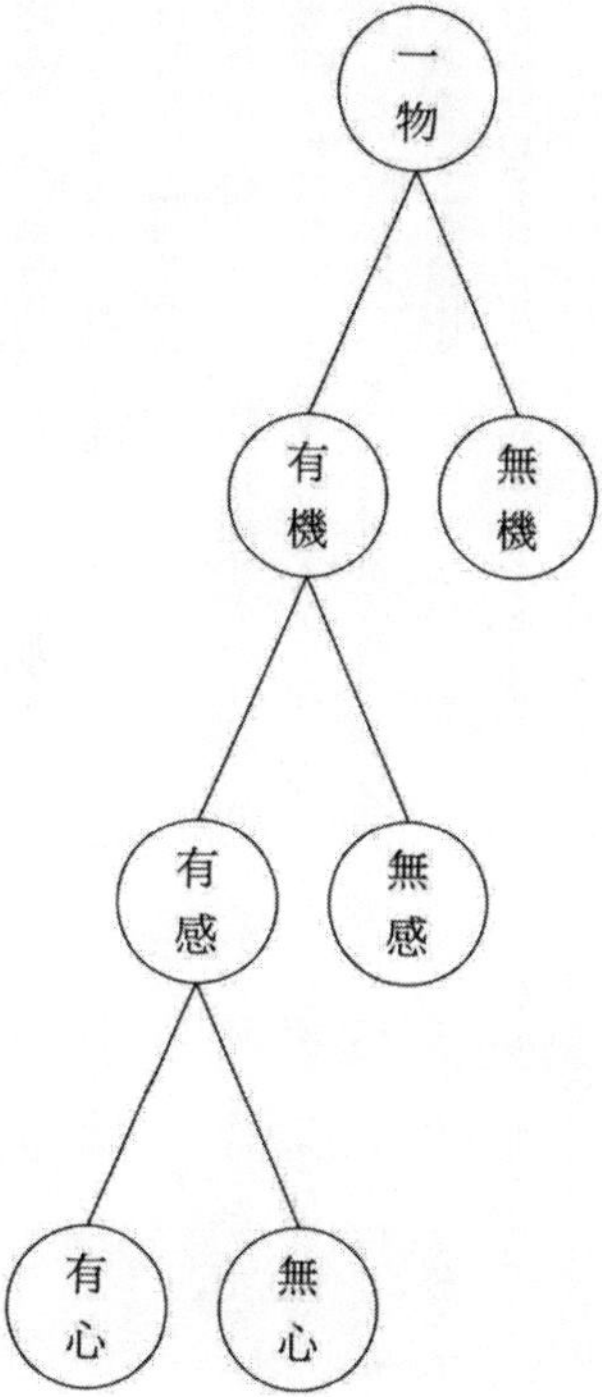

『妖怪学雑誌』論説

本論説四篇は、明治三十三年（一九〇〇）から翌年にかけて妖怪学雑誌社から刊行された『妖怪学雑誌』に掲載された。円了四十三歳からの執筆である。気力充実の時であった。「真怪論」は同年四月十日に刊行された同誌第一号に掲載された。妖怪現象は多種多様にあるが、その最奥に位置するものを円了は「真怪」と呼んだ。これこそは円了妖怪学の究極の到達目標であって、妖怪撲滅に挺身した合理主義者にしてなお、人知によっては至り得ないものが存在することを確言したのである。これは円了の本領が宗教哲学者であったことをうかがわせる点で注目したい論説である。

「妖怪学と諸学との関係」は同年五月十日に刊行された同誌第三号に掲載された。短文だが円了妖怪学を理解するうえできわめて重要な一篇である。冒頭に「余は妖怪学を以て全智全能の学となさんとす」と述べ、考察の対象はあらゆる学問分野を総動員して取りかからねばならない問題群であることを具体例をあげて説いている。妖怪学が不可思議現象全般をあつかう学問であるならば、その範囲は広大無辺とならざるを得ない。全文に理想と抱負がみなぎっている。

「忘憂術」は同年八月二十五日に刊行された同誌第十号に掲載された。記憶術と失念術のどちらが大事かと問われたならば、円了は断然後者を推してはばからない。あらゆる憂苦を忘却できないからこそ、人は苦しみ続けるのだという。その一療法として日本仏教の伝統的な口称《くしょう》にもとづく忘憂術が提案される。これまた宗教哲学者円了の面目躍如とした論説ではないか。ここには妖怪学への直接の言及はないが、本書補遺で後述する『妖怪学講義緒言』に「凡そ世間に人の最も恐れ且つ最も其心を苦むるものは生死の境遇より甚きはなし若し生死の迷門を開きて死後の冥路を照すものあらば其人間に与ふる福利之れより大なるは莫し而して余の所謂妖怪学は実に此門を開く管鑰《かんやく》にして又此路を照す灯台なり」とあるのが想起される。管鑰は鍵の意である。

「論怪」は翌明治三十四年（一九〇一）一月二十五日に刊行された同誌第二十号に掲載された。円了が「妖怪」の名で呼ぶものがいかなる事象であるかを明快に示した一篇である。直接には国字改良論者の唱えた論拠がどれほど道理にもとるかを指摘した論説である。のちに森鷗外も「仮名遣意見」を著して改良論に反駁を加えたが、やがて民族の伝統である正則の仮名遣は「現代かなづかい」という化け物に取って代わられる。漢字は廃絶には至らなかったものの、常用漢字の採用（圓了まで円了になってしまった）や漢字制限が断行され、世は円了の危惧した方向に傾いていった。

真怪論

世界の広き万物の多き、その中《うち》には幾多の妖怪あるを知らず。幽霊狐狸天狗のみ妖怪なるにあらず、天変も妖怪なり、地異も妖怪なり、発狂も妖怪なり、ペストも妖怪なり、然《しか》のみならず妖怪の方面よりこれを観れば、天地も日月も山川も草木も禽獣も人類も耳目も精神も一として妖怪ならざるはなし。仏教の所謂《いわゆる》三界六道《さんがいろくどう》(1)は皆《みな》妖怪なり。嗚呼《あゝ》吾人は斯《か》かる妖怪の世界に生存して、妖怪の空気を呼吸し、その生まるゝや何《いず》れより来《きた》りしを知らず、その死するや何《いず》こに向《むかい》て去るを知らず。病患の発するも災難の起るも自らこれを前知する能《あた》わず、五里霧中に彷徨するものなり。これを妖怪と呼ばずして何と謂《い》わんや。蓋《けだ》し人の迷い且《か》つ苦しむは妖怪の妖怪たるを知らざるに由《よ》る。就中《なかんづく》病患の期し難く生死の定《さだま》りなきは人の最も迷う所なり。故を以て如何《いか》なる豪傑も死期に臨《のぞん》では神仏に哀《あわれみ》を乞い、如何なる博識も災難に遇《あい》ては宗教に心を動かさゞるはなし。古今数千年間の歴史上、東西幾億万の生霊が終身その心を苦しめたるは全く此の点にあり。故に余は多年此の迷苦を除きて安楽を与うる道を発見せんと欲し、古今東西の哲学及び宗教に就《つ》き、専《もっぱ》ら生死禍福の理を講究して今日に至れり。これ余が妖怪研究に従事したる所以《ゆえん》にして、又その結果を世間に報道する所以なり。

妖怪の種類頗《すこぶ》る多くして、その一々を列挙し難しと雖《いえど》も、若《も》しその大要に就《つき》てこれを分《わか》たば、偽怪誤怪仮怪真怪の四大種となるべし。[2] その中偽怪誤怪最も多く、殆《ほとん》ど十中の七八分を占むるが如し。しかして仮怪真怪は僅《わずか》に二三分に過ぎず。然《しか》れども若し妖怪の道理を究め尽すに至らば一切の妖怪皆真怪となりて現ずべし。人皆妖怪を恐るべきものとなすは、真怪を知らざるによる。若しその心中に真怪の道理を明《あきら》かにするに至らば、この多苦多患の世界が忽《たちま》ち楽園霊境となり、仏教の所謂娑婆即寂光《しゃばそくじゃっこう》[3]の実際を見るに至るべし。故に余の目的は全く偽怪誤怪仮怪を払いて真怪を顕《あらわ》すに外《ほか》ならず。偽怪は霧の如く、誤怪は烟《けむり》の如く、仮怪は雲の如く、真怪は明月の如し。[4] 仮怪の迷雲を払うにあらずんば、焉《いずくん》ぞよく真怪の明月を見ん。若しそれ中秋三五の夜、[5] 万里雲晴れて月正《まさ》に中するに当《あたり》ては、人皆天地の霊妙を感ずるが如く、胸中の迷雲晴れ度《わた》りて、心天たゞ真怪の明月を仰ぐに至らば、その歓楽果して如何《いかん》ぞや。生死禍福より生ずるあらゆる不平も苦痛も忽ち消滅し去るべし。然《しか》り而《しこう》して真怪の如何

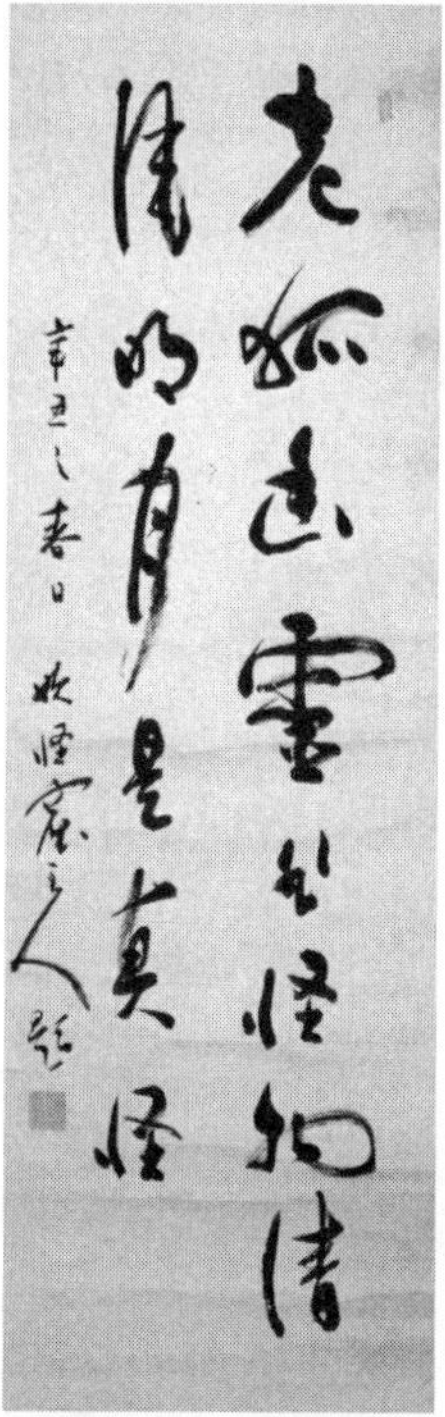

「老狐幽霊非怪物　清風明月是真怪」（『井上円了遺墨資料集（一）』1999年）

は、妖怪の門に入りてその理を究め尽くすにあらずんば知るべからず。故に若し世間に生死の道に苦しみ禍福の理に迷いて、これを払い去らんと欲するものあらば、請う来《きた》りて真怪の道理を講究せよ。

妖怪学と諸学との関係

耶蘇《ヤソ》教者は神を以て全智全能の体となすも、余は妖怪学を以て全智全能の学となさんとす。何者《なんとなれば》妖怪学は万学に関係し、これを研究するには万学に通ずるを要すればなり。先《ま》ず天文地質気象に関する妖怪は天文学地質学気象学に関係し、禽獣草木人身に関する妖怪は動物学植物学生理学に関係し、精神の変態を論ずるときは精神病学心理学に関係し、鬼神霊魂の有無を論ずるときは宗教学純正哲学に関係し、智力の変態に関しては教育学論理学に関係することあり。偽怪誤怪に関しては政治法律に関係する所あり。故に余は妖怪学を以て全智全能の学となす。

こゝに降石の怪あり。(6) 先に長野市弁天町に起り、後に神奈川県川崎町に起る。若しこれを人為に出《い》ずるものとせんか。然《しか》るときは精神の変態即《すなわ》ち一種の発狂より生ずるか、又は復讐或いは悪戯の故意に出ずるか、二者中の一に居《お》らざるべからず。これを一種の発狂とすれば心理学及び精神病学の問題となり、これを故意に出ずるとすれば裁判上警察上の一問題となるべし。若し又その原因を人力以外の神力に帰するときは宗教学の問題となり、物理の作用に帰するときは物理学の問題となるべし。一妖怪にして諸学に関係すること斯くの如し。他は推して知るべきなり。

諸学に事物の常態を論ずる部分と変態を論ずる部分あり。その変態を論ずる部分は皆妖怪学の範囲なり。しかして常態は事物の表面にして変態は裏面なり、常態は皮相にして変態は蘊奥《うんのう》なり。前者は思議すべきものにして後者は思議すべからざるものなり。故に妖怪学は宇宙の玄門を開き、事物の秘訣を究め、諸学の奥義を示す学なりと知るべし。換言すれば不可思議の学なり。故にこの学を研究し来《きた》らば、自然に不可思議の妙趣妙味を感得するに至らん。若し人この多苦多患の世界にありて、苟《いやしく》もその心中に快楽の別天地を見んと欲せば妖怪学を研究するに如《し》かず。余自らこれを実験せり。人復《ま》た奚《なん》ぞ疑わんや。

忘憂術

世人は記憶術の必要を知りて失念術の効用を知らざるは、余が大いに惑う所なり。若し記憶術と失念術と孰《いず》れか大切なりと云わば、失念術の優ること実に万々なり。凡《およ》そ人は楽事は忘れ易く憂苦は忘れ難きものにして、その忘れ難きが為に一憂の未だ消せざる中に他憂の来《きた》るあり。一苦の未だ尽きざる間に他苦の生ずるありて、憂苦に憂苦を重ね、遂《つい》に病患を醸し、夭死《ようし》を招くに至る。蓋《けだ》し世の不幸は憂苦そのものよりは、寧《むし》ろ憂苦の忘れ難きにあり。憂苦にして容易《たやす》く忘るゝを得ば、憂苦ありとも敢《あえ》て憂苦とするに足らず。これ余が先年失念術を講述したる所以《ゆえん》にして、その大要は妖怪学講義教育学部門中にあり。

人の忘れんと欲するもの多々あり。苦を忘れ憂を忘れ、貧を忘れ賤を忘れ、病を忘れ老の将《まさ》に至らんとするを忘れ、死の将に近《ちかづ》かんとするを忘れんとするも、古来未だ失念術を発見したりし人なきを以て、憂は益々《ますます》憂、苦は益々苦となるに至る。世運の開け人文の進むに従い、日常の便利は日を追て増加するも、憂苦の度は毫も減少するを見ず、却《かえり》て増長するのみ。こゝに於て失念術の講究の益々切要なるを知るべし。

失念術の方法の一々はこれを教育学部門の講義に譲り、唯《たゞ》こゝに一種の方法を示さん。即ち口称《くしょう》(7)の方法なり。西洋の宗教には未だ口称の方法を伝えたるもののあるを聞かざるも、(8)印度《インド》の宗教には専《もっぱ》らこの法を伝え、日本にても各派大抵この法を用う。その著しきものは浄土宗の念仏と日蓮宗の題目なり。たま〳〵憂苦の心を悩ますあれば日蓮宗は一心に題目を唱え、浄土宗は一向に念仏を称し、その間更《さら》に余念を混ぜず。これ忘憂術の一法なること明《あきら》かなり。余はこの方法を以て広く世間に応用し、上下一般に忘憂の一助となさんことを望む。そのロに唱うる所は必ずしも念仏題目に限るを要せず、別に工夫して可なり。神道は神道の口称を用い、儒教は儒教の口称を用うべし。余はこれを名づけて口称的忘憂術と云う。

論怪

宇宙の中、六合の間、事々物々、各《おのおの》常態変態の二を具せざるなし。その変態は妖怪学の所謂妖怪とする所なり。故に事物に万類あれば、妖怪にも亦《また》万類ありて、天地の怪あり、風雨の怪あり、金石の怪あり、水火の怪あり、草木の怪あり、禽獣の怪あり、人類の怪あり、手足の怪あり、耳目の怪あり、言語の怪あり、思想の怪あり、果して然《しか》らば輿論《よろん》の怪、政論の怪なかるべからず。余はこれを名づけて論怪と云わんとす。それ論はすべて論理の規則、思想の法則に従い、因果の大道理に本《もと》づくものにして、若《も》しこれに反するものあらば、これを非論理的と名づけて、道理世界の廃物となす。斯かる廃物は即ち論怪にして、すべて非論理的のものは論怪の部類に入ると知るべし。古代人智未だ進まざりし時にありては、人々論ずる所尽《ことごと》く非論理にして、一切皆論怪なりしも、世の開くるに従い、論怪日を追《おい》て漸《ようや》く減ずるに至るも、今日猶《なお》世論の妖怪の範囲を脱せざるもの多し。その一例は現今の国字改良論なり(9)。

国字改良の目的は敢て非とするに及ばざるも、その論点に至《いたり》ては、怪の又怪なるものあり。今その二三を列すれば、我が邦《くに》の学業の進まざるは、主として最も不便なる漢字を用うるにありと云う、その一なり。支那《シナ》の国勢の振《ふる》わざるを見、我が邦の漢学者の気力なきを見て、その罪を漢学漢字に帰する、その二なり。一たび漢字の不便を見て、未だこれに代用すべき文字を定めずして、直《たゞち》に漢字廃止を実行せんとする、その三なり。数千年間の歴史、文学、制度等皆漢字によりて今日に伝わるに拘《かゝわ》らず、一時にこれを廃して思想界を暗黒にせんとする、その四なり。東洋の政略上露［ロシア］よりも英［イギリス］よりも我が方に多く便利を有するは、漢字漢学に通ずるにあるに拘らず、これを全廃して我が唯一の利を失わんとする、その五なり。斯かる怪論の世間に行わるゝに、誰《た》れもこれを怪として怪しむものなきは、これ又一怪なり。今日の世間はこの論怪の迷雲の為に青天白日を見ることを得ざるは誠に嘆ずべきの至りなり。妖怪研究の今日に急要なること問わずして知るべし。

おばけの正体

本書は大正三年（一九一四）七月に丙午出版社から刊行された。円了五十六歳の著述である。大学長を辞したのち郊外の哲学堂に隠棲していた。現在の中野区立哲学堂公園はその跡地である。執筆動機と歴史的位置づけは編者序文で述べた。これは私見だが、四六判二百五十ページのこの小著を読んで、かえって『遠野物語』の魅力がどこにあるのかを合わせ鏡のように感じるきっかけとなった。加えるに、真宗説経の本場越後の寺で育った人ならではの話の練りようは、あたかも満場の聴衆に語りかけるがごとくである。音読して玩味されたい。円了は大正八年（一九一九）に巡講中の中国大連で亡くなった。享年六十二である。本書巻末の記事は、したがって円了妖怪学の総括とも言えよう。それは軽妙に、そして穏やかにつづられた晩年の文章である。

緒言

明治三十一年のむかし妖怪百談を著《あら》わし、次にその続篇を作りしが(1)、望外にも世間より歓迎せられ、再三再四、版を重ぬるに至りたるも、数年前に残本全く尽き、久しく購読を謝絶し来《きた》れり。その後更に再版せんと思いしも、本書の内容が古人の書を引き、古代の話を伝えたるもの多ければ、その儘《まゝ》再版するも面白《おもしろ》からずと考え、絶版の儘今日に至れり。

然《しか》るにこの最近二十年間、全国周遊中、各所に於《おい》て妖怪の実験談を直接に聞知《ぶんち》せるもの、又は研究会員より妖怪の新事実を報告せるもの、(2)又は地方の有志者より新聞雑報の切抜《きりぬき》を寄送せるもの、及び自ら実地に就《つ》き探知せるもの等、数百項の多きに達したれば、これを蒐《しゅう》集撰択《しゅうせんたく》し、又旧著中明治維新後に起《おこ》りし妖怪事件十余項を抜萃《ばっすい》し、合《あわ》せて百三十項を得、新たに『おばけの正体』の書名の下《もと》に上梓《じょうし》するに至る。その期する所は、家庭及び小学に在《あ》りて、妖怪に迷える児童に読ましめんとするにあれば、文章は言文一致を用い、事項は児童の了解し得る程度を計《はか》り、平易簡明を主とせり。つまり家庭の御伽話《おとぎばなし》に資せんとするの微意《びい》なり。読者願《ねがわ》くはその意を諒《りょう》せられんことを。

妖怪と迷信とは密接の関係を有し、殆《ほとん》ど妖怪の八九分通りは、迷信より起ると断定して可なる程なり。故《ゆえ》に本書中に迷信を併記せるも、その外《ほか》に尚《なお》迷信に関する事項は頗《すこぶ》る多ければ、他日更に『迷信集』を編述する心算なり。(3)又今日の学理を以て解説し難き、所謂《いわゆる》真の不思議と称すべき事項も夥《か》多《た》あれば、他日別にこれを集成して『真怪論』を発行する予定なり。(4)その事も併せてこゝに予告す。

大正三年六月　演述者自ら記す

第一項　妖怪は有るか無いかに就《つい》て

世間には妖怪があるとも云い、ないとも申して、議論が一定しておらぬ。妖怪ありの論者は何も歟《か》も皆《みな》妖怪ときめて毫《すこし》も疑いを起《おこ》さぬ。これに反して妖怪なしの論者は只《たゞ》一途に神経である、妄覚である、誤伝である、詐偽である、迷信であると速断してしまう。余の考えにてはいずれも極端にして信ずるに足らぬ論と思う。どうしても実際上十分に探検して後にその有無を判定せなければならぬ。そこで余は数十年前《ぜん》より妖怪研究会(5)を設け、現在世間にある妖怪を実地に就て調査したのである。

すべてむかし話に伝わり、或《ある》いは旧《ふる》き書物にかいてある怪談は、もとより信ずることができぬのみならず、今日調査する手掛《てがゝ》りがないから、それよりも今日世間に起れる実例に就て研究する方が確実である。その中に原因の不明なるものも多いが、又明瞭になったのも沢山《たくさん》ある。今こゝに妖怪の有無を判定する前に、原因の分《わか》りたる事実談を集めて、世の中へ紹介しようと思う。而《しこう》してその事項は成《な》るべく明治維新後に起った出来事《できごと》に限りたい考えである(6)。

第二項　余の実験せる障子の幽霊

他人の事を紹介する前に、余の自身に実験せし一例を挙ぐるに、凡《およ》そ今より四十五六年前、余の十歳前後の頃と記憶して居る。或《あ》る夜眠りに就《つ》き、夜半《よなか》すぎにフト目が醒《さ》めたが、灯《あかり》は消えて真暗《まっくら》である。その時枕を着けた儘《まゝ》眺むるに、隣室の障子の戸骨《ほね》の間より何物か室内を覗《のぞ》き込《こん》でいる顔が見ゆる。如何《いか》にも不審に堪《た》えずして、起き直して見れども、やはり同様である。然《しか》るに少時《しばらく》の間にその顔を引込《ひっこ》まして見えなくなるかと思うと、すぐに又覗き込む。その時の考えでは世の所謂幽霊であろうと思い、急に怖くなり続けて見ることもいやになり、布団を頭からかぶり、縮み上《あが》って寝ていた。翌朝夜が明けてから、その幽霊が気にかゝり、早速起きて隣りの室《へや》に行き、この辺なりと思うた障子を探り見れば、豈計《あにはか》らんや戸骨の間に紙の破れた所があって、その切口《きれくち》が風の為に内の方へ吹き込まれたのを横より眺めて人の顔と誤りたることが分《わか》った。そこで世の中の幽霊は皆此様《このよう》なものであろう、今後幽霊を見ても紙切れと思えば、恐ろしくも怖くもないと云う決心を起したことがあった。

第三項　幽霊の足音

今一つ余の幼少の時に実験したる話がある。年齢十五六歳の頃、或る寺の座敷に寝たが、深夜になりて目が醒め、四隣寂寥《しりんせきりょう》として草木も眠れる程の中に本堂の方に当《あた》りて人の板敷《いたじき》の場処を歩く音がハッキリ聞こえておる。その音はガタン〳〵という響《ひゞき》だ。最初は盗賊《どろぼう》が入り来《きた》ったのかと思うたけれども、盗賊《どろぼう》ならば彼《あ》のように足音を高くして歩く筈《はず》はない。その音が近くなるかと思えば又遠くなり、何時《いつ》までも息《や》まぬ。そこでこれは幽霊の寺参りであろうかとの想像を浮《うか》べた。曾《かつ》て檀家の者が死ぬ時に、その亡者が寺へ参ると聞いていたが、これこそ亡者に相違ないと思うた。しかし翌朝になって見れば、半信半疑であるから、早々起きて本堂の方へ行って尋ねたれば、堂側《どうそく》に別室があって、その内に大《だい》なるボン〳〵時計が懸《か》ゝっていた。この時計のガタン〳〵という音であったことがすぐ分った。これは時計の幽霊と申すべきものであろう。

第四項　明《あ》き小屋の光り物

今一つの実験談を申さば、これは二十歳以後の話である。或る年夏の休暇に勉強したいと思うて、二ヶ月間箱根山上の元箱根村と名づくる処《ところ》に農家の座敷を借りていた。元箱根は箱根町を距《さ》ること八丁、権現神社の下に三十戸許《ばか》り並んでいる小村である。或る夜晩食《ゆうめし》をすまし、町の方へ散歩に出掛け、あちらこちら歩き廻りて、ハヤ時は十時過ぎになった。愈々《いよ〳〵》帰ろうとすると俄《にわか》に大夕立が掛《か》ゝって来た。あたかもその時は暗夜《やみよ》であるのに、提灯《ちょうちん》も雨具も持たぬから、町の出口の茶屋に入って休息し雨の晴るゝのを待っていたが、十一時を過ぎても中々《なか〳〵》晴れそうでない。そこで茶屋から提灯と傘《からかさ》とを借りて、真暗の処を深林《しんりん》の中に向《むか》い、ソロ〳〵歩いて来たが、二三丁過ぐると、先の方に薪《たきゞ》の小屋がある。人はもとより住んで居る家ではない。その明屋《あきや》の片隅から火光《ひかり》が発している。忽《たちま》ちピカリと光るかと思うと、すぐ消えてしまい、又光って来る。斯《か》くの如くすること三四回に及んだ。余は歩きながら如何《いか》に考えてみてもその原因が知れぬ。依《よ》って暫《しばら》く足を停《とゞ》めておったが、その時光は全く発せぬようになり、只《たゞ》小屋の片隅に黒き物が動いているのを認めた。曾《かっ》て狐火《きつねび》や天狗火《てんぐび》や幽霊火のことは聞いておれども、今見たる火は其様《そのよう》の怪火《あやしび》ではなかろうと知りつゝ、何となく疑懼《ぎく》の念が起り、殊《こと》に真黒《まっくろ》の物の見ゆるのは、どうしても化物《ばけもの》であろうと思うた。或いは高山のことなれば熊でも居るのではあるまい乎《か》、若《も》し熊ならば一層恐ろしいと思い彼是《かれこれ》している内に、その黒き怪物が余の方へ向《むかっ》て歩き出して来たから、これはたまらぬ、四十八手逃げるに如《し》かずと心得、駈出《かけだ》そうとする途端先方より余に向って呼びかけた。その時漸《ようや》く正体が分ったが、分ってみれば枯尾花《かれおばな》にあらずして普通の人間である。その次第は、箱根町の電信局の脚夫が電報を近在へ配達したるその帰途に大雨風の為に提灯を消され、明小屋にたゝずみてマッチをつけていたのであった。余が怪火と思うたのはその光であって、風の為にマッチをつければすぐに消え又つければ消えるので、再三してもよくつかぬ。そこへ余の提灯が見えたから、彼はその火を貰《もら》おうと思うて待っていた。然るに余の方では気味悪く思うて足を進めぬから、彼は待ち兼《かね》て余の方へ向けて歩き出したので、その時、ドウゾ提灯の火を戴《いたゞ》きたいと申したので、初めて正体が分って安心した。遇うて見れば、彼は真黒の油紙を頭より全身へかけ着ていた。これが余の目に熊のように見えた訳《わけ》である。依ってその時「化物の正体見れば脚夫かな」とよみたるも滑稽《こっけい》であった。

第五項　夜中の大怪物

自分の実験談の外《ほか》に他人の話を紹介したいと思う。余が先年或る学校に寄宿せしに、同窓の一人、土肥某が夜十二時過ぎ室を出《い》でゝ便所に行く途中廊下の側《そば》に大怪物の無言にて立ち居るを見た。何分《なにぶん》暗黒にしてその状態を詳《つまびら》かに認むることできず、怪《あや》しんでこれに向い汝何《なんじ》者かと問いかけたるも、一言《いちげん》の答がない。さりとて逃げ去らんとする様子もない。依って大いに志《こゝろざし》を決し、これと勇ましく格闘する覚悟にて有らん限りの腕力を奮い大喝叱咤《だいかつしった》してその怪物に取掛《とりかゝ》り、一突き衝《つ》き飛ばしたれば、ガサンと音がしてすぐ仆《たお》れた。よく見れば鬼にもあらず賊にもあらずして、炭俵の二俵相重《あいかさ》なり、廊下の一隅に高くなっていたことが分り、図らずも自ら吹き出したという話がある。(7)

第六項　亡者《もうじゃ》の泣声《なきごえ》

先年の読売新聞に東京両国回向院《えこういん》の墓場の間に亡者の泣声を聞きたる話が出ておった。こゝにその一節を読み上げて見よう。

近来回向院卵塔場《らんとうば》辺《へん》へ(8)、白衣《びゃくえ》を纏《まと》いたる年若き女の亡霊姿を現出することありとて、近傍の居住者尾《お》に鰭《ひれ》つけて風説するにぞ、夜更《よふけ》には同院境内を通行するもの一人もなかりしが、境内居住者掛茶屋《かけぢゃや》の主人某なるもの、一両日前の夜二ツ目辺よりの帰途、いまだ漸《ようや》く九時半頃なりければ、彼《か》の幽霊の出《いで》る時刻には余程《よほど》早し、表門へ迂回《うかい》するも面倒なれば近道をとらんと、松坂町一丁目横丁裏門を入り、今しも本堂側を横切らんとしたる時、鼠小僧《ねずみこぞう》墓所石構《いしがま》えの裏手に当たり、女の泣く声聞えけるに不審を起し恐る〳〵星の光にすかして窺い見れば、この頃の人の噂《うわさ》に違《たが》わぬ幽霊なりしかば、さては十万八千の焼死人中今に成仏せぬ族《やから》ありと見えたりなど考えつゝ、身を縮めてその場を逃げ去り観音堂際《ぎわ》なる同業者某方へ駈《か》け込みて有りし次第を告げ、幽霊なれば別に仔細《しさい》もなきことながら、万一自殺者などにもあらんには明日の厄介面倒なり、如何《いかゞ》はせんと躊躇《ためら》う所へ、同院台所男、足音高く通り掛《か》ゝるを呼び止め、今視《み》て来《きた》れることを語りたるに、寺男は何気なく合点《うなづ》きつゝ提灯携え、本堂南方鼠小僧の墓所辺を見廻り、程無《ほどな》く某方に立戻り、皆さん御安心なさい、幽霊は幽霊なるが、生きた然《しか》も年若《としわか》の男女二人にて連《つれ》の女が酒に酔い過ぎて歩行もできぬ始末に、男が介抱しておったのだ。二人ともツイ近所で見掛ける顔ですと告げ大笑いにて済みたりと。

如何に恐ろしき幽霊も正体が分れば笑草《わらいぐさ》となる。

第七項　幽霊の足跡

去る頃、奈良県の某新聞にも、妖怪変化《へんげ》と題して幽霊談が掲《か》ゝげてあった。その場所は同県磯《し》城《き》郡桜井町某寺の境内である。この寺の墓地に毎夜十一時過ぎになると、ハイカラ的丸髷《まるまげ》の亡者が徘徊《はいかい》するとの噂が町内に拡がり、物好きの男が第一番に正体を見あらわしてやらんと、性《しょう》もない所に力瘤《ちからこぶ》を入れ、一夜、堂の裏に身をひそめて様子を窺《うかが》っていたそうだ。初秋の夜も沈々《しんしん》と更《ふ》けた十二時過ぎになると、アーラ不思議や忽然《こつねん》として一人の女に化けた妖怪が現れ、累々《るいるい》と並んでいる石碑の間を歩いて行くのを見届けたから、翌朝再びその場へ行っ

第五項　夜中の大怪物

て見ると、大正の化物は違ったもので、足跡が点々と墓の間に残っている。そこでその足跡は狐狸《こり》か幽霊かと思うて段々取調《とりしら》べたところが、その近辺に一人の好男子が住んでいる。其《そ》処《こ》へ他《た》より毎夜これを慕うている婦人が通うて来るのであったそうだ。

第八項　勝海舟《かつかいしゅう》先生の実験談

事柄は維新前の出来事なれども、勝海舟先生より直接に聞いた話がある。昔先生の書生時代、夜半《よなか》過ぎに東京牛込《うしごめ》区市ヶ谷の谷町を通られたことがある。この場所は近年は人家相並《あいなら》んで市街をなせども、昔は真に深山幽谷の趣《おもむき》があった。殊《こと》に夜十二時後となっては全く人影もない場処である。然るに深林の間に青白い婦人が無提灯にて立ち止《ど》まっているのが見ゆる。これを認めたる勝先生は血気最も壮《さか》んなる青年時代なれば定めて狐狸か魔物の変化ならんと思い、一刀の下に打斃《うちたお》さんと決心し、刀に手をかけつゝ近づきたれば、先方より声をかけ、恐れ入りまするがドウゾ道を教えて下されというから、よく事情をたゞして見ればその怪物《ばけもの》は新宿遊廓の娼妓《しょうぎ》にして楼主の虐待に堪《た》えかね、夜中窃《ひそか》に逃げ出したのであったとの話を聞いた。

第九項　怪物火を発す

夜中の光り物に就き種々の怪談があるから、その二三を此処《こゝ》に紹介しましょう。福島県の或る郡役所に奉職せるものゝ話に友人と共に夜中旅行《やちゅう》せしことがあった。その時野外に数丁を隔《へだ》てゝ遥《はる》かに火光《かこう》を発している処がある。その中に人の横臥《おうが》しているが如き姿が並んで見ゆる。その夜は真の暗夜《やみよ》でしかも一時頃の深夜であった。同行の友人はこれは全く怪物《ばけもの》が人を驚かさんと欲し、斯かる戯《たわむ》れをして見せるのに相違ない。不埒《ふらち》千万の奴《やつ》であるとて、大声を発し、「汝《なんじ》知らずや我は万物の長たる人間であるぞ。早く正体を現して逃げ去れよ」と呼ぶも、怪光は依然として滅せず。とにかく近づいて見ようと申し合わせ、両人恐れ〳〵徐行して現場に至り見れば土橋《どばし》の改修工事中にて、橋上の土を取払いたる為に、橋台《きょうだい》の木が朽ちて光り木となり、その間に立ちたる橋杭《はしぐい》の黒く見ゆるのを、人の横臥せるが如く認めたることが判然と相分《あいわか》り、世の妖怪は皆斯くの如きものならんと、互《たがい》に笑うたことある由《よし》。

第十項　横浜の人魂《ひとだま》騒ぎ

既に数年前のことなるが、横浜市内にて人魂の出《い》ずるというに就て大騒ぎをしたことがある。その顚末《てんまつ》は時事新報の記事を抜抄《ばっしょう》して掲げることにしよう。

横浜市常盤町《ときわ》に紙商《かみしょう》小駒支店松井某方の軒端《のきば》より毎夜人魂出ずとの評判高く、市内の者は勿論その近在近郷辺より草鞋《わらじば》履きにて見物に押掛《おしか》くる者、毎夜何百人より千人以上に達し、その筋の取締《とりしま》りも何分行届《なにぶんゆきとど》き兼ぬる程の雑沓《ざっとう》なるよし。その事の起りは去る七月中、松井の女房が殊《こと》の外《ほか》の難産にて、未だ分娩《ぶんべん》を了《お》えざる先に死去したるに、この女房は生前松井に内々にて愛国生命保険会社と千円の保険契約をなしおりしかば、松井は妻の死後あたかも拾《ひろい》物《もの》したる思いにて、早速これを受取りながら尋常外《なみくは》ずれて葬儀を薄くしたるより、死者の遺恨はさこそならめと近所にての風評《うわさ》に続きて、忽ち同家より人魂の飛出《とびい》ずるよし言い出せる者あり。近隣《きんじょ》の子供三四人及び菓子屋の職人某、向側《むかいがわ》なる印版屋の主人、同町の生花師匠《いけばな》某等いずれも夜を異《こと》にして見たりと云い、それより大騒ぎとなりて米吉の屋前《おくぜん》には毎夜人の山を築き、雨戸を攀《よ》ずるもの、戸を叩くもの、石を投込む者さえあり。その極《きょく》同家の本店の方にてはこれも畢竟《ひっきょう》松井が平素の仕打ちの宜《よろ》しからざる為なりと、本支店の縁を絶ち、又市中の破落漢《ならずもの》は松井の弱味に付入りて同家へ押掛け、穏やかならぬ挙動《ふるまい》に及ぶ者も多しとぞ。さて人魂の正体は素《もと》より何でもなき事にて女房の死後幼女が母の来《きた》りたるを夢み、或る夜不意に泣出したると、又或る夜同家表二階の座敷の格子《こうし》に白地《しろじ》浴衣《ゆかた》を懸け、その上の釘《くぎ》に黒き帽子を懸けおきたるを外方《おもて》より見たるものありて幽霊なりと吹聴したる間もなく、同家の欄間《らんま》に嵌《は》めある硝子《ガラス》に筋向《すじむこ》うの印版屋方照返《てりかえ》し洋灯《ランプ》の反射したるを認めて人魂なりと迷信したるならんといえり。松井の迷惑は言う迄《まで》もなけれど、斯かる事に立騒ぎて心あるものゝ笑いを招く人々こそ気の毒なれ。

世間の幽霊談は大抵この一例によりて推測するを得べしと思う。

第十一項　長崎の火玉《ひだま》騒ぎ

先年余が長崎市に滞在せし時、市内の一覧橋《いちらんばし》に深夜一怪物の火光《ひかり》を発するものが現出するとの評判が起り、我も彼も争うてその火玉を見んとて橋上に集まる騒ぎが起った。その時実地に探検したるものありて、トウ〳〵原因を発見するに至った。橋上より望むに、毎夜十一時後に凡そ十余町離れたる処に火光《かこう》を発するものが見ゆるも、橋の前後にては見ることができぬ。これはその橋が平地よりも高く掛っているからである。探検者は予《あらかじ》めその方角と距離とをシッカリ見定めて置いてその場処に至れば、桶屋《おけや》町の呉服店の軒灯《けんとう》のガラスに、その向側の家に点《とも》してある楼上の灯光が反射して起りたるものなることが明らかに分った。呉服店の軒灯を点してある間は怪しき光とは見えざれども、十一時頃にこれを消止《けしと》めた後に前家の灯《ともしび》より反射したる光が橋上の人の眼に奇怪に映じ来る為に妖怪騒ぎを起すに至ったのである。

第十二項　白色の怪物

先年余の自宅に一大怪事の起ったことがある。夜十一時過ぎ下女《げじょ》が便所に行かんとて廊下に出《い》ずると、庭内に白色の怪物の横臥せるを認め化物がいると叫んで逃げ込んだ。その夜は極めて暗黒にして咫尺《しせき》も弁ぜざる程であった。(9)その叫び声を聞いて他の者が出て見るに、なるほど白き化物が寝ているというから、余は既に就褥《しゅうじょく》(10)したれども態々《わざ〳〵》起きて見れば、真黒の中に一尺四方位の間、白色を呈し何物か横臥しているようなる形である。声を出して呼ん

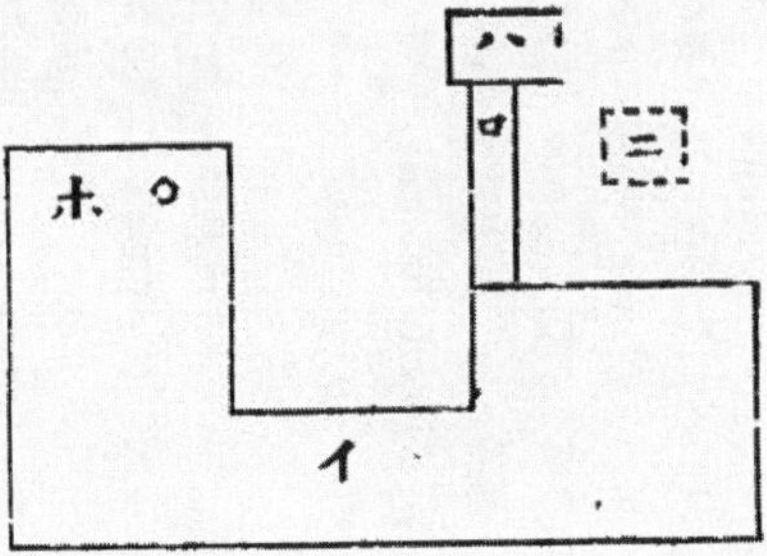

でも動かず、灯光を以て照《てら》せば消えてしまう。依って怪物でないことは分るも未だその原因が知れぬから、余は庭へ下りてその白き場所を探るに、何等《なんら》の手に触るゝものなく、顔をこゝに当てゝ見れば明らかにその光の由《よっ》て来《きた》る原因が知れる。つまりランプの怪物《ばけもの》であった。今これを略図によって示さば、イは余の宅である。ロは便所へ行く廊下、ハは便所、ニは白色の怪物、ホは書斎のランプである。ロの廊下は右の方一面は土台石の処まで壁にて塞《ふさ》いであり、左の方は全く開いておる。そこでロの廊下にあって右手の庭を見るに、ニの点に白色を認むるものである。もしこのニの点に至りそこに顔を付けて見ると、ホのランプの光が見ゆる。即ちホ点のランプの光が書斎のガラス窓を透《とお》し、ロの廊下の縁の下をくゞりてニ点に落ちたる為に白く見ゆるに至ったのである。その時にロの廊下の左壁の下に五六寸の間、壁土が落ちて穴が明《あ》いておった。右の次第にて即夜に妖怪の正体を見破ることができた。

第十三項　蝿除玉《はえよけだま》の怪

十五六年前の読売新聞に見えた記事のように記憶しているが、或る人の茶話中《ちゃばなし》に己れの妖怪と思うて驚いた実例を述べてあった。その人は或る年の夏、逗子《ずし》に出掛け、一人にて荒れ果てたる農家の座敷を借りていたそうだ。その家は寺と境を接し、一面に墓所《はかば》と竹籔《たけやぶ》に取り囲まれて、白昼でも淋しい程である。一夜月明《げつめい》に対し一酌を傾け、戸も明け放しのまゝ寝込んでしまい、真夜中に眼が覚めて四隣を見渡せば、月は雲間に隠れ風はサワ〳〵と草木を響かせ、なんとなく気味悪き心地するところ、ランプは消え室内は暗黒なるに、枕上《ちんじょう》より二間許《ばか》り離れて、ピカリ〳〵と光るものが見ゆる。暫く睨《にら》み付けていたる後、これこそ怪物なりと思い、急に枕を取って投げつけると、カラ〳〵と音がして転げ出したものがある。こは何物かとよく〳〵たゞして見れば、昼間に蠅除玉が墜《お》ちたるのを机の上に載せて置きながら、自ら忘れてしまったのであったそうだ。

第十四項　備後《びんご》の火玉探険

備後福山近在にて夏の夜、数日間つゞきて火の玉が出るという評判が伝わり福山の教育家連が誘い合うて、一夜探険に出掛けたが果して評判の如く数十丁隔《へだ》りたる山の半腹に火の玉が懸《かゝ》っている。これ実に妖怪である。狐狸の所業《しわざ》か天狗の仕事か見届けてやらんと大意気込《おおいきごみ》にてその方をたどりて進み行き、現場まで達して見れば、百姓が野外にて夜業をせんとて、大木の枝に大提灯をつるし、その下にて家族相集《あいあつ》まり働きおるのであった。即ち化物の正体は提灯であるを見て、折角《せっかく》の探険も気抜《きぬけ》してしもうたと、その一行に加わった人の直話《じきわ》。

第十五項　鬼火の正体

これに類したる話であるが四五年前、北海道札幌発行の北門新聞[11]に鬼火探険談が掲げてあった。その大略を申さば、或る地方にて山腹に怪火が現れて、深夜衆人の眼に入り、如何にも不思議なれば、鬼火であるか天狗火であるかの風評であったが、これを探険せんとて出掛けたる壮士連は、段々近づきて木蔭より山腹を窺えばその火は周囲三尺位の焚火《たきび》らしく見ゆる程に、何物ならんと抜き足差し足にて愈々《いよいよ》近寄って見れば、こは如何に、乞食体《こじきてい》の老人が菰《こも》を纏《まと》い、秋の夜寒に堪えやらで、枯木を集めて火を点じ、心地よげに眼を閉じて当りいたるのであったとのこと。

第十六項　蜘蛛《くも》の火

野火、狐火、鬼火、天狗火等種々の怪火《あやしび》ある中に、大和国磯城《しき》郡纏向《まきむく》村近傍に蜘蛛火と名づくる怪火ある由《よし》。その地方の俗説に、数百の蜘蛛が一塊《ひとかたまり》の火となって虚空を飛行し、もし人がこれに近づくときは忽ちその火に当って一命を取らるゝと云いて、大いに恐れているとか聞いているが、妖怪研究会員豊原氏の実視せし結果を左の如く報じ来た。

或る夏の夕《ゆうべ》、数名相伴《あいともな》い野外に納涼《すずみ》に出かけたるに、突然南の空より一塊の火の玉、尾を引き声をなして非常の速力にて此方《こちら》を指して飛び来るにぞ、一同大いに驚き、これが所謂《いわゆる》蜘蛛火ならんと急ぎて内に入り雨戸を閉じたるに、その火はやがて庭の大樹に中《あた》りて落ちたる如く想われしより、戸の隙《すき》より窺い見るに、火の影絶えてなし。依って一同庭へ下り、月光をかりて彼処此処《かしこゝ》と捜し見るに、その形橙《ダイ》〻実ほどの焼け土の一塊が、大樹の根より三四尺離れたる処に落ちてありしを見出したり云々《うんぬん》。

この報告によれば蜘蛛火は隕星《いんせい》なること明らかである。世間の所謂怪火は隕星、電気、燐《りん》火《か》(12)等を見て、これに種々の名を下すのが多い。

第十七項　怪火の巨魁《きょかい》

筑紫《つくし》の不知火《しらぬい》と云えば何人《なんぴと》も知らざるなく妖怪中の巨魁であるが、先年熊本高等学校の教員は海中の虫ならんと思い、海水を汲《く》んで試験を施してみたれども原因不明であった。或る人の説には漁火であると云い、その証拠を記載したものがある。その記事によれば不知火と云えるは、かたもなき偽《いつわ》り事である。昔よりその名は高く伝わり、実地見た人も多かれども、皆偽りに欺《あざむ》かれてその実を知らぬのである。これは熊本県八代《やつしろ》郡の海辺鏡村《かいへんかゞみむら》などより漁猟に出でたるものゝ漁火に相違ない。彼等は旧暦八月朔日《ついたち》のもうけ魚を取らん為に出掛けるから、七月の晦日《みそか》の夜に見ゆるのである。その夜は彼《か》の村人もこれを龍灯《りゅうとう》と唱えて、イザ龍灯に出掛けんと申し合わせて漁業に出るということだ。それを遠くより見る人が不知火と名づけたるのである。この説はその郡の事を知れる某氏が村民より聞きたる事実談なれば疑うところはない。されば古《いにしえ》の天皇のみそなわして岸につきたまいしもこの漁火ならんかと思う。古人は深くその原因を正さずして、不知火と語り伝え、且《か》つ史にも記せしならんと説明している。この説明未だ全く信許《しんきょ》し難いけれども、我が邦《くに》にて古来海上に龍灯が出ると云い伝うる中には、このように漁火を誤り認めたるもあるであろう。

第十八項　不知火の探険

先年筑後《ちくご》の柳川《やながわ》にて或る小学校長より聞いた話がある。その校長が不知火を探険せんとて火の出る季節に漁舟を雇い、夕刻より海上へ漕《こ》ぎ出したれど、なか〳〵火が見えぬ。折角探険に出て何も得るところなしに帰るは残念と思い、海上数里の先に舟を漂わせて四方を見渡すうちに、遥かに火の出ずるを認め、暫くの間に段々とその数が多くなってきた。これこそ不知火に相違ないと思い、その方へ船を進めよと命ずれども、船頭恐れている気色であるから、色々説諭して近づかせたるに、その火が上《のぼ》ったり下《くだ》ったり動きつゝある外《ほか》に、黒き形のものが点々その火の間に見えている。そこで探険者もなんとなく薄気味悪く感じたれども、大いに勇気を鼓してその方に向かう中《うち》に人の話し声が聞こえ、その黒き色は全く人であることが分り、現場に入って尋ねてみれば、この海中に浅き所ありて、引汐《ひきしお》の時に犬井《いぬい》道《どう》の村より多数の漁人、男女共こゝに来《きた》りて海蕈《うみたけ》を採拾《さいしゅう》するのであった（海蕈は海草の一種にして海中の洲《す》に生ずるもの)。斯くしてトウ〳〵探険を遂げて帰ったという実験談を聞いたことがある。そればかりが不知火でもあるまいけれども、斯かる火も不知火として伝えているに違いないと思う。

第十九項　不知火の説明

先年熊本県漫遊の際、八代郡長が不知火に就て話されたことを記憶している。郡長は度々《たび〴〵》不知火を実見したことがある。その後八代の海浜にて夕日の沈まんとする時、海中の洲をなせる浅き所に双方より潮《うしお》が来りて打ち合い、これに日光が斜めに照らし込み、その波の光る有様《ありさま》は不知火の状態とよく似ていた。この事より推測するに天草洋《あまくさなだ》と有明沖《ありあけおき》には海中に浅き所がある。其処《そこ》へ満潮の時に双方より潮が押し寄せ来り、互《たがい》に打ち合うて光を発するのが、不知火の起る原因であるとの説であった。

余は先年不知火の出ずる季節に島原半島に滞在したから、一夜見物に出掛けたこともあったが、その時は見ることができなかった。しかし他人の実見談を聞くに、暗夜にして満潮の時刻に限るとのことである。これを八代郡長の説に併せ考うるに、高潮の節、海水の互に打ち合う時に、塩分の摩擦によりて起る光を望んで、不知火と名づけたるものであろう。暗夜舟を漕ぐときに海水が光を発すると同一の道理である。余はこの説を執《と》って不知火の正体としたいと思う。

第二十項　海上の幻影

上総《かずさ》の九十九里の海浜にて一夜海上に怪物の現れたることがある。その時は暗夜であって提灯を携えなければ歩くことができぬ。その時海浜を往来するものが驚いて帰り、海上に大入道が現出している、必ず海亡魂《うみぼうこん》であろうと申すから、その村の小学校長が事実をたしかめん為に出掛けて見たが、なるほど大坊主が海上に現れておる。決して神経より発する妄像ではない。しかしてその大坊主は我《われ》が歩けば同時に歩き、止まれば同時に止まり、手を挙ぐれば彼もまた挙ぐ。そこで漸く考えがつき、己れの身体の幻影ということが分った。その時は海面に濃霧が懸かり提灯の光で我が姿がその濃霧に映り、あたかも鏡の如き有様になっていた。世に自分の影にだまされるとはこの事であろう云々と校長が話であった。この霧に姿が映るということは深山に往々あることで、昔の人はその原因をたゞさずに直《たゞ》に海坊主とか山男とか名づけ妖怪にしてしまったのである。

第二十一項　汽笛に誑《だま》された話

東海線にも山陽線にも起った出来事にて、一時新聞に見えていたが、夜半《よなか》過ぎに汽車が進行しておる間に、向かいの方より頻《しき》りに汽笛を鳴らす音がする（その時は鉄道がすべて単線であった）。今汽車の来る時刻でないが何の汽笛であるか分らぬけれども、もしや臨時汽車の来《きた》らぬとも限らぬから、衝突を恐れて途中停車した。しかるに先方より汽車の来る気色更《さら》にない。そこで再び進行して無事に次の駅に達したことがある。その時の評には狐が汽笛を鳴らして誑したのだ、その証拠には翌朝その線路に狐が汽車に圧せられて死んでいたと申した。余の説にては先方より汽笛の聞こえたのは決して怪しむに足らぬ。深更《しんこう》になって世間の静まりたる時には風の都合にて、他線路或いは遠方の汽車より発する汽笛が、纔《わず》か数丁離れた処の如くに聞こゆるものであるから、これを他の汽車の向うより来るのと聞き違えたのであろう。その話は西洋にも度々《たびたび》あるように聞いている。但《たゞ》し狐が死んでいたなどは話に尾を付けたので当てにならぬ。もし狐が人を誑す為に汽笛を鳴らしたものとせんか、進行を継続する場合に何故に線路を逃げ出さぬか、それこそ奇怪千万である。もし果して翌日狐が斃《たお》れていたとすれば、それは偶然の出来事というものであって、汽笛には関係のない事柄と見なければならぬ。

第二十二項　妖怪の本性

明治三十八年発行の電報新聞に羽後《うご》人某の報告を掲げてあった。妖怪の本性を知るの一例となるべしと思い、こゝにその一節を摘載《てきさい》することにした。

本年八月学友と旅行を企て、北河村という所を過ぎた。この村の端を流るゝ玉川に千丈ヶ淵と云うのがある。此処《こゝ》に数多《あまた》の人々群集して何事か協議していたから尋ねたところが、

「昔或る僧がこの淵の主なる女龍を退治しようと思って身を投じ、僧が代って主となり、此処を通るときは必ず悪魔に襲わると伝えている。然《しか》るに今朝その僧の遺骸が浮き上った為に、祟《たゝり》が恐ろしさに祠《ほこら》を建てゝ祀《まつ》ろうと思うて今協議中である」と語った。斯く聞いて学友は平素冒険的の気性のある男だから黙止していられない。よしその本性を顕《あらわ》しくれんとて、村人の止《とゞ》むるも聞かず、強いて筏《いかだ》に乗り込み漸々《だんぐ》進んで行った。此方《こっち》にては村人等如何なる事かと手に汗を握って瞬《またゝき》もしないで見つめていた。やがて学友は主《ぬし》の浮き上っている傍《そば》に進んで、その頭のようなものを力限り引き上げた。こは如何に大なる瓢簞《ひょうたん》であった。中には大きい鯔《どじょう》五六匹入れて口を塞《ふさ》いである為に、あたかも生きているように動くのである。川上の村落で子供等の玩具《おもちゃ》とせし物が流れてこの淵に止《とゞ》まりし事と分り、村人等も初めて迷信を知り、大いに喜んで主退治の労を感謝した。

世間の人は全く探検せずに、初めより妖怪の所為と断定する為に化物談《ばけものばなし》が多くなるのである。

第二十三項　書生幽霊に悩まさる

函館発行の北海新聞に凡そ十年前幽霊に関する滑稽談《こっけいだん》が載せてあった。それは一書生の幽霊に悩まされたる談《はなし》である。

一書生東都に留学中、郷里にて未来の妻君と定めたる一少女の訃音《ふいん》に接せり。時偶々《たまく》転居して別に新たなる下宿屋に行けり。その翌朝机上に女の髪の毛一筋落ち散りてありたれば、その端を摘まみて戸外に棄てたり。けれどもその明くる朝も〳〵必ず一筋の女の髪の毛、或いは机上に或いは書函の上に又或いは障子や唐紙に何時《いつ》もこれを発見するより神経を起して、必ず彼《か》の少女が毎夜来って遺しゆくものに相違なしと青くなって、別懇にしている友人を宿《とま》りに来て貰いたれど、毎朝髪の毛の机や障子唐紙《からかみ》に無しというなし。学生は益々《ます〳〵》青くなり、食事もろくに食えずなりたれば、下宿屋中にて誰《だれ》客の部屋に幽霊が来ると大評判になり、なかには短刀や棍棒を提《ひっさ》げて夜中窃《ひそ》かにその室外を窺う者さえあるに至りたれば、下宿屋にても若《も》しや書生に怪我でもありてはと戸籍調べの巡査にこの事を話すと、それは捨て置かれず、そうして髪は油が付いているかどうかと尋ねられて、ナールと許り女将《かみさん》が気が付いたから、女部屋に掛けてありし箒を検《あらた》めて見て大笑い。書生が毎朝起きて洗面《かおあらい》に行った後に、下女が女部屋の箒を持って行って直《す》ぐと掃除しおったから、何時の朝でもその不潔《ぶしょう》下女の髪の毛が箒から落ちていたのであると解《わか》り、巡査も居合《いあ》わしたる客も書生も腹を抱えて、下女許りがしたゝかに戒《いまし》められたということであると云う。

書生すら神経を起すとこのようであるから、婦人や無教育の人の妖怪に迷わさるゝは無理ならぬことである。

第二十四項　銀杏《ぎんなん》の化物

先年夏の夜、東京神田区東福田町倉本某方の左手にある銀杏の大樹の下に毎夜年若き幽霊立ち現れて、何事か怨詛《えんそ》するさま物凄《ものすご》く、誰も見たり彼も出逢えりと言い触らし、一時大評判となった。これを探険したる話を聞くに、この木の両側に古土蔵あって、その間僅《わず》か六尺許りの空地に枝葉蔽《お》い茂り、何となく陰気に見ゆるところへ、その樹下の芥箱《ごみばこ》の上に何者か毎夜怪しげなる食物を置き去る。時によっては麦蕎粉菓子《そばこ》に丸麦二合を紙に包んで置き、或いは小団子百二十個宛《ずつ》二包みとなし置く等のことありし由。その原因は古き銀杏に願《がん》を掛くると、その願が成就すという迷信が民間に伝わっている為に、毎夜食物を供えるものがあるので、それと誤り認めて幽霊沙汰が起ったとのことである。斯く聞いてみれば一場の滑稽である。

第二十五項　妖怪屋敷《ばけもの》の実験談

都会には妖怪屋敷と申すものが多く、その家に住居すると病者や死人ができるから、避け嫌う風が殊に甚だしい。日本中にては東京に最も多いように思わる。余のこれまで取調《とりしら》べたる妖怪屋敷を見るに、家屋の光線の取り方が宜《よろ》しくなく、空気の流通が悪くして、室内は薄暗く、陰気に感ずる家に多い。然らざれば低地湿地の家に多いが、その他にも種々の事情あって妖怪屋敷の評判が立ってくる。その一例として或る人の実験談を話しましょうが、その人は東京の化物屋敷と唱えらるゝ家に住せしことがある。その家にては深夜になるに従い、カチャン〳〵という一種の奇怪なる声が絶えず聞こえてくる。如何にも妖怪の音らしく感ぜらるゝ。しかしこれには必ず然るべき原因あるべしと思い、よく〳〵取調べてみれば、その家の井戸の中に途中よりサシ水の穴ありて、これより落ち込む水の滴《したゝ》る音なることが知れた。多分これまで斯かる雑水の交《まじ》れる井水《せいすい》を飲む為に、病人も出《い》でたるに相違ないとの説であった。妖怪屋敷も原因をたゞしてみればこんなもの。

第二十六項　狐狸の拍子木《ひょうしぎ》

余が昔越後《えちご》に居て或る田舎の妖怪屋敷を探険したことがある。その家は大なる茅屋《ぼうおく》にして裏には深林と墓場とがあるのみだ。越後は雪の多く積る処で、三四ヶ月の間は屋上に雪が絶えぬ有様である。その雪の漸く消えんとする頃、毎夜屋後に拍子木をうつ音がするとの大評判になり、此処に来り集まるもの皆その声を聞いて恐れて帰り、これは狸の拍子木であるとの公評であった。つまり越後の深林中に住する狸の所業ということに極《きま》った。余も一度探検に出掛けその音を聞いたが、狸の仕業《しわざ》でないと思い、よくその方角位置を聞き定め、翌日再び此処に到り屋後を探り見るに、大いなる竹の筒（筆立の如きもの）が雨滴《あまだれ》の落つる所に立ちおり、これに屋上《やね》の雪がとけて落つるときに、その一滴一滴がこの筒の中に落ち込み、為《ため》に発したる音なることが分った。昼間は世間の騒がしさに奪われて聞こえぬけれど、夜間になるとその音がよく響くのである。これを狸の拍子木などゝは実に滑稽ではないか。

第二十七項　屋内の怪音

宮崎県宮崎郡田野《たの》村にて村長より直接に聞いた話に、その村の或る民家に二階の人の居らざる処に、毎夜キー、キー、キーと鳴る音がするので、妖怪の仕業に相違なかろうとて、忽ち大評判となり、態々《わざわざ》探検に出掛けるものも、皆その音を聞いて驚き且つ怖れて帰って来る。そこで或る夜、村長が出掛け二階の片隅にひそんで静かに窺うていたるに、一頭の鼠《ねずみ》が出で来り。此処にある糸取車に乗り、面白そうに車を廻し始めた。その音が正《まさ》しく妖怪の声となり、キー〳〵と響くから、早速その鼠を逐《お》い払いたれば、すぐに止んでしまい、その後糸車を階下へおろしたるに、全く怪音がなくなったとの事。

第二十八項　鼠の曲芸

これと同様の事実が青森新報に出ていたことがある。その話は左《さ》の通り。何とやらいう土地の百姓家で、夜になると雪隠《せっちん》(13)の側へ妖怪が出る。尤《もっと》も姿は見えないが時々ギー〳〵という怪しい声が聞こえるので、家内中の恐怖は勿論、近隣の者まで驚き怪しんで評判となったが、その原因が可笑《おか》しい。糸車の古いのを雪隠の天井へ投げ込んで置いたまゝ、久しくなって忘れていたのを、鼠奴《め》が車の輪へつかまって南京《なんきん》(14)鼠のように曲芸をやって面白がっていたのだ。その都度《つど》油の切れた車がギー〱と音がするのを妖怪と思ったので、随分馬鹿《ばか》げた事だが、妖怪などというものは皆この類であろう。
人は万物の長と云いながら、鼠の曲芸に驚かされるなどは笑止千万である。

第二十九項　老樹の怒鳴《どめい》

大樹の老い去りたるものには往々怒鳴をなすことがある。世間にてはこれを奇怪としてその原因を狐狸や天狗に帰するが、然らざればその木に精神がありて、村内に災難のあるを予告してくれるのであると申せども、これもとより樹その物の怒鳴するのでなく、その樹幹の内部に禽獣動物の棲み込んで発する音である。明治二十八年尾州丹羽郡青木村字天摩《てんま》なる神社の境内に古杉の大木があったが、その木が毎夜怒鳴して止まぬから、忽ち近郷近在に知れ渡り、その声聞かんと毎夜遠近より集まり来りて山を築くほどであった。かくて遂に警察の耳に入り、その力によって漸く原因が明らかに知れた。この樹の体内に空洞があって、その口が外に開いているから、この口より色々の方法を以て洞内を探ってみたれば、終《つい》にその内部に梟《ふくろう》の巣を作って住めるを発見し、数日間の怒鳴は狐狸にあらず樹魂にあらず、全くこの梟なることが分ったことがある。(15)

第三十項　怪音の正体

これと同様の話が先年、仙台の新聞にも見えていた。頃は明治二十六年五月頃、福島県石川郡石川町字下泉鎮守の古びたる槻木《けやき》が呻《うな》り出《いだ》せしことあって、やはり妖怪沙汰となり、人々その声に驚かされ種々の俗説が起ってきた。然《しか》るに或る者がその木に朽ちたる穴があるから、この穴の中《うち》に何か動物が住んでいるのではあるまいかと思い、黐《もち》を塗り置きしところ、案の如くやがて角鳥《みゝずく》二羽捕らわれたという話が東北新聞にて報じてあった。

第三十一項　化物欅《けやき》

近頃新潟市にて発行せる新聞中にも右同様の怪談を載せてある。その大略を抜記すれば、村松町より一里を距《へだ》つる中蒲原《なかかんばら》郡橋田村大字西四つ屋、曹洞宗泉蔵寺大門先なる関谷安次宅地内に数百年を経たる高さ五間、幹の周囲約一丈の大欅あり。去る二十三日の夜九時頃、同字関谷清一郎の弟清次が大沢なる地蔵尊の祭典に赴きたる帰途、件《くだん》の場所に差しかゝるや携えたる提灯ふと消ゆるとひとしく、病人の呻《うめ》くが如き一種の唸《うめ》き大欅の根元より発したるため、清次は身の毛をよだてゝ慄《ふる》い上り、踏む足しどろに逃げ帰り、家人にも告げず寝込んでしまう。

越えて一日、同字若者三名、午後十時頃同じ場所を通行する折、例の怪しき唸《うめ》き聞こゆるにぞ、これまた青くなって逃げ帰り、かくと村内へ告げ廻る。伝え聞ける人々五十余名、二

第二十九項　老樹の怒鳴

日夜、各自提灯を携え赴きたるところ、九時まで何ともなきより一同不平だら〴〵引き返さんとする折、例の怪しき唸《うな》り盛んに起る。一同恐ろしさを通り越し、不審の感に打たれ、翌日同所を探険すべく申し合わせて引き上ぐ。

翌朝村民一同大欅の根元に到り、幹から枝を探り見たれど、老樹にあるべき洞穴《うつろ》さえなく、少しも怪しき筋なく、一同不審の念に打たれながら手を引く。これを聞ける同村軍人分会長並びに青年会員は我こそ究め呉《く》れんずと、三日の夜、一行二百余名及び巡査区長その他村の重立《おもだち》二十余名、各々件の場所に到り今か今かと待つうち怪しの唸《うめ》き聞こゆ。声の発する箇所は根元なりと云い樹上なりと云い、十数間距《はな》れて群がる婦女子の耳へはあたかも木魚の如く聞こゆという。

一同どれが本当やら訳《わけ》が判らず、呆気《あっけ》に取らる。斯くて怪物は九時頃より午前二時頃まで盛んに唸き立て、一回二三百も唸りては二十分位休み更に唸き出す。今は人々恐ろしさも忘れて面白がり、毎夜数百人押しかけ行き囃《はや》し立つれば、怪物また図に乗りてか盛んに唸き立つ。為に泉蔵寺大門先には大道店さえ一二軒できたる始末。村民は原因不明なるため金甕《かなかめ》の唸りなりとか、昔の墓地跡なれば亡霊の仕業なりなど噂《うわさ》取り〴〵なりとぞ。

右の通りであるが、新聞の方ではその原因不明なれども、余が熊本県来民《くたみ》町に至りしときにも、同所の大木が夜分になると呻き出すとの評判があったから、その木を見に行った。別に洞穴《どうけつ》の口も見えぬけれども、聞くところにては、数間高い所の大枝が分れている間に朽穴《きゅうけつ》があるとのことなれば、其処《そこ》より鳥が入り来りて巣を作っているに相違ないと判決したことがある。これに由《より》て考うれば新潟県の怪事も人の目には見えぬとも、その木の上の方に隠れたる朽穴《くちあな》があるに相違ないと思わる。よく樹の全部を調べてみたならば、必ず朽穴があって梟《ふくろう》か角鳥《みゝずく》がその中に住んでおったのであろう。

第三十二項　経を誦《よ》む古木

今より十年前発行の電報新聞に欅の怪音を発覚せし実験談を報告してあったから、これも参考の為に一節だけを転載しておこう。

神奈川県中郡秦野《はだの》地方の習慣として、盆の十三日の晩より三日間、毎夜祖先のお墓へ参詣し、碑前《ひぜん》にて麦稈《むぎから》を燃やす例あり。今を去る五年前、例の墓参をなし碑前にて麦藁《むぎわら》を燃やし始めしに、不思議や墓所の後《うしろ》なる大きさ二抱《かゝえ》に余る古木の欅、高らかに経を誦み始めたり。されば数多《あまた》の墓参人にわかに騒ぎ立ちて、世には不思議な事もあるものかな、欅が経を誦むとは如何にも不審なる事ぞと寄り集まり、更に耳を欹《そば》だてゝ聞きしに、なるほど経を誦む声聞こゆ。しかして麦藁の益々盛んに燃え、バチバチと爆《は》ぜるに随《したが》い、愈々《いよ〳〵》大音を発して誦みけるに、忽ち人の噂ひろまり、欅が経を唱うるぞと我も〳〵と来り聴くもの、あたかも縁日の如し。又小店を張るものもあるに至れり。漸く盆も過ぎければ、早速世話人ら集会をなし、相談のうえ欅を伐《き》ることに決議とゝのいたり。さて杣《そま》をして伐らしめしに、その切口より血汐《ちしお》は滴々《てきてき》と流れ出でたり。愈々《ますます》不思議に不思議を重ねて頻《しき》りに樹の伐れるを待ちおりしに、やがて倒れたるを急ぎ見れば、欅のうしろに縞蛇《しまへび》の腹部より切断したると、熊蜂《くまばち》の大いなる巣とありたり。

つまりその原因は欅の空洞に熊蜂が巣を作りし処へ、蛇が蜂児《はちのこ》を取らんとてその巣にさわり、無数の蜂が一時に鳴り出したる出来事である。梟角鳥の外にかゝる樹鳴《じゅめい》の正体もあることを注意せねばならぬ。

第三十三項　壁間の怪音

右に類似せる話が今一ツある。先年水戸市の士族屋敷の古屋を借りて住んだものがあった。その家は久しく明屋《あきや》になって居《お》ったということだ。この家に引越《ひきこ》して以来、深夜になると座敷の床の間の裏に当りて一種奇怪なる音がする。その音はモーンという声である。もし家の裏手へ廻ってみると座敷の中の方に聞こゆ。依って家の内か外か分らぬ。如何にも不思議であって、何か化物の仕業であろうということになった。その話を聞いて親類や友達が集まり通夜《つうや》したことがあるも、皆その音の奇怪なるに驚かぬものはない。然るにその中《うち》の一人が申すには、床の間の壁の中に相違ないから、この壁を破って見ようというも、他の人は恐ろしがりて賛成するものがない。しかし当人はドウしても見届けたいと思い、その音のする場処を目がけて一刀を差し込んだ。翌日この穴から覗いて見たれば、床の間の壁と外の壁との間に、一尺許《ばか》りの空処《くうしょ》があった。その空処へ蜂が大いなる巣を作っていたことが知れ、夜分のモーンという怪音はその巣に数百の蜂がやどっている処へ、鼠が蜂の児を取らんとてこれに触るゝと、その蜂がモーンと鳴いて騒ぎ立つる声であった。斯く探険を極めてみれば何も不思議でないが、世間普通の人は深く原因をたゞさずに化物の所業《しわざ》とするから妖怪が多くなるのだ。

第三十四項　社林の化物

信州諏訪《すわ》神社の境内には杉の古木が茂っておる。その中《うち》最も古き大木が神木として崇《あが》めてある。この木が夏の夜不意に声を発し、夜中境内を通行する人あれば、その木がオーイ、オーイと声をかけて呼び出す。これを聞くものは化物なりと思い、恐れて逃げ出すことが毎夜つゞいた。然るに数日の後ふと、その原因が発覚してみれば、樹の霊でもなく化物の所業でもなく、その近傍に住する物数奇《ものずき》ものゝ仕業であった。この者は毎夜暗くなるとその木の洞《ほら》の中に入りて隠れて居る。その洞は木の根より四五尺高い処に口を開き、それより下は全く空所ができているゆえ、その中に入ってかゞんでいると、外から全く姿を見ることができぬ。斯くして人の通る足音を聞くごとにオーイと呼びかけて驚かし、十時後になって通行なきようになれば、コッソリ洞中より出でゝ自宅に帰り知らぬ顔して寝てしまう。そしてその発覚したのは、或る夜当人、洞の中にて眠り込んで自宅に帰ることを忘れ、目を醒ましてみれば夜明けになっていた。そこでウッカリ出ると人に見付けらるゝから、ドウしようかと烟草《たばこ》を吸いながら考えていた。あたかもその時、境内を掃除している社僕《しゃぼく》が神木の洞中より煙《けむ》の上《あが》るを認め、これは大変である、あの大切の木が焼けている、すぐに大手桶に水を汲んでその洞口へ注ぎ込んだ。そうすると樹の中にいるものはビックリして飛び出てきたので、初めて化物の正体が分ったという話を信州客中に聞いた。

第三十五項　無縁仏の涙雨

先年発行の都新聞の雑報欄内に左の一項を掲げてあった。

府下南千住町の法華庵《ほっけあん》は昔の刑場なる小塚原《こつかはら》通りにて、境内及び近所には千人塚無縁仏など囚人の亡魂を祭りし墳墓あり。(16)黐樫《もちかし》その他の雑木生い茂りて、頗る《すこぶ》薄淋《うすさみ》しき所なるが、四五日前より天気快晴なるにも拘《かか》わらず、この境内の樹木よりポツリ〳〵と雨雫《あましずく》が落ち来るを近所の者が認め、不思議だ〳〵と言い触らせしより、忽ち《たちま》大評判となり、毎日黒山の如き人群《ひとだか》りにて、昔この所にて首を刎《は》ねられた囚人が無縁仏となり得道解脱《とくどうげだつ》ができずして、地獄の中に泣き叫ぶその涙雨が降るものならんと噂し合う云々。

その原因は、この場処が日本鉄道隅田川線荷物列車踏切の南に隣《とな》り居る故、汽車が通行の際、汽鑵《きかん》より吹き上ぐる湯気《ゆき》が木の葉に掛かって凝結し、雫《しずく》となって落つるのであったそうだ。然るに愚民はよくその原因を正さずに、己れの迷信より種々の妄想を附会して仏の涙などゝ申せし由。

第三十六項　井筒の陰火《いんか》

世間には狐火鬼火と同じく、古井《ふるいど》の中より青火を発することがある。その例は先年発行の毎日新聞に出ていた。

東京府下南葛飾《かつしか》郡葛西《かさい》村字大島の共同井戸より、フトこの頃の五月雨《さみだれ》続く夜毎の淋しさにつれて、青白き一団の陰火立ち昇り、四五尺の高さにてパッと掻消《かきけ》さるゝを見たり。彼も見たり我も見たりとて、追々噂《うわさ》広まり行き、昨今は態々《わざ〳〵》これを見物せんとて近村より出掛くる者もあるより、斯かる場合の習慣にて種々の浮説これに伴うて起り、彼《か》の井戸は何年前是々《これ〳〵》の女が恨《うらみ》を呑《の》んで入水せしかば、その亡魂の夜な〳〵不思議を現ずるものなるべしなど、真実《まこと》らしく語り伝えて、夜に入れば井筒の辺は人山を築く許りに集まれる由。

これ燐火なることは明らかである。

第三十七項　金貨の幽霊

余は先年某新聞にて読んだことを記憶している。その事柄は東京新橋尾張《おわり》町辺に夜深《よふ》け人寝《い》ね四隣静まりたる後、或る屋敷より毎夜サラサラと紙ずれの音と、チャリン〳〵と金貨の響《ひゞき》の漏るゝより、こは金銭に恨みを残して死したるものゝ亡霊でもあってこの音を発するものであろうとの評であったが、その実は然らず。その屋敷の中に非常の締《しま》り屋にて、金銭を貴ぶこと一方《ひとかた》ならず、毎夜人の寝る頃より夜明けまで必ず起きて金庫の前に坐し、その積《つも》りし金を一々数えるのが何よりの楽しみにしているものがあって、夜半後《よなか》にその当人の手にて数える音が戸外に漏るゝに至ったのであった。幽霊にも奇体の幽霊もあるものだ。

第三十八項　投石の怪事

世間には夜中《やちゅう》石を投げて人を驚かす怪事が昔から伝わっている。これを狐狸の所業《しょぎょう》に帰し、狐が後足《あとあし》にて石を蹴飛ばすのであると云い、また天狗礫《つぶて》とも申して、天狗が石を投げるのであるとの説であるが、今日にては全く人の所業なることが分ってきた。その一例として京都に起った事件をその当時の新聞の雑報より抄録してみよう。

京都上京区第六組北町織物職《おりものしょく》藪田喜七郎方にて、或る夜十一時頃より俄《にわか》に小石の雨が降り来り、毎夜同じ時刻に降って来る。その所業者を尋ぬるも一向見当らぬにぞ、さては天狗か狐狸の所業《しわざ》かとて近所近辺の一問題と成りたるより、警官が態々《わざわざ》出張のうえ取調べたるに、只《たゞ》疑わしきは同家の雇女《やといおんな》「おしな」がその時刻に見えなくなりたるより、もしやと思いて跡をつけゆくと、果してその女は程近き竹藪の内に入り、小石を拾いては投げ始めるにぞ。さてこそ正体見届けたりと直ちに引捕《ひきとら》えて取調ぶるに、元来この「おしな」は丹波国南桑田《くわだ》郡吉川村平民菊島市松の妹にて二年前より右の藪田方に雇われ居たるが、ちょうど同家に寄留し居る荒木常太郎に通じいるゆえ、主人喜七郎はこの事を嗅《か》ぎつけてそれとなく小言を云うより、わが身の淫奔《いたずら》を思わず、主人の小言を恨んでいたところ、去る二日の事とか、仕事の不出来より又々厳しく叱られたを根に持ち、去る五日の夕方、喜七郎が行水している折、そっと藪蔭《やぶかげ》から小石を投げしも、喜七郎は「おしな」の所為と気付かず、狐狸の悪戯《いたずら》と云いおるに、グッと乗りが来て、それより毎夜そっと脱け出しては、小石をばら〳〵投げつけて、私《ひそ》かに鬱憤《うっぷん》を晴らせし由、包まず白状に及びたるにぞ。尚《なお》その不心得を説諭のうえ、主人喜七郎へ下げ渡されしとは、女に似合わぬ悪《わる》いたずらなり。

この一例に考えて人為的なることが分る。

第三十九項　仙台の投石事件

明治二十七年頃の奥羽日日新聞にも投石の探検始末を掲げてあった。その大要は左の通りである。

仙台市内良覚院《りょうがくいん》町の石投怪聞《いしなげかいぶん》に就て或る夜某氏の探検談を聞くに、同夜は暑熱の甚だしきにも拘《かゝ》わらず、納涼《すゞみ》かた〴〵見物に来るもの 夥《おびたゞ》しく、為に良覚院の細横町は通り切れぬ程なりし。さて今や怪石の降り来るかと待つ程もなく、九時三十分頃に至り同町の地先《ちさき》にて、突然降下せしとて拾い上げたる石塊《せきかい》を見るに、あたかも数年間土中に埋《うず》まり居たりと覚《おぼ》しく、充分水気《すいき》を含蓄せる縦四寸許りの楕円石《だえんせき》なり。探検者はその拾い上げたる人に目星をつけ、それとはなしに始終その人に尾行するに、彼はこれを気付きたる風なり。東西南北と群集の中を駈回《かけめぐ》る様子なれば、猶《なお》も尾行するに、三十分程を距《へだ》てその人の右手に当り、ドシリと云う音せしが、彼はまた此処にも降りたりと、自ら拾い上げて、さも珍らしそうに諸人に示しおれり。探検者は益々これを怪しみて、何気なく群集に押されたる風を装い、突然彼と衝突せしに、彼が左袂《たもと》には確かに何やらん堅きもの二三個入れ置けり。依って探検者は怪聞の原因を左の如く説明せりと。

一、降下せる石塊《いしころ》は何時《いつ》も同一の人間に拾い上げらるゝこと。

一、拾い上げたる人の袂には石塊を入れあること。

この探検談によって一層人為なることが明瞭である。

第四十項　鹿児島の怪談

近く大正年間になって鹿児島に起った一怪事も稍《やゝ》これに類似している。此処に鹿児島朝日新聞を抜萃しようと思う。

市内永田町山下虎之助氏宅に過般来《かはんらい》怪奇の出来事あり。春の日の吹く風生温《なまぬる》く人の気も変になろうとする真っ昼間、机の上の絵の具がスーッと消えて、井戸の中に血の如く溶けていたり、化粧瓶がひとりでに走り出したり、ハッと思うと大きな石が音もなくコロ〳〵と座敷に転がり込んで来ると云う、誠に物騒千万な話。家族は逐《と》う逐《と》う居堪《いたま》らず、去る八日冷水町《ひやみず》へ移転してヤレ〳〵と安心の胸撫《な》で下ろし、その日ばかりは事もなく過ぎた。近隣の人もさては家屋敷に因縁があったのだろうと噂していたが、中には行く先々まで気遣うて、人の疝《せん》気《き》(17)に気を揉《も》む連中も少なくなかった。

果然《かぜん》果然《〳〵》やはり魔がさしていたのであろう。九日になると金魚が一疋《いっぴき》姿を消してしまった。その翌日は下駄《げた》が一足何処《どこ》へか消えた。その又翌十一日には朝から茶盆大の石が椽側《えんがわ》にコロ〳〵ッ砂がバラ〳〵障子がスー雨戸がガタリと開《あ》く。又石が飛び込むという物騒さ。細君が念のため記しておいたところによると、石が十一回、砂の舞い込んだ事は数知れなかったと云う。

　この風説が伝わるや、当警察署では如何にも奇怪千万の事なるが、とにかく何者かの悪戯《いたずら》に相違なしと見当をつけ、十一日午前九時より巡査部長外《ほか》一名の署員、私服にて現場へ出張し、同家の内外を警戒したるが、その間も例の通り盆大の石がコロ〳〵砂がバラ〳〵障子がスーッという始末に業を煮やす事一方ならず。種々苦心の結果、下女、西桜島村武《たけ》、当時市内池之上町講道学舎附近居住新助長女、坂上ツルの挙動如何にも不審の点あるを発見し、細君に計《はか》り下女に命じて台所にて湯を沸かさせ、台所口の六畳の障子を締《し》めて、部長は畳に体《たい》を摺《す》りつけて障子の穴より窺い、巡査は屋外に潜《ひそ》みて厳重に監視し居たり。時正《まさ》に三時四十分、下女のツルはイソ〳〵として薬罐《やかん》をさげ、戸外に出《い》でたり。見張の巡査いずれも眼を皿の如くにして見つむれば、こはそも如何に、ツルは赤黒きチヂレ毛を逆立《さかだ》て、眼は異様に輝き、あたかも一寸ばかりも飛出《とびだ》した如く、口をキリリと結んで庭の片隅に赴き、飛鳥《ひちょう》の如く砂を摑《つか》むや否や屋内目掛《めが》けてバラ〳〵ッと投げ込んだ。アトはケロリとしてニヤリと破顔一笑、薬罐をさげて台所に入り来り、其処に揃えてあった巡査の表附《おもてつき》の下駄ヒョッと摑んだ形相の物凄《ものすご》さ、流石《さすが》の巡査もゾッと身の毛が立ったという。

斯くしてツル女を酷《きび》しく取調べの結果、遂に化物の正体を現し、手品の種が分ったということだ。前に掲げた方は恨みを晴らすとか悪戯《いたずら》の心から出た所業《しわざ》であるが、この鹿児島の出来事は一種の発狂的に属するものである。余はこれを投石狂と名づけておいた。即ち病的作用である。

第四十一項　和歌山市の怪事

今より二十三四年前の事なるが、和歌山市外の或る民家で種々の怪事起り、或いは石を降らせ、或いは物がなくなる等ありて、和歌山市のものにて現場へ探検に出掛けしところ、本人の頭へ灰をかぶせられ、驚き怖れて帰り、余にその説明を頼んできた。余はこれを聞いて、外《ほか》より狐狸天狗のなす所業《しわざ》でなく、家族中に原因あるべし、よく家の内に注意して取調ぶるがよいと申しておいたが、その後の報告によれば、同家に住する十三歳になる娘の所業なることが発覚せしと申してきた。これはやはり一種の病的の方であった。

第四十二項　佐賀の怪事

和歌山市の事件より二三年も前、佐賀市の或る家に薪木《まき》の天より降りて来たことがあった。これはその家に奉公せる下男が面白半分に悪戯《いたずら》をなしたことがすぐ分った。下男が自ら薪木を天に向けて投げ出し、人に告げて曰く、今天から薪木が降ったという。或る時に人にその投げるところを発見された為に、当人の所為《しょい》なることが分ったのである。かくの如き例は沢山あるから、今少しその例を挙げておこう。

第四十三項　高崎の投石事件

投石の怪事にして原因を発見せし例は前に掲げし外に多々あるが、その中《うち》の一例は先年群馬県高崎市檜物《ひもの》町に起った出来事である。同町成田某の所有せる半建《はんだて》の別荘は、その敷地がむかし高崎藩の断頭場の跡とて、時々妖怪出没の噂ありし処へ別荘を建てかけたれば、或る夜よりその亜鉛《トタン》屋根へ何処よりとなく石が降り、カチーン〳〵と鳴る音は頗る物凄く聞こゆるより、隣家の人々まず騒ぎ立て、追々《おいおい》大評判となって化物の仕業と極《きま》った。これを警察署にて聞込み、種々取調べたる結果、同町内青柳某の女房が少々精神に異状を起し、石を自宅の庭より例の別荘へ投げ、亜鉛屋根に落ちて音のするのが面白く、また人々の立騒ぐのが愉快さに、家人の隙《すき》を窺うて盛んに投げたることが知れ、果ては大笑いとなったとのこと、当時の新聞に見えていた。

第四十四項　浅虫《あさむし》の怪談

先年青森県浅虫村に一大怪事の現出せしことがあって、その当時全国の新聞に報道してあった。今此処にその大略を記すれば、浅虫の山手に当る処に貸家がある。その家に突然神棚《たな》にありし鈴が落ち来り、そこに載せてある蠟燭立《ろうそくたて》が落ち来り、その飛ぶや別に音なく、只落つる際に大なる響を発するのみである。これより引続き種々の物品が飛び出し、茶碗が飛び徳利《とくり》が飛び盆が飛び、甚だしきは仏壇が飛び去ったという騒ぎである。この怪事を聞いて警察より出張して取調べたるに、その借家に住する三人の女の仕事なることが発覚した。その中《うち》の一女が袖《そで》の下に箸《はし》を隠し持って今しも投げ出さんとするところを見付け、他の二女も詰問の結果、遂に白状するに至り、ツマリ病的にあらずして、故意に出《い》でたる悪戯《あくぎ》なることが分った。もしこの際警察の探偵なかりせば発覚せずして、必ず狐狸天狗の所為となって後世に伝わるであろう。

第四十五項　福島県の妖怪事件

今一つ投石事件に就き紹介したい件がある。明治四十一年に福島県に起った一大怪事に就き余の方へ出張して取調べて貰いたいと申し込んできたが、その詳細の有様を聞けば、いずれの処に原因があるかを推測することができる。依って出張せずに注意を与えておいたところが、果して予想通り事実が発覚した。その顚末《てんまつ》が各県の新聞に掲げてあったが、今左に山形日報の記事を抜萃しておこう。

福島県岩瀬郡白江《しらえ》村の農《のう》西脇荘八方《かた》では、昨年春何処《いずこ》ともなく突然座敷へバラ〳〵と木の実の降って来たのを初めとして、払暁《ふつぎょう》の四時五時、夜の六時頃から十時頃までの間、毎朝毎夜拳大《けんだい》の石が降ったり、台所道具が自然と座敷へ転《ころが》り出したり、種々の怪異が打ち続いて、如何に研究しても到底人為の所為《しわざ》とは思われぬで、忽ち界隈《かいわい》の評判となり、隣村から態々《わざ〳〵》見物に出掛ける者ある始末となったが、土地の故老の語るところによると、同村の山中にはその昔、年経《としへ》し老猿が棲んでおって、村内の農家に種々の悪戯《いたずら》をしたことがあって、その当時も最初は何物の所業《しわざ》とも分《わか》らなかったが、そのうち老猿の姿を発見したものがあって、村民挙《こぞ》って山狩りをして終《つい》にこの猿を射殺《いころ》したことがあると云うので、今度も猿の悪戯ではあるまいかと種々研究してみたが、如何に注意しても怪異のある時とその前後に猿らしい姿さえ認め得たものもない。

ところが怪異は夏を過ぎ秋となっても継続して、殊に人語を鋭敏に聞き分けて、化物の悪口でもいえば不思議は一層激しくなるので、評判は愈々《いよ〳〵》高くなるばかりであるから、所轄の須賀川《すかがわ》警察署長も棄てゝはおけず、同家に出張して一夜研究に夜を明かしたが、この夜もやはり署長の居る座敷へバラ〳〵と二回程木の実を降らしたが、その正体は遂に発見されなんだ。こんな始末で同家の家人の心痛は一通《ひととお》りでなく、神の祟《たゝり》であろうかと加持祈禱《かじきとう》に手を尽したが、それも一向効顕《きゝめ》がなく、怪異は相変わらず継続するので、主人の荘八はそれが為にいたく神経を悩まして病臥する仕儀となった。

そこで同村の渡辺某が頗る同家に同情を表して、この上は井上円了博士の研究を煩わすより途《みち》はあるまいと、旧臘《きゅうろう》ことの次第を詳細博士の許《もと》へ書き送りて、博士の出張を求めてきたが、博士は前例に依れば家人の内にこの妖怪が潜んで居るのであろうと鑑定して、まず家族一同の年齢とその性質を報道するように返事をした。それに対する先方の返答は、同家は荘八の外《ほか》、妻ふぢ、長男捨重、同人《どうにん》妻みな、次女よし、次男寛次郎、三男健次、孫要一、下女の十人暮らしで、[18]病床にある主人の荘八は多く人の言《ことば》を信ぜず、人が是といえば非という変人である。その他総《すべ》て普通の田舎風の質朴な人達で、唯《たゞ》一人下女のおこうだけは肥《ふと》り肉《じゝ》の何処《どこ》か間の抜けた何時《いつ》でも眠っておるような女で、人が呼んでも時経ねば返事をせぬという風な女であるという事であった。年齢は十五歳との事。

そこで博士は、それでは出張するまでもない、その女の動作に注意を払えと再び言い送ったところで、それに基づいて渡辺某がその女に就て研究してみると、それと手許《てもと》は見届けられぬが、怪異の起るごとに真先《まっさき》に騒ぎ出すのはこの女で、昼間の戸外でもこの女が連れ立っておる時は、何処ともなくバラ〳〵と石の降ってくる不思議がある。そのうえ同家に一泊した翌暁前夜釜《かま》で煮て喰《く》い尽した筈《はず》の甘藷《さつまいも》が押し丸められて、渡辺の坐っている脇へゴロ〳〵と転がって来た時など、どうやらこの女の居た方面から来たらしいので、弥々《いよ〳〵》これはこの女が怪しいと注目して、この女だけを他家へ預けたところが不思議はそれ限りはたと止《や》んだので、もはや出張を煩わすまでもないと、このほど再応、博士の許へ通知があった。

これで妖怪の正体も見あらわされた訳であるが、博士の言《げん》によると、石が降ったり突然座敷に怪火の燃え出すなどは従来多く類例のあることで、研究した結果その発頭人は多く十五六から二十歳前後の少し間の抜けたような女であることが例であるが、これを行《や》る当人は多く利害得失の関係以外に精神上に異状を起し、その為に生ずる一種の病的作用で斯かる所業《しわざ》をするので、度々《たびたび》行る内にその方面に著しく精神が活動して、その手段はいよ〳〵巧妙になり、その間には面白半分妖怪の手伝いする酔狂人もできてくる。こうなると大袈裟になって、平生なれば仕舞《しま》い失《な》くしたで済むものさえ、妖怪が隠したということになるもので、この病的発作の激しい女になると不思議に行いをやった後で自分は全く何をしたか記憶しておらぬものさえあるが、斯かる女でも二三年斯かる所業《しわざ》を継続した後、全く発作前の普通の女となって一生を暮らす事もあって、畢竟《ひっきょう》これは一時性の一種の精神病とも認める事ができるのである。

これに類したる怪事がそれより数年前に山形県関山《せきやま》村に起ったことがあって、出張を申し込んできた。その時も余の指示せし通り家族中に十九歳の白痴の者あって、その者の所為なることが発覚された。

第四十六項　霊符《れいふ》天より降る

明治維新の初《はじめ》に京阪地方より東海道筋へかけ、神様の御札の降ったことがあった。(19) 一時世間の大評判となって騒ぎ立てたことがある。当時御札の降り来りたる家にては、神の御下《おくだ》りになりたるものと思い、この上なき目出度《めでた》き事に考え、毎日その祝《いわい》に来る人々へ誰彼《たれかれ》の別なく酒を出して饗応する事が流行した。その御札の原因に就ては、当時は勿論今日に至るまで実に奇怪不思議に思っておるものがある。余曾《かつ》てこれを実視せる人に聞くに、これ皆人為に出でたるものなれば毫《ごう》も奇怪とするに足らず。その証跡《しょうせき》は第一に御札は決して士族の邸《やしき》や貧民の家に落ちたることなく、富有の家に限りて降れり。これ富人は御札の降るを祝して酒食を衆人に施すも、貧民は為《な》し能《あた》わざるに由《よ》る。即ち酒食の饗応を得んと欲して人の故意に為したるものなりと申しておる。その後同じく右の実況を目撃せる人に会し、更にその原因を尋ねしに、これ全く人為なる証拠には、拙者等も二三申し合せ、面白半分に夜分御札を降らせに出掛けたることありと答えた。果して然らば人間の狡智《こうち》よく神を欺《あざむ》くと謂《い》わねばならぬ。

第四十七項　神木の祟《たゝり》

三州の或る村にて社内の古墓《ふるはか》を発掘したところが、村内一般に必ず神の祟あるべしと大いに恐れおりしが、その後間もなく白昼風もなきに、境内の神木と称せし老大松が突然一間《いっけん》以上の処より仆《たお》れた。人々これを見て神の祟に相違なしとて神前に於て祓《はらい》をなし、神様に御詫《おわび》をするなど大いに騒ぎ立てたが、その中《うち》に一人ありて疑いを抱き、如何に神の祟とはいえ風なきに仆るゝ筈《はず》なしと思い、その木を調べてみると自然に仆れたのでないことが知れ、結局村内の若いものが夜中その木の空洞の中に忍び入り、五六尺の高き処の内側を鑿《のみ》を以て彫り込み、仆るゝようにしておいたことが分ったそうだ。なか〳〵油断のならぬ世の中である。

第四十八項　稲荷《いなり》の祟

先年播州神崎《かんざき》郡を巡回せしときに聞いた話がある。郡内の或る村にて稲荷社の山林を伐木《ばつぼく》した。その時に村中の迷信家が必ず稲荷様の祟あるべしとて大いに恐れていたが、何等《なんら》の災害も起らず無事にて過ぎしが、一ヶ年の後に火災が起り殆ど全村焼失するに至った。そうすると人々皆山林を伐《き》り払うた祟であると申したそうだ。表向きは失火の原因不明になっているけれども、内実は神の祟を実現して見せん為に、迷信家が暴風の夜に乗じて火を付けたのであるとの風評であった。余はひそかにこの事を聞いて、神様もさぞ人間をもてあまして居らるゝであろうかと思うた。

第四十九項　稲荷下《おろ》しの拘引《こういん》

先年神戸又新《ゆうしん》日報に稲荷下しの拘引と題して、神に托して金円を詐取したりし話を掲げてあったが、此処に抜記しておく。

石州者の田中太七というは俗に云う稲荷下しにて、女房「おきぬ」と共に神戸へ来り、湊《みなと》村の内石井村の島田平四郎が稲荷の信者なるを聞き込み、夫婦して同家へ出掛け、私には諏訪稲荷が乗り移りおれば、私がいう通りを守る時は、如何《いか》なる望みといえども叶わざる事なし、それが嘘と思うなら、この白紙に金を包みて稲荷に捧げ、一月乃至《ないし》二月と一心に祈禱せしうえ開いて見れば、五円の金は必ず十円となり、百円のものは屹度《きっと》二百円になりおる事更《さら》に疑いあるべからずと、真実《まこと》しやかに述べ立てゝ遂に平四郎を欺き、四十円の紙幣《さつ》を件《くだん》の白紙に包み神前に供えさせ、それより太七夫婦は毎日同家に通いて頻りに祈禱をなしおるうち、何時《いつ》の間にか中なる四十円を抜き取りて、古新聞紙と掏替《すりか》え知らぬ顔でおりしも、夫婦の金使い近来メッキリ荒くなりしところから、その筋の目に止まり、一日《いちじつ》古港通りの木賃宿に酒を飲んでいる夫婦を拘引して取調べると、平四郎方の四十円はもとより、この外《ほか》同じ手段即ち稲荷をダシに使うて、明石郡新保村の西田より十五円、津名郡江崎より二十円、明石郡前田村某より二十三円八十銭をせしめ込み、その他各地の数十ヶ所に於て欺き取りしものを集むれば、数千円の金高に上《のぼ》りおりしという。

この事実の真偽は余輩の関《あずか》り知るところにあらざれども、世間にはこの種の妖怪も尠《すくな》からざれば、深く注意せざるを得ない。

第五十項　人間の狐業《きつねわざ》

前の所業《しわざ》とよく似ている話を余が先年芸州漫遊中に聞いたことがある。呉《くれ》市の或る豆腐屋へ毎夜続いて油揚《あぶらあげ》一枚だけ買いに来るものがある。その家にては如何にも奇怪に思い、一夜主人があなたは何方《どちら》のお方ですかと尋ねたれば、今夜は実を明かして申さん、我は当市外に住する古狐であると答えた。主人は平素稲荷信仰なれば大いに喜び、座敷へ通して饗応したれば、その者は今夜の御礼としてこの裏通りに稲荷堂がある、其処《そこ》へワシは毎夜出張するから、その堂内へ金を包みてお上げなさるれば必ず二倍にしてお返し致そうと申して立ち去った。主人これを信じ、翌日十銭を包みて供えたれば、その翌日には二十銭となり、五十銭を供うれば一円となっている。そこでその次には数十円を供えたれば、包みの中に一銭もなく全く取られてしもうたということだ。後に調べてもろうたれば盗賊の奸策《かんさく》であったそうだ。野にすむ狐よりも人の狐が一番恐ろしい。

第五十一項　跛者《ちんば》の偽造《にせもの》

伊予の国にて讃州境に接近せる某村に或る教会の出張所があって、一切万病ひとたび此処に至って祈願すれば全癒せざるはないと吹聴しておった。偶々《たまたま》門前に一人の跛者あって毎日匍匐《ほふく》して参詣し、ドウゾ神様この足をなおして下されと一心を籠めて祈願している。或る日跛者の参詣の途中、馬が逃げ来って、当人を蹴仆《けたお》さんとしたれば、跛者忽ち立ち上って走り出した。これを巡査が認めて糾問《きゅうもん》せしに、当人自白して偽りの跛者なることを告げ、且つ斯く跛者を装いしは外ではない、教会の方と密約して、祈願の力によって全癒せる証拠を人に示さん為であると打ち明けたる由。その事実の如何は自ら探知せしにあらざれども、余が四国巡遊中に聞き込みたる儘《まゝ》を紹介したまでゞある。

第五十二項　鬼子《おにご》の鑑定

豊後大分町にて或る者の妻が懐妊して某教会に至ったところが、その懐妊せる子は鬼の形をしているから今より神に祈禱せなければ恐ろしき鬼子を産み出すべし、早く祈禱を頼むがよいと勧められた。妻は自宅へ帰ってその事を亭主に告げたるに、亭主は宜しく祈禱を乞うべしと申し、妻をして参社せしめ、更に自ら餅《もち》を作り、その中に餡《あん》の代わりに馬糞《ばふん》を包み込み、祈禱の御礼に出掛け、只今《たゞいま》妻の胎児が鬼子なりとて御祈禱下され有難《ありがと》うございます。これは手製の餅であるから御礼に差上げますと申したれば、教会の方では喜んで受け取り、二三の者相寄って食せんとするに、中に馬糞が入っているに驚き、不都合千万なりとて当人を詰責《きっせき》したれば、亭主答えて申すには、我が妻の胎内に鬼の子の居ることが分るなら、この餅の中に馬糞のあることの知れぬ筈はない。もし餅の中ですらも見透かすことができぬなら、胎児の分るべき道理がない。その鑑定の当否をためさんと思うてこの餅を差上げたのであると云って大争論をしたそうだ。この事は大分県滞在中に聞き込みたる話。

第五十三項　亡者の偽物

広島にて或る家《や》に幽霊の姿を現し髪を乱し白衣《びゃくえ》を著《き》たるものが忍び込み、ワシはこの家の亡者である、死したれど行くべき所へ行けぬからこの通り迷うているのだ、ドーゾ十円の金を墓場へ埋めて貰いたい、さなければ毎夜幽霊になって出てくると申す。そこでその家では金は惜しいけれども、幽霊の怖ろしさには換えられぬと思い、明日墓場へ埋めて置こうと約束をして、翌朝その事を親類に相談したれば、宜《よろ》しい我々が引き受け、果して幽霊かどうかを見届けてやろうと申し、その夜二三人墓場の近くに隠れて居た。間もなく幽霊が墓場に金を埋めてあろうと思い、掘り出しに出掛けて来た。愈々《いよいよ》幽霊の正体を見届けんと待ち構えたる人々、急に飛出して捕えてみれば、全く盗賊《どろぼう》であったとの話も、広島県客中に聞いたことである。

第五十四項　幽霊の変形

これに類したる話を越後高田に滞在中にも聞いている。同所の春日町にてかなりの財産ある家で、一人の娘と母親のみにて暮らして居たものがある。その娘が病死した後、夜深《よふけ》て全身に白衣《びゃくえ》を被り、亡者の形を装い、その家へ忍び入り、老母の枕頭《まくらもと》に立ち、我はこの頃死んだ娘である、大切の衣類を残して置いた為に、冥土へ行くことができぬ、ぜひ一枚渡して下さいと申すから、老母はそれは気の毒であるからと云って紋付《もんつき》一枚渡してやった。その次の夜また同様の姿にて忍び込んで、帯がなくては行場《ゆくところ》へ行けぬと申すから、それも渡してやった。翌日親類の者が尋ねて来たから、その次第を話したれば、今夜は我々が泊り込んで見届けてやるということになり、待ち構えていたところ、その夜も幽霊が忍び込んで来た。これを捕えてやろうとしたれば逃げ出したから、愈々怪しいと思い、後を追って行ったれば、その亡霊は墓場へ逃げ込み、石碑の陰に身を隠したけれども、そこへ踏み込んで捕えて見れば、同町に住める貧家の女房であった。幽霊にも色々の種類がある。

第五十五項　怪物《ばけもの》天井より出《い》ず

鹿児島県遊寓《ゆうぐう》中に聞いたが、その地名は覚えておらぬ。或る村にて神社の祭りに各々酒肴《しゅこう》を持参して深夜までその堂内で宴会を開く慣例がある。或る年の祭りに宴会最中、天井の間より突然髪を垂れ、恐ろしい顔をしたる怪物が首を出して睨《にら》んでいるのを見受け、一同化物が出たと呼びつゝ大いそぎに逃げ出して、各々自宅へ帰った。その翌年やはり同様の怪物が首を出したから、その時はこの化物を退治してやれという相談になり、総掛かりで退治に取り掛かって見たれば、その村内に乞食をしておる寡婦があって、前日より天井の中に身を隠し、髪を乱し顔を絵取《えど》りて化物のように装い、人の驚いて逃げ出したる後に、残せる食物を盗み取る為であったそうだ。もしその事実が発覚せなかったなら、永く大怪物談となって後世に伝わるに相違ない。

第五十六項　怪物大道に立つ

滋賀県愛知《えち》郡某村の小学校長が、夜半後《よなかすぎ》に村外の大道を歩いておる間に、恐ろしき大きな顔したる大怪物がその道の真中《まんなか》に立ち居るを認め、恐れ〳〵近づき来《きた》るに、益々その顔が大きく見え、後には手も足も備わっているように見受け、その時には最早《もはや》恐ろしい怖いの度は通り過ぎて、到底逃るゝ道なしと考え、この上はこれと奮闘して死生を決するより外なしと思い、奮進《ふんしん》して二三間の処に至れば、怪物の正体初めて分って安心したという。その正体は大八車《だいはちぐるま》に松の大木を一本載せて引き来り、夜に入りし為に大道にその儘《まゝ》車を停め置きたるのであった。その大顔と見しは木の切口であったとの事。

第五十七項　白提灯の化物

福島県田村郡某町長の話に、曾《かつ》て警察に在勤中、深夜人家なき処を独行せしに、道に白き大体のものが転々としてころげており、段々己れの方に近づき来るを見て大いに驚き、真に大怪物と信じ、これを一撃の下《もと》に退治せんと決し、一刀を揮《ふる》うてつき留めて見れば、何ぞ計らん墓場に葬式のあった時にかゝげたる白提灯が、風に吹き落されて、道にころげ居たのであった。その時は独りで吹き出したという話を聞いた。

第五十八項　白衣《びゃくえ》の幽霊

昔余が駒込蓬萊《ほうらい》町に寓居《ぐうきょ》せし時、[20] 門前に寺の墓地があって、その間を通過せざれば出入《しゅつにゅう》ができぬ。或る夕べ、下婢《げじょ》が食品を買いに出掛け、宅に帰る途中、墓間を通行せるに、白衣を着たる幽霊が現出し居たりとて、驚き走って殆ど気絶せん許《ばか》りになって帰って来た。余はその事を聞き、己れの臆病より呼び起せるものならんというも、[21] 当人はホントーの幽霊であると申すから、念の為に車夫に命じて実地を検せしめしに、その日昼間に葬式があって、墓前に白き提灯をつるし置きたるのが、風の為にゆられていたのであった。下女のみならず、世間多くの人の幽霊談はこのようのものであろう。

第五十九項　ランプの幽霊

これに類したる幽霊談は、先年発行の都新聞に下谷《したや》怪談と題して掲載してあった。今その要《よう》を摘載するに、下谷区下車坂町《しもくるまざか》日蓮宗蓮華寺[22]の裏手にある墓所《はかば》へ火の玉が出る幽霊が現れると言い出したるより、同寺の住職がその正体を見届けんとて、下僕《てらおとこ》を随《したが》え、午前二時頃墓場へ行き見しに、無縁塚よりボンヤリ光の現れしに、さてはと題目唱えながらよく〳〵見ればランプらしきように見ゆるにぞ、愈々近よれば果してランプに紙を覆いありし［ママ］のであった。これは何者かの悪戯《いたずら》より出でたるに相違ない。

第六十項　西瓜《すいか》の幽霊

世間に時々奇を好むものあって、化物や幽霊を偽造し、人を驚かすを以て愉快とする奴《やつ》がある。数年前諸新聞に見えたる西瓜の悪戯《あくぎ》もその一例である。

四谷区南伊賀町法華宗［浄土宗］法蔵寺の墓地内に欅《けやき》の大樹あり。毎夜絶頂に青赤の火の玉現ると近傍の取沙汰《とりざた》に何《いず》れも恐れ慄《おのゝ》き、評判高くなりしに四谷署より一夜、午前三時頃両名の刑事、実否を糺さんとて現場へ出張せしに、深更に及びて何者か欅を覘《ねら》いて瓦石《がせき》を投じおるにぞ。此奴迂論《こやつうろん》と引捉え、本署へ引致《いんち》のうえ取調べしに、この者は赤坂区青山南町に住する無職業鈴木正司(23)という無頼漢《ぶらいかん》にして、欅に攀《よ》じ登り、西瓜に火を点じて竿《さお》先に縛り、悪戯《いたずら》を為したるよし白状したれば、説諭のうえ放免さる。

第六十一項　顔を振って居る幽霊

某小学教員が己れの経験談として話されたことがある。場処は美濃国高須郡内の山間にして、夜中旅行の出来事である。途中火葬場を通り掛《か》ゝりしに、青色の火が燃え上っておる。これは屍体《したい》を焼いておるのであると知った。段々近づくに従い、その火を隔てゝ若き婦人の顔が見えておる。斯かる深夜に婦人の居るべき筈はない。その顔が青色に見ゆるのみならず、頻りに左右に振りつゝある。この時こそ真に幽霊の現れたるものと思い、大声を挙げて、汝《なんじ》何の怪ぞと怒鳴《どな》りたれば、幽霊と見し若き婦人が答えて、ワシは明日嫁に行くものである、今日歯を染めんとするもドウしても鉄漿《おはぐろ》が付かぬ、然るに死人を焼きたる火にて鉄漿を溶かせばよく染まると聞いて、昼は人目を憚《はゞか》り、夜中《やちゅう》此処に来って歯を染めているのであると申したので、漸く化物でないことが分り安心したと当人の直話。

第六十二項　白昼の幽霊

先年越後長岡新聞に妖怪に関する人々の実験談を掲げ、その中に埼玉県下の幽霊談の一項が載せてあった。

埼玉県榛澤郡《はんざわ》新開という村(24)で、白昼幽霊が出るとの評判が起った事がある。その幽霊は白《びゃく》衣《え》を着て頭《かしら》が無く、身体《からだ》ばかりで宙宇《ちゅうう》を舞い行くので、出る刻限は午後一時頃より四時頃まで、快晴の日に限るという我儘《わがまゝ》な幽霊であった。最初畑中へ農事に往ったものが二三人で見付けたのが、農具を打ち棄てゝ一散に遁《に》げ返《かえ》り、青くなって飯もろく〳〵喰《た》べずに二三日病気付いたという騒ぎ。それから話が段々《だん〳〵》伝播《ひろま》って五六里四方の大評判。中には弁当持参で幽霊見物に出掛けて来る人もあった。さてその幽霊の正体を調べてみると、其処《そこ》に白壁の庫《くら》がある。西は松原のつゞきで松の木蔭《こかげ》を洩《も》るゝ太陽の光線が白壁へ映って、ちょうど首無《くびなし》の人形のようで、それが颯々《そよ〳〵》風の吹くたびに動くので、飛び廻るように見えるのだ。二三丁隔てゝこれを見ると如何にも評判通りの妖怪だが、傍《そば》へ近付くと見えなくなって全くそれと気が付かないのであった。

斯かるつまらない幽霊が世の中には堂々たる大幽霊となって伝わるのが多い。

第六十三項　大根の化物

曾て妖怪研究会員の一人高橋某氏より自身の実験談を報知して来たことがある。その全文を左に。

去る明治二十五年十月頃なるが、私方《わたくしかた》にて同村なる某家へ差し置き難き用向きの為、日暮れ頃なりしもその家に行き用を果して帰りけるが、内に乳児《ちのみご》のあることなればとて（主婦でありました）急ぎ足にて案内知れる近道なる畑道をぞ来りける折しも、日は既に西山に落ちて四面薄暗く、殊に小雨の降りければ一入《ひとしお》物凄く覚えけるが、吾が家よりその家までは道《みち》程《のり》も遠からず、この畑道の間には別段さびしき処もなけれども、たゞ日蓮宗の宝塔塚《ほうとうつか》及びその近傍に当り「ばんげ」の地蔵と通称する処ありき(25)。その頃には此処に幽霊が出るとか青火が燃ゆるなどゝ言い合えりけるが、然るに二三町行きしと思う頃、二三間程の前面に当りて人の形の如く六七尺もあらんと思う程の者が、長き髪を垂れ、中段以下はおぼろにて分明ならざりしも少しずつ動き居るが如くに見えければ、思わずハッと驚き二三歩引去《ひきさが》りし儘見向きもやらず、身震《みぶるい》して引返し、先に行きし家に行き、右の由を語りければ、先方にもいと不思議に思い、然らばその宅まで送り行かんと言われしも、これを辞して提灯を借り、本道を廻りて帰宅し、右の次第を語りつゝ翌朝更に該所に至り見しも、さる物とては見当らざりしが、その場と思う処より四五間程へだゝりたる処の木の枝にて、千葉《ちば》（大根の菜）の二三連かゝりありけるを認めたりと。これ日頃聞き覚えたる怪談の事などを想い出で、物凄く思いし折なるに斯かる物の目に触れければ、恐怖の情一時に激発して斯かる幻覚を起しゝなるべし。余輩愚俗の妖怪とするは大方この類ならんか。

この報告を読まば「幽霊の正体見たり菜大根」と謂わねばならぬ。

第六十四項　紙幡《かみはた》の誤覚

昔の話に瓢箪《ひょうたん》を幽霊と誤って刀を抜いて斬ったものがあるというが、幽霊の誤覚の例は実に沢山ある。或る人の記するところによるに、今より四五十年前に東京と横浜との間に六郷川《ろくごうがわ》がある。その川筋に郷地《ごうち》と名づくる地名がある。或る夜その村のもの二三人伴《づれ》にて、その日に葬式のあった寺の前を通り掛《か》ゝったところ、その門側に白衣《びゃくえ》を着たるものにて、腰より下は地より離れ左右に動きつゝある姿を見た。これ世に謂うところの幽霊に相違なしと思い、一同恐ろしく感じ、その近傍の酒屋へ逃げ込み、戸をたゝいて寝入りたるものを起したれば、酒屋の若いもの共、六尺棒を手に持ち、イザござれ、世に化物のあらんやとの勢《いきおい》にて先に立って行き、よく〳〵見れば葬礼の時に紙にて造りたる幡が木の枝に掛りたるのであったとの事。

第六十五項　紙鳶《たこ》及び浴衣《ゆかた》の誤覚

右とよく似たる話は江州犬上《いぬかみ》郡客中に聞いたことである。同郡内のもの二三人にて夜行せしに、林間に幽霊の空中に漂える姿を見、一人まず認めて幽霊と叫ぶに、他の者も皆幽霊と言い、驚き恐れて一走りして過ぎ去ったが、翌朝再びその場処に至れば、紙鳶が樹の枝に掛かり、風の為に動かされていたことが知れたそうだ。又甲州にて聞いた話には或る家にて樹の枝に浴衣を乾《ほ》し、晩方に取り入れることを忘れておいたのを、夜中この下を通る人が幽霊と見て大いに驚き、その家へ逃げ込んだということもある。斯くの如き例話はあまり多過ぎて一々挙げることはできぬ。

第六十六項　幽霊の油を啜《す》る音

此処に又江州甲賀郡信楽郷《しがらきごう》にて聞いた幽霊談がある。某教員が深夜墓畔《ぼはん》を通行せしに、白き形の怪物がピシャ〳〵と音を発して動きつゝあるを認め、これ幽霊に相違なしと思い、満身冷汗を浮かべ、ゾッとして身震いする程恐ろしく感じた。その時は殆ど夢中になり、却《かえっ》て最後の勇気を生じ、死を決して奮闘する覚悟を起して突進したれば、忽ちその正体を発見するに至った。墓場に灯《ともしび》を点じたる後に、カワラケの油が残っていた。然るにこれは白犬が此処に至り、その油を啜っていたのであったそうだ。

第六十七項　劇場跡の幽霊

今より十四五年前、横浜伊勢崎〔ママ〕町の劇場が焼失したことがある。その跡へ横浜館と名づくる勧工場《かんこうば》ができた[26]。さて火災の節その場処にて両三人焼死したりし故、とかくに世間の風評には横浜館内に幽霊が出ずるとの事なれば、館内に従事する老爺《おやじ》、或る夜当直にて夜番をなし、何となく薄気味わるく思い、恐れ恐れ夜廻りをするところ、上図の如く亡霊の姿、突然として目前に現れた。老爺ビックリ仰天し、その儘《まゝ》倒れて気絶したという話がある。これは、己れの影がガラスに映りたるを幽霊と見誤ったのである。世間普通の幽霊は大抵この類であろうと思う。

第六十八項　天井の怪痕《かいこん》

先年茨城県より天井の怪物につき報道し来りしことがあった。即ち水戸上市小学校教室の天井が白壁にて塗ってあるに、手六本、足六本の怪物の姿が黒々と現れているより、児童等がいずれも恐怖して、或いは泣き出すもあり、或いは飛び出すもありて、混雑を起し、一時は世間の大評判となりたる由なるが、よく取調べてみれば、手足の跡形のように見ゆるも、その実新築の際、左官が壁を塗るときに、偶然汚点《しみ》を天井に留《とゞ》めたるものにして、化物の所業でないことが少しく心を留《と》めて見ればすぐに分る。然るに児童等は家庭に於て化物話ばかり聞かされているから、怪物の跡の如くに誤認して言い触らし、一犬虚《いっけんきょ》を吠えて万犬実《ばんけんじつ》を伝うる(27)の騒ぎとなりたる由。

第六十九項　本所《ほんじょ》の怪火《あやしび》騒ぎ

今より十四五年前、東京本所に怪火を現出せしことがあり、その当時の諸新聞にも掲げてあった。今萬朝報《よろずちょうほう》の雑報の一節を抜萃せんに、［左の通り。］

本所には七不思議(28)の名物ありて、とにかく昔は薄気味わるき土地なりしが、こゝにまた或る日の午後四時頃、深川区森下町より本所林町二丁目に架かりおる伊予橋上手《かみて》の水面へ突然青白き焔《ほのお》の二三ヶ所チョロチョロと燃えあがり、風につれて前後左右へ動く様《さま》に人々は胆《きも》を潰《つぶ》し、たゞ不思議不思議と騒ぎおるうち、忽ちこの噂は四方へ伝わり、我も我もと伊予橋附近へ集まりしが、何にしても明放《あけはな》し木戸銭《きどせん》なしの事なれば、正直者の遠慮なしにドシ〳〵と押寄せ、見る〳〵うちこの界隈は人の山を築きて途方もなき山水のパノラマを描き出し、人々この怪し火について種々なる評を下すうち、これは全く深川の元木橋下にて兇漢の為非業の最期を遂げたる二巡査の亡魂ならんなどゝ好きな事を云っているうち、午後六時半頃に至り、同所に繋ぎおる肥船《こえぶね》南葛飾郡葛西村の船頭音吉と云えるが、実否をたゞさんとて船を漕寄《こぎよ》せ、水竿《みずさお》にて水面を掻廻《かきまわ》したれば、その儘火は消失《きえう》せ、これと共に人々四方へ散じてまた元の伊予橋の光景となりし云々。

右の怪火《かいか》は石油船の油が流れ出したるを、何者か戯《いたずら》に火を点じたのであろう。さなければ近傍の溝《どぶ》より腐敗せる水が流れ出して水素瓦斯《ガス》を発したのであろうとの説である。

第七十項　高山の妖怪病

世間にて高山に登るときに神経麻痺して手足も動かぬようになり、気絶して仆《たお》るゝことがある。これを天狗に襲われたとか魔に触れたとか、地方によって色々の名称を与え妖怪の所業《しわざ》に帰するも、その実平地と高山とは気象も気圧も異なる為に、その影響を神経に及して起るに相違ない。此処に長崎県下の温泉山の実験談を読売新聞の記事を借りて紹介しよう。

長崎県にてはこの状態にかゝることを「だらし」と呼ぶ由。[29]

古来温泉山に登るときは必ず搏飯《むすび》と梅干《うめぼし》とを携うべし。梅干は霧を払うの妙薬にして、搏飯は「だらし」を予防するが為なりとの言い習わしあり。「だらし」とは一種の妖怪的飢餓病とのみあって、未だこれを明白に実験したる者あらざりしが、長崎高等学校医学部生徒某氏は自らこれを実験し、また他人がこの怪病に罹《かゝ》るを見たりという。今その話を聞くに右の学生はこの頃暑中休暇を得て帰村せんとする途次、右の村と小浜村との間なる山中字小田山の頂上矢筈《やはず》の下手辻《しもてつじ》と称する坂路《さかみち》に於て、一人の男野に倒れ居るを見たり。その男、学生を見るより幽《かす》かな声にて、「だらし」に罹りて困り居る故、摶飯あらば賜われという。学生は予《かね》て「だらし」の事を聞きおるを以て、用意の摶飯を与えけるに、男は喜びてこれを食し終れば間もなく力付きて馳下《はせくだ》れり。さて右の学生が実験したるはその後の事にて冬季休業の為帰村せんとて、右の山路《やまじ》に来かゝりしに忽ち空腹となり、ひもじさ弥増《いやま》して身体の疲労尋常《たゞ》ならず、手足麻痺《しび》れてすくみたるが如く一寸も動けず、強いて足を挙ぐればその重さ千鈞《きん》を曳《ひ》くが如く、手を動かせば縛られたるに似たり。困《こう》じ果てゝ石に腰打《こしうち》かくれば別に苦痛も感ぜざるが、立てば身の重さ少しも減ぜず。進退こゝに窮《きわ》まりながら叫べども応ずる人なきに、是非なく這《は》うが如く坂を攀《よ》じ登り始めたるが、忽ち昏絶倒臥《こんぜつとうが》して死生を弁ぜざるもの十数分、その前は時候にも似ず全身頗る熱暖なりしが、この時に至り初めて野嵐《のあらし》の冷え渡るを覚えて目をさまし、それより千辛万苦して僅かばかり離れたる横道の茶店に辿《たど》りつき、蕎麦《そば》数椀食したれば、身心初めて我に復《かえ》り、寒さも相応に感ずる如くなりて、まず恙《つゝが》なく郷里に帰着したり。これ即ち「だらし」に取り付かれたるものなるが、俚俗《りぞく》には何か食物を携えおればこの魔にかゝらずといえど、実際に於ては鰯《いわし》売りの男が鰯の傍《かたわ》らに昏倒《こんとう》したる例あり。その他数人の同行者が一時に犯されたるの例あり。結局は空腹に乗じて人体内に一種強力の麻痺《まひ》を与うる空気の為なるべし云々。

この実験談に照らすに空腹の時に多く起るは高山の空気の人身に影響せること明らかである。これ温泉山に限るにあらず諸国の高山には往々聞く事である。

第七十一項　川亡魂《かわぼうこん》

世に海亡魂、川亡魂と唱え、海や川にて死したる者の霊魂が水中に現出することありと申しておるが、武州秩父郷にて夜、網を携えて荒川の漁に出た者があった。然るところ水中より光りたるものが網にかゝって出てきた。当人は川亡魂に相違なしと思い、網をすてゝ逃げて帰り、翌日再び此処に至って検すれば、その所謂川亡魂なるものは光り木であった。その地方にて聞いたる事実談。

第七十二項　川天狗

今一つ秩父にて聞いたる奇談がある。或る夜同じ荒川にて網漁に出掛け、随分多く魚を捕えたる後に、川上より黒き頭だけ水面に出して流れ来《きた》るものがあったが、非常なる強力にてその網を引き取らんとしている。漁師は思うにこれは川天狗に相違ないと信じ、急に恐ろしくなり、折角《せっかく》捕えたる魚類をその儘見棄てゝ自宅へ帰って来て、翌朝《あくる》出でゝその場処に至れば、網は残してあれども魚類は一尾もない。これは天狗に取られたのであるとばかり思うていた。他県ならば河童《かっぱ》というであろうが、秩父辺では川の中に天狗が住んで居るということを一般に信じている。斯くして漁者は翌晩再びその場処に至り網漁を始めたるに、前夜同様に黒き頭が流れ来りて網を引き取ろうとするから、今夜は川天狗を捕えてやれと決心し、身を水中に投じたれば、その天狗が逃げ出した。これを追かけて捕えて見れば近辺の者であった。魚を盗み取る為に川天狗の真似《まね》をしたのである。実に人間は油断のならぬものだ。

第七十三項　幽霊の寺参り

寺院に住するものは檀家《だんか》に死者のある毎《ごと》に幽霊の寺参りがあると云い、深夜本堂の戸があいたり、鐘がなったり、足音がしたりする時には必ず檀家より死人の知らせが来ると云うが、幽霊には姿も形もなく、足も手もないものであるから、戸をあけたり足音のする筈はない。或る田舎の寺で深夜に本堂の戸があき、足音が伝わったけれども、幽霊の寺参りと思い安心して寝て居たるが、翌朝になってみればその時盗賊の入り来ったのであったという話がある。盗賊の為には最も都合のよい迷信と申さねばならぬ。

第七十四項　幽霊の代理

先年青森県某氏より幽霊の代理を勤めた話を報道してきたことがある。

十五六年も昔の話であるが、或る寺院に暫くの間滞在していた時、或る夜十二時過ぎ他所《よそ》から帰ってきた。和尚を叩き起そうと思ったが、待てしばしこの夜深《よふ》けに気の毒だと思ったから、本堂の方へ廻り、案内の分っている所の戸締まりを外《はず》してやろうと思って、まず按摩《あんま》が水泳ぎをするような身振りで、椽側を這《は》い上り、こゝだナと戸へ手をかけてガタ〳〵やっていたところ、どうした拍子か椽を踏み外し、ガタガタドシンと素敵滅法な音をさせて、履いていた高足駄《たかあしだ》が脱げて戸へ当る、身体はころ〳〵と庭へ転がり出す、その途端広椽《ひろえん》の角で腰骨を打って痛いこと夥《おびたゞ》しい。あまり外見の好いものでもないから、声も出されず、窃《そっ》と起き上って手探りで下駄を尋ねて、一度で懲りたから仕方がない、和尚を叩き起せと、再び勝手元へ廻り、戸の隙間《すきま》から覗《のぞ》くと中は大騒ぎ。和尚は手槍《てやり》を小脇に掻《か》い込んで、忍び足に本堂の方へ行く。後には比丘尼《びくに》の梵妻《ぼんさい》が手燭《てしょく》を袖に掩《お》いながら随《つ》いている。納所《なっしょ》(30)二人も尻端折《はしょ》り、一人は麺棒《めんぼう》一人は鉄火箸《かなひばし》を得物に代えて、威風凛々《りん〳〵》という有様。隅々を見廻ってから四人額《ひたい》をあつめ密々《ひそ〳〵》さゝやき合い、又立ち分れて見廻り歩く。その様子のあまりの可笑《おか》しさに、咽喉元《のどもと》まで吹き出す笑いを奥歯で噛《か》み殺していること凡《およ》そ三十分、僕は不思議そうな顔をして何かあったのですかと尋ねると、和尚は眉を顰《ひそ》めて、ナニ別に何でもないが、三十分ばかり前に本堂の方で非常な音がしたから、賊でも這《は》入《いり》はせんかと思って、今見廻ったが何も不思議は無いようだ。しかしあの音は何であったろうかというと、比丘尼や納所もよほど驚いたものと見えて、まだ戦兢《ふるえ》が止まらない。こゝでその音の原因は僕だとも云い難《にく》いから、それは不思議だなどゝお茶を濁して寝てしまったが、豈図《あにはか》らんやこれが即ち幽霊の代理を勤めた事となったのであった云々。

寺に幽霊が参るというのも、この一例によって凡そ推測することができる。

第七十五項　読経《どきょう》の功徳

余が書生時代、群馬県旅行中同郷の者に会したが、その者は余の隣村に生れた人である。明治元年即ち戊辰《ぼしん》の越後戦争(31)の際、人夫となって家を出《い》で、軍隊に随《したが》って会津に至ったところが、会津は落城し戦争は止《や》んでしもうた。その後関東に流浪し五六年の久しき何等《なんら》の書信も父母に寄せたることがなかった。七年目になってフト思い立ち、郷里へ帰って父兄親戚に面会したいと考え俄《にわか》に帰郷した。然るに郷里の方にては家を出でゝより一回も音信がないから、戦場にて砲丸《ほうがん》か病気で斃《たお》れたに相違ないと信じ、その出発の日を命日と定め、葬式を行い墓場を設け、法事も営み、全く亡者となっておる。斯くして本人が帰宅せし時は夕刻であって、正しく七年忌の法事を営んでおる時である。自宅の前にて窺うに読経の声がする、御客が集まっている。何事がありしか分らぬから、隣家を訪《と》うてその次第を尋ね、初めて己れが亡者になっていることが知れた。愈々自宅へ踏み込んで、只今《たゞいま》帰着したと申したれば、家族の者はビックリし、彼の幽霊であるという。今日は法事を営み読経を願うた功徳で幽霊が出て来たと申して、誰も恐れて近づかぬ。本人は幽霊ではないと言い、色々その訳を話して漸く生きたるものと分り、父兄親戚一同大喜びをしたということを本人から直接に聞いた。

もしその晩に姿だけ見せて、関東へ向け立ち去ったならば、永く幽霊話となって伝わるに相違ない。違ない。昔時《むかし》は斯かる間違いの幽霊が他にも必ずあるであろうと思わる。

第七十六項　屍《し》体《たい》の鑑定違い

古来伝うるところの幽霊談中には往々屍体の鑑定違いより起りたる奇談がある。その一例は横浜桜木《さくらぎ》町の幽霊沙汰である。今より十四年前夏頃の出来事にて、諸新聞に報道せる大要は左の通り。

去月六日午前三時頃、横浜桜木町七丁目第十七号鉄道線路踏切に於て、無惨の轢死《れきし》をなしたる男の袂《たもと》に、千葉印旛《いんば》郡成田町仲の町三百八十九番地庄司見新吉と記せし紙片《かみきれ》ありしを以て、同署は原籍地へ照会せしに、親戚の者三人来り仮埋《かりうめ》となしおりしを火葬とし、原籍に持ち帰り葬儀を営みたるが、不思議はその後、真正の新吉ひょっこりと故郷に帰り来れるに、一時は幽霊が来りしものと家内より村内の騒《さわぎ》となりしが、所詮《しょせん》轢死者は違った人と分り、同人は自身横浜に来り戸部《とべ》署へ右の由を訴え出でしに以前の轢死者は何者とも知れずなりしという。

もしこれが五六十年の昔ならば立派な幽霊談を組み立つるであろう。

第七十七項　狂人の化物

余の郷里に一狂人ありて性質挙動ともに極めて温和で、只《たゞ》ニコ〳〵と断《た》えず笑ってばかり居るが、狂人だけに昼眠って、夜になると終夜出掛けて歩き廻っている。その村の者はよく知っているから、夜中遇っても何とも思わぬが、他地方から初めて来たものは、夜中この狂人に遇うと、いずれも驚かさるゝのである。或る夜乞食が村内の森の中にある明《あ》き堂に泊ろうと思い、その中に入れば堂内の隅に髪を乱し、青い顔してニコ〳〵笑っている。これを見て乞食はビックリし、化物が居ると叫び近辺の民家へ逃げ込んだことがある。他にも狂人を化物と見誤った例があろうと思う。

第七十八項　乞食の化物

今一ツ余の郷里の化物話をすれば、村外に火葬場がある。夜深《よふ》けてその側《そば》を通りたる人が火が燃え上っていると見、最初は燐火《りんか》ならんと思いたるも、段々近づくに従い、青白き顔の形が火の中に見ゆるのでビックリし、これは亡者の幽霊ならんと考え慄《ふる》え上る程《ほど》怖くなったけれども、その傍《そば》を通らなければ自宅に帰ることができぬ。コワ〴〵その場処に至れば乞食がそこに泊り込み、寒さを防ぐ為に焚火《たきび》をしてあたって居たのであったとの事。

第七十九項　古榎《ふるえのき》の怪光

京都の相国寺境内は昔は大藪《やぶ》であったが、今は開墾せられて学校の敷地などになっている。三四年前その境内に怪物《ばけもの》出現すとの噂附近に高くなり、これを見届けんとて探検に出掛けた者の話には、掌《てのひら》の大きさ位の怪しき光を放つ数個の眼球《めだま》を有する怪物を見定めたりとの評判である。この近傍《ふきん》に住する教育家が文明の今日怪物などゝは片腹痛しとて、これが調査に出掛けしに、果せるかなお化《ばけ》にあらず、榎の古株《ふるかぶ》の多年地中に埋《うず》もれしが、この頃掘出《ほりいだ》されし為に燐光《りんこう》を放ちしものなることが判明せりとぞ。

第八十項　哲学堂の青火

余が二三年前、野外の一軒家たる和田山哲学堂に宿し、(32)夜十二時頃まで書物の取調《とりしらべ》をなし、将《まさ》に寝《しん》に就かんとして出でて庭前に立てば、一丁余りも隔たりたる梅林の間に青色の火がトロ〳〵と燃え上り、又消え明滅《めいめつ》数回なるを認めた。その時は暗夜にして而《しか》も星影も見えぬ曇天で、又その辺は墓場の跡でもなければ燐光の出る筈もない。或いは乞食がそこにやどって火を焚《た》くのとも考えられず、とにかく実際を見届けるに如《し》かずと思い、ソロ〳〵歩いて梅林の中へ行ってみたところが、すぐに正体が知れた。その正体は亡霊の火にあらずして、昼の間《ま》、番人が枯草《かれくさ》を刈り取り、梅林の中に穴を掘り、此処にその草を入れて焼き、上より土を載せて置いたのが、夜半《よなか》まで火が全く滅せずして、土の間より少しづゝ燃え上っていたのである。その時世間の幽霊火も大抵此様《このよう》のものであろうかと思うた。

第八十一項　傘《かさ》の自動

群馬県のある小学校に於て生徒がさして来た雨傘を開いた儘《まゝ》運動場に置いて教場へ出《い》で、放課時間に再び運動場に至れば、その傘が風も何もないのに、ひとりで右へころげ左へ転じコロ〳〵と自動している。生徒は不思議に思い、化物の所業《しわざ》と考え驚き恐れて一人もこれに近づくものがない。忽ちその事を教員が聞き込み、出て見れば如何《いか》にも不思議で、傘が生きているか狐狸の仕業かと考うるより外に考えようがない。依ってその事を校長に告げたれば、校長はそんな事のある筈はないとは申したものゝ、出て見れば校長にもその理由が分らぬ。何処《どこ》にか狐でも居て生気《いき》を吹きかけるのではないかとの説あれども、狐も見当らず、さりとて天狗の業《しわざ》とも考えられず、誰も皆遠くに離れ茫然《ぼうぜん》として見ている許りである。その時校長が近寄って見届けるがよいと申して、自身でその裏手に廻り、近く覗《のぞ》けば傘の内側の骨の中に蛇が這入《はい》って動いている為に傘が左右に自動していることが分った。もしその儘に捨て置き、翌日動かぬようになって見たならば、蛇は既に逃げ出して居らぬから、必ず化物沙汰になるであろうと校長当人の直話。

第八十二項　車輪の怪痕

愛知県葉栗郡浅井村に数十年前、一輪車の怪と名づくるもの現れたことがある。その怪たるや一夜の中《うち》に村内到《いた》る処に一輪の車轍《しゃてつ》が道についている。斯くの如きことが一夜ならず再三に及びたれば、村民大いに変災の来らんことを恐れ、神仏に祈請してこれを除かんとするに至った。今日ならば自転車の跡と判断するであろうも、その時は自転車のない時代である。その後日《ひ》ならずして或る家の猫の夜遊びを防がん為に毎夜その足に鉄棒を結び付け置きしに、猫はよくこれを引きながら街上を歩き廻りしことを聞き込み、先の一輪の車轍は全く鉄棒の跡なることを知るに至り、漸くその原因が明らかになったという話もある。

第八十三項　怪獣を生捕《いけど》る

古来古寺や古屋に妖怪沙汰あるは貂《てん》や鼬《いたち》の古びたるものが住み、夜中《やちゅう》恐ろしき響《ひゞき》を伝え、或いは暗き処に光りたる眼を見せたりするのを見聞し、これに神経が加わり想像が手伝い、風評が高まりして大怪物談となる。その一例として先年の萬朝報雑報に見えたる一節を転載しよう。

徳島県板野郡長岸《ながぎし》の観音寺と云えるは名代《なだい》の古寺にて、堂宇は撫養川《むやかわ》に枕《のぞ》み、これまで本院には大黄鼬《てん》の棲息《せいそく》して稀《まれ》には人の目にもかゝり、又川には大鼈《おおがめ》の住み陸に上って鳴きし事ありしとの怪談などもありしが、この頃に至り折々堂宇の天井の落ちるかと疑うほどの物音の響き、或いは方丈裏にあたり人の走りし如き物音のあるなど不思議の事のみなれば、去る九日の夜、同地にて興行の東京力士緑川、小岬、小緑、若岬など云える力自慢の者どもが、妖怪退治に出かけ、庫裏《くり》にて廻り話に妖怪物語などを為《な》しおりしにぞ、同夜の十二時頃とも覚《おぼ》しき頃、方丈裏に当り果して怪音ありたれば、一同得物を携え本堂の方に到りしに、本堂前の金網戸《かなあみど》に眼光炯々《けいけい》人を射る者あるより、緑川等は妖怪何程《なにほど》の事やあると、得物を以て打ちてかゝり、本堂の中を追い廻しいるうち、他に若者数名も駈《か》け集り、漸々《ようよう》にして生捕り見れば、その妖怪は一種の獣類にして、目円《まる》く口尖《とが》り、牙の鋭きこと狼虎《ろうこ》の如く、爪は長くして熊に類し、全身黒色に灰色を帯び、胸のあたり少しく薄黄色なり。これを見て黄鼬の年経《へ》たるものなりというあり、又はコヒと名づくるものなりという者ありて、ともかくも珍しき怪獣なりという。斯かる怪獣ありて怪を現すは事実なるが如し。

この一例を見て他の古寺古屋の怪談の原因を推測することができる。

第八十四項　老猫《ふるねこ》の怪談

隠岐《おき》の島にては狐が居らぬから狐憑《つき》の話はないが、その代わりに猫憑ということがある。余はその地に遊んだとき、実際聞くところによるに猫憑談《ばなし》の多きは島後《どうご》と申す方である。この地方は古来野猫《のねこ》多くして、往々夜中人を驚かすことあれば、斯かる原因より猫憑談の起るに至ったに相違ない。猫も年を経て古猫になると随分人に抵抗するようになる。その一例として十年前発行の静岡民友新聞の雑報を抜載しておきたい。

駿東郡《すんとうごおり》大岡村字中沢田の佐藤長右衛門方に今より十一年前より飼い居る熊猫あり。先月下旬のこととか、この猫同家の芋畑に遊び居たるを長右衛門ふと見ると、不思議なる腰付きして立ち上り、芋の葉を取り暫《しばら》く嘗《な》めつゝありしが、間もなくこれを頭に冠《かぶ》りてチンチンを極《き》め込み、おどり戯《たわむ》れ居り。長右衛門に心付きその儘逃げ去りて近寄らず。長右衛門も底気味《そこきみ》あしく、屋敷の隅々から近辺を尋ね、漸く四日目に引捕《ひきとら》え、麻袋に入れ黒瀬橋より狩野川《かのがわ》に投げ込み立ち帰りしところ、不思議や去る三日の夜、同人の嫁某が生後二ヶ月の小児《しょうに》を抱きて寝《しん》に就き、翌朝二時頃に床の内湿りおるに目をさまし、暗きまゝ小便と思い撫《な》で廻してみると、慥《しっか》と抱寝《だきね》せし小児の影も形もなし。驚いて家内のものを呼び起し灯《あかり》を点《とも》して見ると、小便と思いしは紅《くれない》の血潮《ちしお》なり。小児はと見ると二間程先に声をも立てず打伏《うちふ》し居り、早速《さっそく》に抱き起して見ると、臍《へそ》の廻りに径《さしわたし》二寸位の円形《まるがた》に嚙《か》み取られし痕《あと》あり。如何にも不思議と家中隈《くま》なく捜《さが》すと、梁《はり》の上にぎら〳〵と眼を光らし睨《にら》みおるものあり。よく〳〵見れば先日狩野川へ投げ込みたる熊猫なり。畜生逃がしはやらじと家内中総掛かりになり、打ち殺さんと争いしが、出没自由に逃げ廻り、親指を嚙まれたるものさえありて遂《つい》に取り逃がせしが、その後というものは毎夜の如くに熊猫姿をあらわし、様々の悪戯《わるさ》をなすに、落し穴やら罠《わな》やらを作り捕えんとせしが、少しもかゝらず。昨今は如何《いかん》とも手段尽き、本年十歳になる小児をば同郡長泉村の親戚に預け、血気の家内総掛かりになり毎夜怪猫退治の工夫を凝らしおるとは、近頃の怪談と云うべし。

家に畜《か》いたる猫すらこの通りであるとすれば、野猫山猫の恐るべきは推想《すいそう》することができる。

第八十五項　老鼬《ふるいたち》の怪事

　猫の老いたるものすら怪をなすなら、鼬の老いたるのは一層怪事を働くべきである。仙台発行の河北新報に報ずる所を抄記してその一例としよう。

石城《いわき》郡磐崎《いわさき》村岩ヶ岡という岩で固めた片山里《かたやまさと》に御代《みよの》茂という人住みけり。去《さい》つる日の夜も宵暗《よいやみ》の七時半頃、所用ありて篠原という医師《くすし》の許まで往かんものと権現《ごんげん》山の麓へ差し掛かりし折から、二歩《ふたあし》三歩《あし》前に身の丈六尺以上、顔の長さ一尺五寸、目は百練の鏡を懸けし如く、真白き歯を剝《む》き出してニタ〳〵と笑い出だせる気味悪さに、茂は思わず提灯投げ出し、両手を拡げて無手《むんず》と組み附きしに、ピカリ怪光一閃《いっせん》、耳辺《じへん》を掠《かす》めてキュウと叫ぶと共に左手《ゆんで》の拇指《ゆび》へ嚙み附きたれば、さてこそ妖怪御参なれと曳々声《えい〳〵ごえ》にて組合いけれども、到底一人の力では捕えきれねば、声を限りに救助《たすけ》を呼びしにぞ、最寄りの青年等《わかものら》何事ぞと手に〳〵得物を押っ取りて馳《はせ》集まり、件《くだん》の怪物を打《ぶ》ち倒し、草刈鎌にて眼を抉《えぐ》られしかば、流石の妖怪も力弱りてその場に斃《たお》れし故、熟々《よく〳〵》検《あらた》め見しに、年経し黒色の老鼬なりしに、人々アッと驚きしとぞ。

　世間の妖怪中にて真の怪物とすべきはこの位のものであろう。その他は多く偽怪か誤怪である。

第八十六項　怪獣の退治

古寺に老いたる貂《てん》が住んで人を驚かせし例は、先年の新潟東北新聞(33)の雑報にても読んだことがある。

越後三島《さんとう》郡出雲崎《いずもざき》なる不動山西方院とて、いと古代じみたる木彫地蔵尊を本尊と為《な》す真言宗の古伽藍《がらん》あり。檐《のき》傾き壁頽《くず》るという程ならねど、位置が位置とて古木森々《しん〳〵》として昼さえ人足稀《まれ》なれば、夜は一層物寂しさ言わん方なきに、この程よりその堂の後方《うしろて》にて夜な〳〵異様の啼声《なきごえ》すとて大評判となり、住職渡辺某始め必定《ひつじょう》世に云う化物とやらん云う怪物ならんと、宵《こよい》より衾《ふすま》を打ち被りて臥す程なりしが、ツイ四五日前の夜の事なりとか、偶々《たま〳〵》近所の若者十四五名一杯機嫌の面白半分、今夜こそは西方院の化物を退治しやらんと、手に〳〵斧鉞《おのまさかり》棍《こん》棒《ぼう》等を取りつゝ、台所なる炉に榾柮《ほだ》折りくべて団欒《だんらん》し、イザござんなれと待ち構うるとは知るや知らずや、夜も深々と更亘《ふけわた》る真夜中頃、果して堂後に化物の声すと聞くや否や一同スワこそと左右前後より滅多打ちに撲《う》ち叩きたるに、何物か手堪《てごた》えせるより、手燭《てしょく》よ松明《たいまつ》よと灯《ともし》を喚《よ》び照らし見れば、これなん年久しく伽藍に棲みし一老大貂にして、背中のみ黒く他の三分の二は白く、一見ゾッとする許りの怪獣なりしに、流石は血気の若者共その儘料理して下物《さかな》と為し、酒は住職の奢《おごり》と為し、舌鼓《したつゞみ》して喰《く》い尽くせしとはなか〳〵の快談にこそ。

世の天狗沙汰も斯かる話の増大したるのが多かろうと思わる。

第八十七項　幽霊の写真

幽霊が写真に写ったという話は全国諸方にて聞いている。その最も旧《ふる》きは西南戦争の翌年、熊本鎮台の一兵卒が写真を撮ったときに朦朧《もうろう》としたる他人の姿が一緒に写っていたことがある。その後二三ヶ所で幽霊の写真を見たが、此処に先年仙台の東北新聞の雑報に出でたる一項を抜載すれば、[左の通り。]

青森県上北郡三沢村石場寅次郎の母は同県八戸《はちのへ》町石場亀吉の母と共に写真師を招き相並びて撮影せしに、不思議なるかな二人の姿の間にありくと現れたる姿あり。何物にやと熟視すれば、これぞ数年前虎病《こびょう》(34)にて歿せし寅次郎が母の夫なるにぞ。一同写真を眺めてひたすら怪しみおる由。

と見えていた(35)。余は曾《かつ》てその事を写真師に尋ねてみたるに、写真師が申すには一度写したるガラスをよく研《みが》かずして再び写し取るときは、先影《せんえい》の朦朧として形を留むることがある。これもとより偶然の出来事なれども、あり得べき事なれば決して不思議とするに足らぬと申しておる。その後また他の写真師に尋ねたれば、写真師の技術にて斯かるボンヤリしたる影を容易《たやす》くこしらえることができるから、決して奇怪とするに足らぬと答えておる。

第八十八項　写真上の幻影

先年東京深川区富川《とみかわ》町中村某方にて撮影せる写真に怪しの姿が映れるより、死したる人の霊が仮に現世へ現れたるものなりと評判立ちし為に実地探検した人がある。その写真は素人の手際で光線の工合《ぐあい》甚だ拙《つたな》く、且つその場処は南方より強き光線の来る日本室であった。その室内に神棚があってその棚の上に龕子《ずし》があり、その中に五十銭銀貨大の霊鏡を懸け、その前に相馬焼の湯呑《ゆのみ》と真鍮《しんちゅう》製の灯明台《とうみょうだい》がある。この三個の物体があたかも人の形をなしておるように見ゆ。即ち霊鏡が頭となり、湯呑が胴となり、灯明台の正中《まんなか》の光線が手先となって、南方より入《い》る光線がこれに反射して朦朧たる人体様《じんたいよう》の影が写真中に現れたのであることが分ったそうだ。

第八十九項　火柱《ひばしら》の話

妖怪中に火柱と申すものがある。余は未だ実視したことはないが、その名の如く火の形が柱の如くなって空中に立つのである。世間にて火柱の立つときには必ず火災が起ると云い、しかもその柱の仆《たお》れたる方位《ほうがく》に於て起ると申すが、余は気候晴雨の関係によって地気が上って火柱の如く見ゆるのであろうと信じている。然るに時によっては訛言《かげん》(36)に出ずる火柱もある。余は曾て聞いているが、某町にて火柱立つとの評判が起り、間もなく火災があった。その評判の本《もと》をたゞしてみたるに、その近辺に放火の賊があって自ら放火せん為に予《あらかじ》め火柱が立つと云い触らしたのであったと聞いておる。

第九十項　御札《おふだ》の話

又世間にては人の水中に溺死《できし》せる時に、その屍体《したい》の沈んでいる所を知るには水天宮《すいてんぐう》の御札を流せば必ず分ると信じている。先年余が大分県を巡回せし時、或る人がその事に就て実験せし話をしたことがある。その当人は水天宮の御札に限って知れる筈はない、これは他に理由のあることゝ考え普通の紙を御札の形に切ってためしてみた。果してその沈んだ所に屍体があった。この実験によって水天宮の御札に限らぬということが分ると同時に、その紙の沈む所は必ず水が渦を巻いておる処である。斯かる場処に屍体も沈むべきであるという道理が知れたと申したが、実に尤《もっと》もの話と思い、此処に参考として掲げおく。

第九十一項　衂血《はなぢ》の話

我が邦《くに》の民間にては人の死したる場合に、その親戚もしくは縁故あるもの来って屍体《したい》に触るゝときには、必ず鼻孔より出血するを見る。これは屍体に霊あって然《しか》るのであるかの如くに信じておるものが多い。この実例は水中にて溺死せるものに毎度ある出来事なれば、余が地方巡遊中にもたび〳〵これに就て質問を受けることがある。依って此処に一言しておこうと思う。余も実際溺死せる屍体に就て実視せしことあるが、これは決して親類に対してのみ出血するのではない。如何なる他人にても、もし来ってその屍体を動かすならば、同様の現象を見る筈なるも、溺死者の如きは水中より引上げ、その儘屍体を平臥《へいが》せしめ親類の者の来るまでは決して他人をして触れしめず、愈々《いよいよ》親類の来ったときに、急にその体を動かし或いは位置を移さしむるものである。斯かる動揺を与うる為に衄血の流出を見るのである。すべて溺死の場合の如きは、鼻孔内の血管が破裂して内部に出血しておるから、たとい他人でもその体を動かせば必ず出血する訳である。これを親類に限ると思うは愚俗の迷信と申さねばならぬ。

第九十二項　魔鏡《まきょう》の話

我が邦の神社仏閣に保存せらるゝ物に魔鏡と名づくる鏡がある。その鏡たるや光線のこれに触るゝときに、その面より種々の影像や文字が反射して現出する不思議の鏡で、或いは観音の像を反射し或いは六字名号《ろくじみょうごう》(37)を反射するの類である。余も実視したことがあるが、近来は新しくこの鏡を作りて田舎の人に高く売りつけるものがいる。余が先年豊後の玖珠《くす》郡の山間にて、或る農家が高価に買い入れたのを見たことがある。田舎に居て理学の道理を知らぬものは実に不思議に思うに相違ない。今その原因を申さば鏡面より反射するところの幻影は全くその裏面に仏像或いは名号が凸形《とっけい》に打ち出されてあるからだ。もし裏面に多少の凹凸《おうとつ》あるときは、その鏡面を研ぐ際に自然に表面に分子の密なる処と疎なる処とができる訳だ。裏面の凸所に当る処を研《みが》けば、その点だけは密になる道理である。もし分子の密度に相違を生ずれば、光線を屈折する度が違うようになるから、反射の上に明暗の度を異にするようになる。そこで鏡面を肉眼で見た丈《だけ》では分らぬけれども、光線を反射させてみると裏面の模様が外に現出するに至ることになる。又裏面に打ち出したる模様なくとも、鋳造の時に鏡面に多少の凹凸又は分子の密度の異なる点を生ずるように工夫すれば、魔鏡の作用を現出せしむることができる。故に今日にては魔鏡が魔鏡でなくて常鏡であると云わねばならぬ。

第九十三項　鶏《とり》の変性する原因

神社仏閣の境内に信者より鶏を献納する所がある。其処《そこ》では雌鳥を献納しても皆雄鳥に化すると申すが、実際これを見るに雄のみにして雌はおらぬ。依って信者はこれを神仏の妙力によって変性するものと信じておれども、如何《いか》に神仏の力にても雌を雄に変化せしめ得る筈はない。余が曾て或る地方の神社に参拝し、鶏の雄のみ沢山集まり居るを見て、雌鳥もこの境内に入れば神力によって皆雄に化するというが事実如何《いかん》と尋ねたれば、その地の紳士が答うるに、神力にあらずして人力であると申した。その所謂人力とは、他より信者が雌鳥を献納しても、その近傍に住する民家にては雄鳥より雌鳥を好む為にひそかに已れの有する雄鳥と引替《ひきかえ》をするのであるそうだ。さすれば何も不思議の事はない。

第九十四項　鴉声《からすなき》と人死《ひとじに》との関係

地方各処に於て鴉は人の死期を予知する力ありや如何の質問を持ち出し、その解決を請求せらるゝにつき、此処に余のこれに対する意見を述べておきたいと思う。鴉の鳴声がわるいから死ぬ人があるであろうと予期せらるゝ時に、果して死人あるに会するのは鴉が人の死を知って予告するものでなく、天気が両者を紹介するのであるとの説は、余が三十年前哲学雑誌発行当初に唱えたことがある。その説の要領は鴉は気象俄《にわか》に変じて白昼急に薄暗くなり、何となく陰鬱《いんうつ》として不快を感ずるが如き場合に鳴き出すものにして、長く病床に呻吟《しんぎん》せる病人も斯かる天候激変の時に絶命するものである。ツマリ鴉は天気に向いて鳴き病人は天気によって死し、鴉鳴と病死と偶然相合《あいがっ》するのに過ぎぬというのが余の意見である。

第九十五項　釜鳴《かまなり》の説明

民間にて伝うるところによれば飯を炊く釜が偶然鳴り出すことがある。然るときはその家に凶事ありとて大いに恐るゝことになっている。その由来は支那《シナ》に始まりて日本に伝わり、民間にて往々聞くことである。その起る原因を知らざるものは如何にも不思議に思い、凶事の前兆予告の如くに考うるけれども、これ物理的自然の現象にして決して怪しむに及ばぬ。もしその専門学者の説明によれば、蒸《む》し物を釜の上に置くときは、その蒸し物が冷《ひや》やかなる為に釜中の湯より昇る蒸気が急に凝結して消失《きえう》するにより、その場所を充たさん為に空気が外より蒸し物の中に流れ込む。然るときは水蒸気の凝結が減ずるようになり、従って空気の流入も止《や》み、次《つい》で水蒸気が下より蒸し物の中に流通し来り、再び水蒸気は急に凝結して外より空気の流入を招くに至る。斯くの如く順次繰り返して、間断《かんだん》ある水蒸気の消失が波動を起し、釜内の気体をして振起《しんき》せしむる為に、釜鳴を生ずるに至るとのことである。さすれば不意に釜鳴が起っても決して恐るゝには及ばぬ。

第九十六項　二十六夜待《やまち》の説明

俗に二十六夜待と称して陰暦七月二十六日夜、月の出るに三体同時に上《のぼ》ると申し、これを三尊の来迎《らいごう》(38)と名づけ、物数奇《ものずき》の人は態々《わざわざ》海上へ舟を浮べて拝みに出ずるが、一個の月が三体に見ゆるとは実に不思議である。余は数十年前伊豆熱海客中《かくちゅう》試みしことあるも、雲の為に妨げられて実視することはできなかった。しかし友人の話を聞くに二十六夜頃は月の形が弓の如くになり、しかもその両端が上へ向かい、あたかも角《つの》の立ちたるが如き形を現している。その初めて海面に出ずるときには、角の両端まず見え、両体並び立つが如くに感ぜらるゝが、瞬間にて両体合《がっ》して一体となる。そこで最初の両体と次の一体とを合算して三体同時に上ると伝えたるのであるとのことだ。さればこれまた少しも不思議でない。

第九十七項　蜃気楼《しんきろう》の説明

日本全国中蜃気楼の名所は越中魚津《うおづ》なるが、他にも往々その出現する所がある。伊予宇摩郡金生《かなおい》村星川宇四郎氏の実験談なりというを聞くに、同氏が夜中《やちゅう》隣村川之江字井地某方より帰路、数十歩前に於て人語《ひとごえ》がする。近づき見るに人影だもない。その近傍に瓢山《ひさごやま》と名づくる小山がある。古来その山に老狸《ろうり》住して、夜中舟を空中に現出すると言い伝えておる。依って氏はこれを狸の所為なりと考え、二三歩を進むる間に、凡そ一丁許《ばか》り離れて空中に突然蒸気船が現出し、その船、南方に向かい進行しつゝある中《うち》に間もなく光明を放ち、甲板《かんぱん》に二人の欄《てすり》によりて下を瞰《なが》めおるを明らかに認むるを得た。これより船に近づかんと欲し、その方に歩みを進むる途中、知人の来《きた》るに会し、直ちにその船を指示せしに、知人も現にこれを目撃した。斯くして暫時《ざんじ》の後、船影は消失せしと云う話である。夜中の時刻と夜分の状況如何を知らざれども、その談《はなし》だけに就て考うれば蜃気楼と判断せざるを得ない。蜃気楼は気候の激変によって空気の上層と下層と非常に密度を異にするに至り、光線の屈折によって通常は視線に入らざる所の実景が浮び上って見ゆるのである。昔はこれを真の不思議と思いしも、今日は妖怪でないことになった。

第九十八項　おばけ谷の怪象《かいしょう》

飛驒の国より越中へ行く途中の峠道から二里ほど奥に「おばけ谷」という処がある。これは他《よそ》からこの谷へ入って行くと、人の顔が四角に見えたり円《まる》く見えたり、又は細長くなったり、鬼面のようになってまるでお化《ばけ》の如くに見ゆるということだ。この地方の人は最早《もはや》常に見慣れているから少しも驚かないけれども、その事を全く知らぬ他方の人が此処を通り掛り、同行者の顔が異様に見ゆるから互《たが》いに認め誤って化物に出会ったと思い、大いに驚くことがある由。この谷を通り過ぐれば元通り普通の顔になるというところより推すに、山の地形と太陽の光線の作用より起るに相違なかろう。

第九十九項　化物屋敷の解釈

四五年前山形新聞に怪物の研究と題して連日に亘《わた》れる記事の中に化物屋敷の解釈を掲げてあった。多少参考すべき点あれば、その一節を抜記しておく。

化物屋敷の原因は多く地気の作用であると思う。火山の噴煙地などは別だが、その他どの土地を見ても表面は何の変りもないようであるけれども、その土地に依って地質の違う如く、地気の上昇の加減も時と処とに依って大いに違う。地気と云うのは地層の下から立ち昇る気体で、地層の下には気道《きどう》縦横に通じて、二六時中《しょっちゅう》止む時なく上昇している。この気中に含む悪気即ち瓦斯《ガス》の種類に依って、これに触れると知らず〳〵逆上する。化物屋敷に夭死《ようし》する者が続出したり、変死者が出たりするのはこれが為で、不吉の家には必ずこの悪気が満ちている。現に化物屋敷と云われるような家に入ると、直ちに陰惨の気に打たれて、何だか変な心持ちになる。或いは幾分神経作用が手伝うかも知れないが、とにかく一種云うべからざる不快の気に触れる事は事実であるが、これは単に地気の作用のみでなくして、家屋の構造により気流の悪い処から起る作用もある。総じて人間に貧相福相のある如く、土地家屋にて

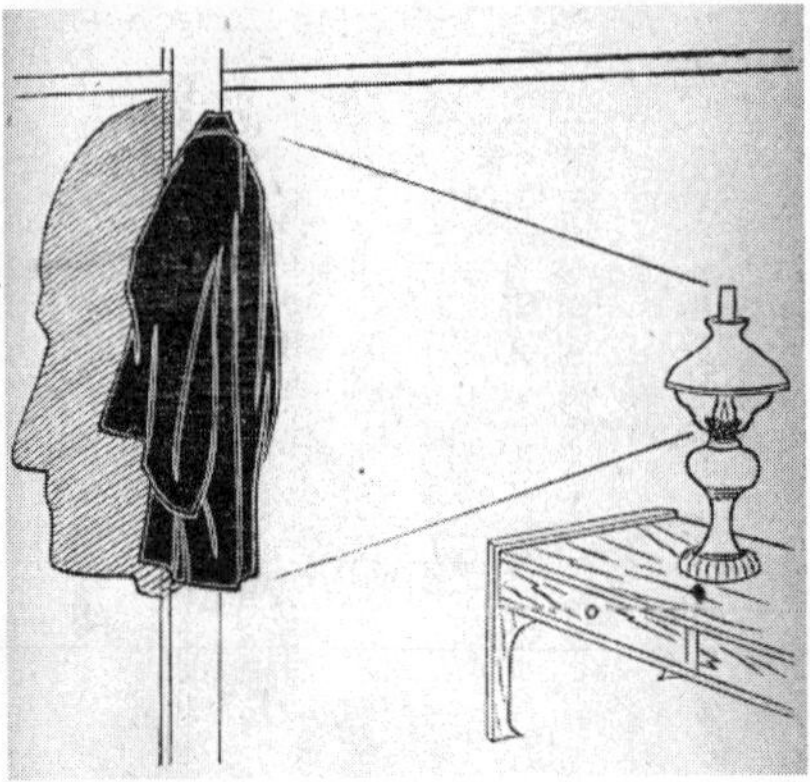

吉凶が自ら顕れておる。凶相の家即ち光線の透《とお》らない、気流の悪い、厠《かわや》と井戸の接近したような家に夭死《ようし》する人が続出したり、逆上して変死する者の続出するのは当然で、この中に一人でも脳の加減が悪くて奇異な幻覚を見るものがあると直《す》ぐその家は化物屋敷になってしまう云々。

その他種々論じてあれどもこれを略すが、この地気作用ばかりが化物屋敷の原因ではないけれども、その一因となることは疑いない。

第百項　壁上の怪影

世に偶然妖怪の幻影を生ずることあるが、その一例に府下駒込《こまごめ》の無名氏より、或る夜室内の灯光が柱に懸けたる着物に触れ、上図の如き幻影を現出せることを報告し来った。これもとより偶然の出来事にして何等の意味あるにあらざれども、世の迷信家がこれを見るときは、亡者が姿を現したのであるように申し立て、その話に段々尾が付いて終《つい》に一大怪談となるであろう。

第百一項　ランプの怪影

壁上の怪影のみならず、ランプのホヤに幻影を実験せし場合もある。その事は明治三十二年尾州葉栗《はぐり》郡宮田村織物業栗本福太郎方にて起った。或る夜工場に吊《つる》してある洋灯《ランプ》が、十一時頃俄《にわか》に薄暗くなり、忽ち図の如き人面が火屋《ほや》の裏面に顕れ、一同図《はか》らずも大声を発して叫んだ。その声に応じて大勢駈《か》けつけこれを熟視するに、眉眼鼻口等確かに描きし如く具《そなわ》って、その頭部には毛髪乱れたるなど如何にも奇怪に現れた。依って近辺の評判には、何某《なにがし》の怨霊ならんとて祈禱読経《きとうどきょう》を乞うに至った。これ偶然に出でたるものにして、ランプの油焰《ゆえん》が時あって自然に斯かる現象を生じたに過ぎぬけれども、世間多くの人は何となく気味悪く思い迷信を呼び起すようになる。

第百二項　霊汗《れいかん》地蔵

志州波切《なみきり》村に霊汗地蔵と名づくる石地蔵がある。村内に変事ある場合には必ず全身に発汗して予告すと伝えている。先年余が此処に遊びし時その説明を需《もと》められたが、元来石地蔵は死物なれば発汗する道理なけれども、空気中の温度の急変によって、その中に含める水蒸気がその体に触れて凝結する故である。その時には空気の方は暖かに過ぎ、石の方は冷やかに過ぎ、寒暖に非常の相違ができるから、あたかも水差《みずさし》の外面に水蒸気の凝結すると同様の現象を生ずるのであると答えておいた。越中魚津《うおづ》の或る寺の柱が汗を発すとて一度見物したことがあるが、これも同じ道理である。

第百三項　幽霊灯台

明治の初年に越後出雲崎の海岸に初めて灯台を設け毎夕点火することになった。当時は遠方にてその火を望むものは海上にて死せし亡者の霊魂が出現せりと思い、一時海亡魂《うみぼうこん》の評判が立ち態々《わざ〳〵》海岸へ亡魂見物に出掛ける騒ぎとなったことがある。これ火の玉が迷霊《ゆうれい》であるといえる迷信より、斯くの如き妄説を唱え起すに至ったのである。已《すで》に亡魂の原因が知れたる後にその灯台を呼んで幽霊灯台と申したそうだ。

第百四項　鳥が魚に化したる話

武州八王子の人にて田中某と名づくる者、母の病気を訪《と》わん為に魚類を買い求め、これを携えて山路《やまみち》に入《い》れば鳥網に雉《きじ》のかゝりたるを見つけ、魚肉《さかな》よりも鳥肉《とり》が勝っておるから取替《とりかえ》ておこうと思い、網の中へ魚を入れ雉を取って何人《なんぴと》にも断らず去った後に猟夫が来《きた》り見るに、鳥を取る網に魚のかゝっているは実に奇怪である、もしや神の所為《しわざ》ではなかろうかと思い、これを或る巫《みこ》に尋ねたれば、これ神の所為《しょい》に相違なし、宜しく祠《ほこら》を建てゝこの魚を祭らねばならぬ、然らざれば神の怒りに触れんという。田中氏その事を聞いて尋ね来って曰く、巫何ぞ妄言を為すの甚だしきや。これ神の所業《しわざ》にあらず吾《われ》自らこれを為したるなり。神は決して欺くの如き事をする筈なしと。その訳を話して聞かせりと、或る人より伝聞せし話。

第百五項　倒木の再起

東山道の何《いず》れの地方にて聞きしか地名は忘れたが、或る村社の松の大木が暴風の為に仆《たお》れてしもうたから、材木屋に売り渡す約束を結び、何日にその木《き》を伐ることに決めておいた。然るに当日材木屋来ってこれを伐らんとするに、前夜の中《うち》に仆れたる木が自然に起き上り元の儘に立っていた。これを見たる人々は皆神の所業《しょぎょう》と信じ、大いに神徳に感銘したが、後になって聞くところによれば、村内の若い者が四五人申し合わせ、深夜人の知らざる間に元の儘に起しておいたのだそうだ。

第百六項　地蔵尊の変位

この話と好一対なるは新潟県の或る村にて地蔵尊に就て起った出来事である。その村外れの路傍に石造《いしづくり》の大地蔵が立っている。これを動かすには四五人の力を要する程である。或る年、一夜の中《うち》にその地蔵が向《むき》を変じ道路の方へ背を向けていた。翌朝村民等これを見て不思議に思い相集まりて元の通りに向け直せば、その夜また背向《せなかむき》になっている。斯くの如きこと数回に及びたれば、村民等は何か本村の所業《しょぎょう》が地蔵尊の意に適せざることある為であろうか、又は村内に天災のあることを予告せらるゝ為ではないかなどゝ色々申し立て大いに戒慎《かいしん》していたが、その後取調の結果漸く事実が分り、その村内に腕力の非常に強きものあって、早朝夜の未だ明けざる間に独力にて地蔵尊の向を変じておいたのであったそうだ。これは人の驚くのが面白いという物数奇《ものずき》の心より起った所業《しわざ》である。

第百七項　井中《せいちゅう》の仏像

愛知県の或る村にて井戸を掘りたるところが地中より仏像出現せりとて、これこそ霊仏なり活仏《かつぶつ》なりとの評判立ち、遠近よりこれを参拝せん為に日々《にちにち》群集をなせしことがあった。その事が警察の耳に入り、何やら疑わしき不思議なりとて、その家の主人を呼び立て、吟味の結果、その当人が掘る前に古仏像を埋め置いたことを白状せりとの話を先年同県下にて聞いたことがある。

第百八項　邪神《じゃしん》の崇《たゝり》

或る大地主が己れの所有地内に小さき祠《ほこら》があるが、何の神を祭りしものか知れぬ。とにかくその地は不潔なれば祠を他の清潔の地に遷《うつ》すことに定めた。その後地主が眼疾を起し、その痛み忍び難い程である。出入《しゅつにゅう》の者皆申すには、神の祟なれば祠を遷すことは止《や》めさせたしという。これを聞いて地主大いに怒り、不潔の処より清潔の処に遷すに祟をなすが如き神は邪神に相違ない。邪神ならば恐るゝに足らずと言い、急に命じてその祠を毀《こぼ》ちその神を焚《や》かしめたれば、眼疾忽ち全快せりとの話がある。眼疾と遷祠《せんし》とはもとより何等《なんら》の関係のないのに、神の祟などゝいうは愚民の迷信である。斯かる迷信を医《い》する手段としては、時によりこのような荒療治も必要である。

第百九項　狸《たぬき》の腹鼓《はらつゞみ》

世に狸の腹鼓と伝うる怪談があるも、深更になると遠方の物音が手近く聞こゆるから、山寺の木魚の音などを誤って狸の腹鼓とすることが多い。少し古い話なれども、山形県庄内《しょうない》にて起った出来事を紹介しよう。或る年の秋、天気快晴の夜三時頃より五時頃までトン〳〵と響く音が聞こえ、或いは遠くなり或いは近くなりする。人は皆これを狸の腹鼓であると申していた。然るに町内に住するものにて磯釣《いそつり》に行かんと思い、午前二時に起き、支度《したく》して門を出ずれば、風評の如く東南の方にて遥かにトン〳〵の声が聞こゆ。これなん狸の腹鼓である、その正体を見届けんものと思い、その方角をたどって静かに歩み行くに、行けば行くほど遠くなる。段々近づいて見れば、鍛冶屋《かじや》の鞴《ふいご》の音であった。毎朝二時半頃より吹き始め、五時頃になれば人々皆起きて世間の物音が騒がしくなる為にその音が聞こえぬ。遠くなり近くなるのはその日の風の都合によるのである。又快晴の夜に限るのは他にあらず、天気の悪しき時には雨風の音に紛れて聞こえぬのである。この一例に就ても狸の腹鼓の原因が知れると思う。

第百十項　衣類の切断

明治三十年夏の頃、東京市内京橋采女《うねめ》町に一怪事起り、一時新聞上の問題ともなった。これは活版業大村某の居宅の出来事である。簞笥《たんす》葛籠《つゞら》等に納め置きし衣類が何時《いつ》の間にか怪《あや》しの穴明《あ》きて着る事のできぬようになり、柱に掛けて置きたる衣類が故なくして中央より切断しているなど実に不思議に堪えぬとて、主人自ら来りて余に相談せられた。余その顚末を聞くに、この家に奉公せる下女の身の上に疑わしき点あるを認め、一案を授けて速やかに下女を親戚に托してその家より遠ざけ、しかして後怪事の有無を試《こゝろ》むべしと申せば、主人諾して去り、余が告ぐる通りを実行したれば、その翌日より怪事全く止《や》んだそうだ。俗間にては斯くの如き怪事あれば、直ちに狐狸の所為となすも、前に投石の怪事の下に述べしが如く、その多くは人為にして婦人児童もしくは愚鈍者の所為に出ることが多い。

第百十一項　栃木県の狐狸談《こりだん》

古来伝わる狐狸談は勿論、現在聞くところの狐狸談も針小棒大が多いが、その中《うち》には全く無根虚構に出ずるものがある。その一例として先年栃木町に起りし出来事を掲げてみよう。この話は今より二十年前のことで当時全国各新聞に報道してあった。その大要は左の通りである。

栃木県下栃木町開業医某の許《もと》に真夜中急使《きゅうし》来りて請いらく、産者今将《まさ》に産せんとして頗る苦悩せり。急ぎ来りて一診せられたしと。某請《こい》に応じ車を命じて、急使と共にその家に馳《は》せてみれば、家は誠に立派なる大家なり。到りし時は既に産み落せし後なりしかば、某は事後の薬等与え、温飩《うどん》の馳走を受け、且つ謝金をも受取りて帰宅せり。翌朝所用ありて紙入れの金を出さんとして開き観れば、何ぞ図《はか》らん謝金は悉《ことごと》く木の葉ならんとは。怪しみて前夜の路《みち》を辿《たど》りてその家に到り看《み》れば、車輪の痕《あと》は歴々存すれども、家屋はあらずして茶園のみ。しかしてその茶園に狐の赤子が死していたりと云う。こゝに於て某は前夜の温飩を想い出だし、家に還りて吐剤《とざい》を服し、以てその吐出物を検するに正しく温飩なりしに相違なし。尤《もっと》もその前日とかその近傍に婚礼ありて、打ち置きの温飩が紛失せし事ありし由なれば、蓋《けだ》しこの温飩なるべし。当時この話遠近に伝わりて人は皆某は狐に魅《ばか》されたりと称せり。

この雑報を読みたる人より余に質問を寄せられたれば、余はその開業医の方へ照会してみた。その書面及び往復の大要は左の通りである。

この事に就き寄書者は疑問を掲げて曰く、狐は果して人を魅《み》するの術を知るや。果して狐に人を魅するの術ありとせば、如何なる術に候や。心意に如何なる変化を受くれば、斯く狐を人と見、茶園を立派なる大家と見受くるに至る者に候や。魅術の心意上に及ぼす変化の工《ぐ》合《あい》を承りたし。

余この報に接して大いにこれを怪しみ、速《すみ》やかに栃木町に問合せしに、その返書に御照会の件は全く事実無根につき、御取消相成度旨《あいなりたきむね》申し来れり。此処に於てその事の全く訛伝《かでん》虚構に出でたることを知り、その由を寄書者に答えおけり。

この一事項に照して他の妖怪談の信拠し難きを知るべしである。

第百十二項　茨城県の狐狸談

昨年の四月頃、常総新聞に前の出来事とよく似ている雑報が掲げてあった。二十年を隔て隣県なる茨城県に斯く似たる事の起るは珍しく感じたから此処に抄録することにした。

事はこの月の初め、月の無い夜、那珂《なか》郡瓜連《うりづら》村相田酒造店にツイに見馴《みな》れぬ年の頃三十一二の男が入り来り、お酒を三円下さいと十円札を一枚投げ出した故、店の者が早速八升樽に入れ釣銭《つりせん》七円とを渡したところが、件《くだん》の男はいそ〳〵喜び何処《いずこ》ともなく立ち去った。これもちょうど同じ夜の事、同村の医院に迎えの車と共に「私はこの在の者ですが妻が難産で困っております、何卒《なにとぞ》御来診を願います」とやって来た。「それはお気の毒な、承知しました」と支度もそこ〳〵乗り込めば、車は闇を衝《つ》いて大宮町の方へ一直線。

車上の医師は春の朧夜《おぼろよ》、揺られながらにトロ〳〵とまどろむ時、小径《こみち》に分け入るより、ハッと我に返りし頃は既に梶棒《かじぼう》はトンと玄関に突かれてあった。「これは御苦労様でした、どうぞ此方《こちら》へ」と導かるゝ儘に幾間かの座敷を通り抜くれば、結構を極めし間に産婦は絹布の夜具に倚《よ》り懸《か》り呻吟《しんぎん》しおるより、早速医師はそれ〴〵手を尽し漸く産ますれば、後より又産まるゝ双嬰《ふたご》。「どうもお骨折りでした、ヤレ〳〵これで安心でした」と一同が交《かわ》る〴〵の礼言葉に、医師は呉々《くれぐ》も産後の注意を与えたるが、まず何はなくとも一口とて別間に招じ酒よ肴《さかな》よと善美を尽した饗応《もてなし》の数々、座に連なる人々は鄙《ひな》には稀なる気高き男女、往診料とて紙に包みし謝礼を納めて帰りしは、遠寺の鐘の音余韻を引いて淋しく響く一時頃であった。翌朝に至りて医師は、どう思うても昨夜の産婦は普通《なみ》の女と異《ちが》う。身体《からだ》と言い何と言い、それに座敷も立派だったが上を見るとお星様が出ておったわ。オ、そうだ〳〵昨夜《ゆうべ》貰った包金《つゝみきん》、真《まこと》か嘘《うそ》かと開いて見れば紛《まご》う方なき五円紙幣《さつ》。

相田酒造店にては前夜の客が置いていった十円札、確かに此処に置いたのに、あの家から幾ら取り、この家から幾ら持ってきた、そうすると十円足りないが、ハテどうした事だろうと金庫の中を隈《くま》なく探せば、十円札の代りに木の葉一枚。この話が誰言うとなく広まるや、変に思った同士の医師と酒屋が寄り集まって、医師が五円札を見せるとその札は確かに私の処で昨晩釣りにやった五円札、これは只事《たゞごと》じゃないと医師と酒屋が相談して昨夜の処を尋ねた。うろ覚えの道を医師が先だちにて車の轍《わだち》を慕《した》って来たのが、昼さえ人の足跡なき上野村大字宇留野《うるの》の山奥にて宇留野原と称する処に一枚の莚《むしろ》あり、その上にはコハ如何に、生まれたばかりの狐の子二匹。この事を聞き伝えたる附近の村々にては「お稲荷様が御難産の時は人間も難産するそうな、狐供養をしましょう」と寄り集まって昨今餅《もち》を搗《つ》き供養をしている由なるが、まず〱眉《まゆ》に唾《つば》をして聞く話なり。

これも後に聞けばやはり虚説訛伝であったそうだ。

第百十三項　狐の偽物《ぎぶつ》

或る人の書いたものゝ中に見えていたが、尾州名古屋某氏の別荘に奇樹怪石相連《あいつら》なり、園中に広き池ありて魚鳥此処に集まり、楼広くして高く、風景絶佳の仙境である。此処に老僕住みてこれを守り、来客あれば需《もとめ》に応じて席を貸すことに定めてある。或る日紳士五六人酒肴を携えて此処に遊び、終日歓を尽くし、帰るに臨んで僕《ぼく》に一包《つゝみ》を与え、借料の礼なりと言い、その他階上に肴の折詰《おりづめ》を残して置いたが、これは貴方に与うるから晩食のときに食せよと言いつゝ立ち去った。僕はその受取ったる紙包を開いて見れば木の葉のみである。また折詰を開けば馬糞が詰めてある。そこで僕は、先に紳士と思いしは狐であった、狐の為に誑《だま》されしは残念であると申したそうだ。然るにその出来事は世の好事者が老僕をだまする為に悪《あく》戯《ぎ》をしたのであるとのことだ。世には狐が人を誑すにあらずして、人が人を誑すことが多い。油断大敵。

第百十四項　酒狐《しゅこ》の誑惑《おうわく》

曾て宮崎新報に同県東諸県《ひがしもろかた》郡内にて光村某と西岡某との両人が金円調達の為、瓜生野《うりゅうの》村に赴き、やがてその用事も済み、焼酎の馳走に酩酊して已れの村へ帰る途中、光村が狐に誘われて藪の中に入《い》り、その挙動の怪しかりし顚末を記してあった。これ狐憑《きつねつき》にあらずして酒憑というべきものである。随分世間には狐の人を誑《だま》すにあらずして、酒の人を誑すことが多い。されば酒もまた狐の一種である故に余はこれを酒狐と名付けたいと思う。

第百十五項　自己催眠的狐惑《こわく》

東海道箱根山上にて狐惑の一事を聞きしことがある。それは今より三十四五年前の出来事で余が箱根滞在中に起った事実談である。元箱根村より箱根町の間は樹木茂りて昼もなお暗き程なるが、その頃此処に悪しき狐が住んでいて、日の暮れた後に通行人を誑惑するという評判があった。或る日箱根町の油屋が近在へ油売りに出掛け、日暮れて薄暗くなったときにその場処を通りかゝり、己《おれ》は油を持っているから狐が邪魔するかも知れぬと思い、四方を見廻している間に藪の中より数十頭の狐が飛び出し来り、大道を塞ぎて進むことができぬ。油屋は己《おれ》の所持せる油がほしい為であろうと思い、かつぎたる油桶《おけ》を地に置き柄杓《ひしゃく》にて汲み出して油の尽くるに至るも、狐は道を開いてくれぬ。そこで油屋も当惑しこの上は平身低頭して頼むより外《ほか》に仕方なしと思い、頭を地に着け三拝九拝して道を開かれんことを狐に願うていた。チョウドこの時町内の二三の者が通り掛り、油屋の挙動の奇怪なるを見、近づきて大声を発し油屋〳〵と呼び掛くれば、油屋は初めて目が醒めた心地にて、再び見上ぐれば一頭の狐もおらず、道路は平常《へいぜい》の儘にて自由に通行ができる有様である。只《たゞ》所持せる油は悉く地上にまき散らしてあるには自分ながら意外なるに驚いたという話を聞いた。これは油屋が狐を恐れたる為に幻覚を起し、狐の居らざるに狐を見るに至ったので、あたかも夢を見たと同様である。或いは催眠状態に入ったと同じ有様である。これを自己催眠の一種とするが、世間の狐惑談は多く自己催眠である。

第百十六項　青年漁夫を誑《だま》す

福岡県筑後にて聞いた狐話があるが、夏の夜一人の漁夫が筑後川の岸にて鮎《あゆ》の釣《つり》をしていた。その背面に蘆《あし》が茂っており、その蘆を隔てゝ小径《こみち》が川に並んでついている。偶々《たまたま》夜深《よふ》けてこの径を通行する青年がありて、戯《たわむ》れに石を拾うて釣の場処へ投げたるに、漁夫はたゞ一途《ず》に狐が邪魔をするのとばかり心得、欲しいなら一疋《ぴき》やろう[ママ]と言いつゝ、釣りたる鮎を背部へ向けて投げた。そうすると青年はこれは難有《ありがたい》と思い、又石を投げたれば漁夫はまだ欲しいかと言いながら今一《いち》疋投げて与えた。こゝに於て青年はその鮎を拾い取り、猶《なお》その上に欲を起し、更に重ねて石を投げたる為に、漁夫は疑いを抱き、後部《うしろ》をふりかえりて検したれば狐の偽物であったことが分り、その青年を逐《お》い払うたとの一奇談。

第百十七項　婦人を狐と誤る

茨城県水戸市外に狐が住んで居ると伝えられたる森林がある。或る人他《た》に招かれ、その帰路御馳走を携え、この林の中を通過せるに後《うしろ》より婦人が声を掛けて、旦那様《だんなさま》と呼ぶを聞き、一途に狐なりと思い込み、所持の肴を後の方へ投げ、足を早めて行くに、又後より旦那様と呼びながら追いかけて来る。当人更に肴を投じ、斯くすること数回、殆ど所持せる御馳走を投げ尽くせし頃、漸く人家ある処に着いた。此処にてふりかえって見れば、その呼び掛けたる婦人は狐にあらずして近所に住める婦人にて、よく懇意にしておるものであった。婦人の方では独《ひと》り森林の中を通行するは気味悪しと思うところへ、幸《さいわい》に懇意の旦那が歩いて行かるゝのを見て、これに付き随《したが》えば安心と考え追い掛けたりしに、旦那の方にては狐が婦人にばけて邪魔をするのとのみ思い込み、御馳走を与えたならば彼満足するであろうと考え、投げながら足を早め、追い付かれぬようにしたのである。これも後日の笑話。

第百十八項　老僕頭巾《ずきん》に誑さる

余が郷里にて人家を離れた処に一帯の森林がある。古来その中に老狐《ろうこ》住すと伝え、その傍《かたわら》を通過せるもの往々誑惑《おうわく》せられて家に帰らざることがある。一日或る老僕隣村に使いして帰路、この森林の傍を通過せしとき日未だ暮れざるに忽然として四面暗黒となり、目前咫《し》尺《せき》を弁ぜずして、一歩も進むこと能《あた》わず、依って自ら思えらく、これ全く老狐の所為なり。如《し》かず老狐に謝してその免《ゆるし》を得んにはと考え、地に坐して三拝九拝するも、依然として暗夜の如くである。老僕当惑して為《な》さんところを知らぬ。已《すで》にして一人《いちにん》その道に来り会するありて、遥かに一老体の地に坐して頓首《とんしゅ》再拝するを見て大いに怪しみ、近づきてこれを検するに、頭巾前に垂れて両眼を隠している。依ってその頭巾を取り去れば、老僕驚きて不審に堪えざる有様なれば、これにその次第を尋ねしに、老狐の為に誑惑《きょうわく》せられしと信じたりと答えた。しかしてその実《じつ》老狐の所為にあらずして、自らこれを懼《おそ》るゝのあまり、頭巾の前に垂れて両眼を掩《おお》うに至れるを知らざるのであった。こゝに於て両人大いに笑って相別れたりとの話。(39)世に狐惑談多き中には斯くの如きの類も尠《すくな》くなかろうと思う。

第百十九項　白狐蚕児《さんじ》を盗む

埼玉県及び群馬県にては専《もっぱ》ら狐が蚕児を盗むと伝えている。その狐は一種異なりたる獣にして、通常ヲサキと云うが、信州にては白狐又は管狐《くだぎつね》と名づけておく。(40)その形狐に似て色白く、尾は裂けていると申す。ツマリ四国の犬神《いぬがみ》、出雲の人狐《ひとぎつね》、因幡《いなば》のトウビョウと同一の迷信である。聞くところによるに一夜の中《うち》に蚕児がなくなっていることがある。その時にはヲサキが盗んだと申している。或る人の実験談を聞くに、己れの家にて夜中蚕児の失《う》せたこと

第百十八項　老僕頭巾に誑さる

があったから、その翌日室内を隅から隅まで探ってみたれば、鼠が驚き走って逃げ出した。それ故に鼠の所業《しわざ》に相違ないという話をした。又他の家にて蚕児を盗まれたとの届出に対し、警官が出張して検閲せしときに、その失せたる場処に鼠糞《ねずみくそ》の残れるを発見したことも聞いている。依ってその所業は狐にあらずして鼠であろうと思う。

第百二十項　ヲサキの実物

右のヲサキ事件に就き数十年前国会新聞に出でたる報告を参考の為に左に抜抄しておこう。

眼に視るべからずしてこの害を被るもの世に多しと聞くはヲサキ狐なり。果して幻妙不可思議の通力を有する動物中にヲサキ狐なるものありや否やは、我《われ》得て知らずと雖《いえど》も狡黠《こうかつ》鼠の如き狐の如き稀《まれ》に見るところの動物なしとは云うべからず。前橋市の北岩神村にては近年養蚕の時期に際し、一夜の中《うち》に蚕児《かいこ》の夜な〱減少すること前に異ならざるより、或る家にて唯《たゞ》は断じて養蚕を廃するに至れり。その害を被るは岩神の一部落通じて然るには非ずして、松本長吉方二三軒に過ぎず。しかして松本方にては本年も相変らずその害にかゝるより、或る人の勧《すゝめ》にまかせ、野州コブガ原［古峰ヶ原］より天狗を請ぜんとて、先方に到りてこれを祈りしに、その効ありてや、同夜の内に一匹の小動物、屋外に噛《かみ》殺され居たるを発見せり。その大きさは通常の鼠より小さく鼻は豕《いのこ》の如く、目を竪《たて》にしてさながら土龍《もぐら》の如く、軟毛《なんもう》全身に密生して、尾頭《おさき》二ツに裂けたる奇獣にて、顕微鏡にてこれを検すれば、毛尖《けさき》に一種の異彩を放てり云々(41)。ヲサキ狐とは果して斯かるものか否やを知らねど、天狗がこれを噬殺せしと信ずるなどは笑うに堪えたり。

この奇獣は余も信州佐久郡にて、アルコールに漬けてあるのを実視したことがあるが、動物学者の説には鼬《いたち》の一種であるということだ。ツマリ変形動物に相違ない。

第百二十一項　天狗の呼声《よびごえ》

曾て余が石州巡講中に聞き込みたる一奇談がある。太田町近在の或る寺の住職が、容貌魁偉《かいい》にして大和尚の風采《ふうさい》を具《そな》えている。或る夏邇摩《にま》郡の山間二里余り村落のなき山路を夜十二時過ぎに通行し、途中路傍に大石が横たわってあるから、此処にて一休《ひとやすみ》すべしと思い、盤石《ばんじゃく》の上に大アグラをかき休息していた。そこへ若いものが三人相伴うて通り掛り、住職の前を過ぐるや互《たが》いに低声にて、アノ大入道は何物か、天狗ではなかろうかという話が微《かす》かに聞こえたれば、住職はこれは面白い、一つ彼等を驚かしてやろうと思い、大声にてオー、オー、オー、と叫んだ。これを聞いて彼《か》の若い連中は大いに恐れ、天狗に違いない、早く逃げよとて尻に帆で駈《か》け出した。その後この事が天狗沙汰となり、一時その地方の大評判になったと住職の直話である。

第百二十二項　天狗の筆跡

伊豆国天城山南、湯ヶ野温泉旅館に数年前、白髪長髯《ちょうぜん》の一老翁来り宿して、一夜の中《うち》に襖《ふすま》に文字を書《しょ》して去った。その文字は何人《なんぴと》も読み下すことできず、昔の天狗文字に似たる筆法である。旅宿帳には薩州人と記してある由。もし維新前に斯かる事あらば、必ず天狗の文字と定められ、その老人は天狗と見なされたであろう。伊東温泉の日蓮宗の寺に天狗の詫証文《わびしょうもん》があるが、これは梵字《ぼんじ》に似ておる。その他にも天狗の書を秘蔵せるものがある。余も一枚所持せるも、皆天狗の所為《しょい》にあらずして人為に出《い》ずることは疑いないと思う。

第百二十三項　箱根の天狗

天狗談は全国到る処にあるが、その多くは自然に起りたる現象を誤り認めたのである。その他は人が故意に拵《こしら》えたる話である。余が曾て箱根に於て聞いた事実談を挙ぐれば、今より三四十年の昔の出来事なれども、一月の寒中青年輩十人余り相伴い、鉄砲を携え獣猟に出掛けたことがある。箱根では最も高い峰を駒ヶ岳と申す。この峰へ登りたるに絶頂に近き処に大盤石がある。その上に大いなる男が立ちながら睨《にら》んでいる。一行の青年の方ではこの寒中彼《か》の山頂に人間の居るべき筈はない、これ必ず天狗であろう、従来駒ヶ岳には天狗が住んでいると聞いていたが、彼が正《まさ》しくその天狗であると衆説一致し、互に恐怖心を起し、今日は猟《や》を止めて帰ろうということになった。斯く相談している間に天狗の方では赤き毛布《ケット》を広げ、これを両手に取って青年等に向い、しきりに振りつゝ睨んでいる。これを見て青年等は天狗が魔術を使うものと信じ大急ぎで下山し、その日は恐れ入って戸外にも出るものなき程であった。この話忽ち近郷近在にまで伝わり、尾に尾がついて駒ヶ岳の天狗にだまされたとの大評判となった。その後四五日過ぎて漸く事の真相が明瞭になり、山上の大男は天狗にあらずして強盗であったことが知れた。その強盗は前夜小田原の資産家の内に入り、夜中逃げ出して箱根の山間に入り、駒ヶ岳の絶頂にて休息していたのであった。その毛布《ケット》を振り立てたのは、盗賊の方では自分が小田原にて強盗せしことが知れて、捕縛に出掛けたのとばかり考え、鉄砲を放《う》たれては大変と思い、あわてゝ敷いていたるケットを取り出だし、砲丸除《たまよけ》をしたのであった。斯くと知れてからは一大笑話となったそうだ。

第百二十四項　筑波山の天狗

先年東京日日新聞に千葉県の天狗話の一件を載せてあった。今その要を抄録しようと思う。

明治十八年頃のことなりしが、千葉県下某村の海浜に貝を拾わんとて出で来りし一人の壮漢あり。これ即ち同村の柏木某と称する柔術家《じゅうじゅつか》にして、薄暮に至るまで貝を拾いて楽しみおりしが、夕刻に至り近村の青年四五名相伴いて来り、これも同じく貝を拾わんと衣を裹《から》げて水中に入り、彼処此処《かしこゝ》と探り索《もと》むるうち、如何《いか》にしたりけん柏木氏過ちて或る青年の足を踏めり。依って柏木氏はその麁忽《そこつ》を謝せしに、青年等その柏木氏なるを知らざりしにや、大いに怒りて如何程《いかほど》謝するも聞き入れず。彼是《かれこれ》する中《うち》青年等相共に柏木氏にうってかゝりければ、柏木氏も今は是非に及ばずとて、日頃熟練の柔術にて見事に数人の者共を擲《な》げつけたるに、青年共初めの大言にも似ず、一目散に逃げ失《う》せたり。その後その辺にては某村の海浜にて数名の青年を苦しめしは筑波山の天狗なりと風聞せり。

此様《このよう》の話が後に天狗となって伝わるのであろう。

第百二十五項　天狗祭の起因

今より数年前、岐阜日日新聞に愚民の妄信と題して天狗祭の記事を掲げてあった。その前年は害虫の為に稲作皆無になったことがある。

飛騨国大野郡辺にてこの頃流行する天狗祭の起由《おこり》を聞くに、越中国東礪波《ひがしとなみ》郡の増太郎と云えるもの一日《あるひ》天狗に攫《さら》われたりしが、この程ふと帰村して云える様《よう》、二十七八年の日清戦争に吾が国が首尾よく勝利を得しは偏《ひとえ》に天狗の助けなり。さるを国民は少しも天狗を祭りて謝意を表せざるにより非常に憤怒し、現に昨年の如きは種々の害虫を下してこれを罰し給えり。本年も再び同様害虫を下し給うべしと云いたりとの訛言《かげん》飛騨一円に伝わり、同国各町村は競いて天狗祭を執行し神楽《かぐら》を担《かつ》ぎ出して踊り廻りおる由。目下大野郡清見村小鳥《おどり》地方にては例の天狗祭に狂いおる有様、狐憑ならで天狗憑とは此等《これら》のことならん。

世の天狗談は多くこの類であろう。此処に天狗にさらわれしとあるが、この事は一時の狂態であって、山林の中にさまよい正気を失《うしの》うて夢の境界にいるのである。

第百二十六項　夢中三里を往復したる話

此処に余が出雲巡遊中に聞いた話を紹介しよう。簸川《ひのかわ》郡某村に釣魚《つりうお》を以て何よりの娯楽とし、休日毎《ごと》に必ず釣りに出掛けることに極《き》めている者がある。或る休日に快晴なれば早朝家を出でゝ山坂を越え、三里隔たりたる海岸に到り、終日釣を垂れ、日暮れて帰宅した。時に己れの最も貴重せる大切の釣竿《つりざお》一本を海岸に忘れて帰りしを発覚し、その紛失せんことを恐れしも、夜中の事なれば海岸まで尋ねに行くこともできず、その儘臥床《がしょう》した。然るに少時《しばらく》にして夢中に起き上り、誰にも告げずして家を出《い》で、暗《やみ》を侵《おか》して三里の山坂を越え、遂《つい》に海岸に至り遺失せる釣竿を得て、即夜帰宅して再び寝《しん》に就き、翌朝目を醒《さま》して更に夜行せしことを覚えず、海岸に忘れたる竿の自宅にあるを見て自ら大いに驚き、不思議の念に堪《た》えざりしも、種々の事情を総合し来《きた》るに、夢中にて海岸まで往復せしことが知れたということだ。もしこの事が五十年前に起ったならば必ず天狗沙汰となり、或いは天狗がその竿を持ち来ったとか、或いは天狗が当人を伴《つ》れて海岸へ往復したとかという評判が伝わるに相違なかろう。

第百二十七項　夢中鐘楼《しゅろう》の屋上に登りたる話

前の話に類似の出来事が徳島県勝浦郡にもあった。一体《いったい》四国の怪談は殆ど犬神と天狗の二種に限られている位で、平民は犬神に悩まされ、士族は天狗に憑《つ》かるゝものと信じられている。その中《うち》天狗に就て一奇談を紹介すれば、勝浦郡小松島町滞在中に聞いたが、或る寺の僧が夜中室を出《い》で、梯子《はしご》を用いずして鐘楼の屋上に登り、自らドウして此処に至りしを覚えず、夜が明けてみれば己れは正《まさ》しくその屋上にある。これ天狗の所為なりと自分も人も共に信じたとのことである。さてその屋上へは梯子なくて登れる筈はないが、唯《たゞ》その傍《かたわら》に大樹があって、もしその木に登り枝づたえに渡り行かば屋上に達することができるとの話だ。されば本人夢中に起きてその樹に登り、枝をつたって屋上に移りたるに相違ない。これを心理学にては睡遊《すいゆう》と名づけておく。ツマリ夢中の動作に外《ほか》ならぬ。前の三里を往復したる話もやはり睡遊である。子供などが時々夢中に起き上って室内を歩き廻り、再び眠《ねむり》に就きて翌朝自ら全く覚えざる作用を睡遊と名づくるが、是《これ》と彼《かれ》とは只《たゞ》事の大小と時間の長短との相違に過ぎぬ。それ故に天狗の作用にあらざることは明らかである。

第百二十八項　真怪の有無

以上述べたる妖怪談は大抵明治維新後に起りたる出来事中、原因の発覚せしものゝみを掲げたのである。その他に原因未詳の怪事は沢山あれども、既に知れたるものより推測すれば、凡そ妖怪の正体は何であるを知らすること決して困難でない。ツマリ世間普通に云うところの妖怪は真の妖怪でなく、寧《むし》ろ妖怪の偽物《ぎぶつ》である。然るに世人は初めより妖怪ありとの予想を以て自ら迎え、更に疑念を起して探検することなき為に、偽物が真物《しんぶつ》となって後世に伝わるのである。余の研究するところによれば少なくとも怪談の七八分は人為的偽怪と偶然的誤怪であると思う。人為的とは人の故意に造り出《いだ》せるもの、偶然的とは故意にあらざるも偶然誤って妖怪と認むるものを云うのである。依って妖怪の大部分は天狗にもあらず、狐狸にもあらず、幽霊にもあらず、悪魔にもあらず、人なりと断言することができる。

果して然らば世に妖怪不思議は絶無かとの問《とい》が起るであろう。余はこれに対して真の妖怪、真の不思議は却《かえっ》て世人の妖怪とも不思議ともせざるところに存すとの持論である。而《しか》してこの真怪は偽怪を打破するにあらざれば立証することができぬ。あたかも暗雲を払わざれば明月を開現することのできぬと同様である。余はこの点に就て更に一言しておきたい。

或る人余に尋ねて言うには、君の妖怪を論ずるや一も偽怪二も偽怪として排斥《はいせき》し、世に妖怪なきが如く唱うるようなれども、また真怪あるが如く談じ、前後矛盾するようではないか。又妖怪有るかと問えば無いと云い、無いかと問えば有りと告ぐるはアマネジャク[42]のように考えらるゝと申すから、余はこれに答えて、世間一般の妖怪とするものは妖怪にあらずして、世間一般の非妖怪視するところに於て却て妖怪ありとの論なれば、或いは矛盾の評を招き、或いはアマネジャクの名を与えらるゝかも知れぬ。しかし老子は愚者は道を聞きて大いに笑う、笑わざれば道にあらずと言い、又言うものは知らず、知るものは言わずとも説いている。[43] この言《げん》も一応聞いただけでは矛盾アマネジャクのようなれども、深く詮《せん》じ来らばその然らざることが分る。又或る人の狂歌に仏と凡夫との相違を挙げて、「釈迦阿弥陀うそいへばこそ仏なり　まことをいはゞ凡夫なりけり」と詠みたるものがある。[44] これ矛盾又はアマネジャクのようなれども、凡夫と仏とは真偽の標準を異《こと》にすることを知らば、その歌の道理あることが分る。凡夫の心より真と思うことは仏の眼にては偽と見、凡夫の偽は仏の真なりとすれば、釈迦阿弥陀が嘘《うそ》を言うとは凡夫の所見より定めたるものに過ぎぬ。依ってその嘘は真の嘘ではない。凡夫の愚かな眼より見て嘘と思う位の処に却て真のことがある訳《わけ》だ。これと同じく世間の妖怪とするものを余は妖怪にあらずとし、世間の非妖怪とするものを余は妖怪とするのも決して矛盾なるにもあらず、アマネジャクでもなく、当然の断案である。[45] もし世間の人も研究眼を以て詮議《せんぎ》を尽くしたならば、必ず余と同一の結論に達するであろうと信じている。

第百二十九項　妖怪と宗教との関係

余が斯く世間の妖怪を打破して赤裸々にするに対して、必ずその結局宗教その物を破壊し、神仏の信仰までを根絶するに至らんと詰問する者あらんも、余はこの点に就て世間の論者と意見を異にするものである。世論往々宗教その物を迷信とするも、余は宗教の信仰と迷信とは雲泥氷炭の相違ありと信じている。しかし民間にて所謂宗教信者と称するものゝ信仰は多く迷信である。その故如何《いかん》というに世の神仏に祈請《きせい》するものゝ中には、全く神仏を誤解して、己れの自利私欲を恣《ほしい》まゝにする道具に使用せんとするやからがある。例えば平生何等《なんら》の善根を積みたることなく、功徳を施したることもなくして、不幸災難病気等に際会するときに限り、俄《にわか》に思い立って神仏に祈願を懸くるが如きは、神仏を愚弄《ぐろう》するものと云わねばならぬ。斯かる人を神仏の保護する筈なく、寧《むし》ろ必ず厳罰を与えらるゝであろう。依って余は浅学ながら宗教門内に迷信的信仰を打払って、正しき信仰の起るようにしたいと思うの一念より、妖怪研究に取り掛った次第である。

今日民間には正信教もあるけれども、迷信教が却て勢力を有しているように見ゆ。斯かる迷信教が行われ、妄説詐術《もうせつさじゅつ》を以て愚民を誑惑《おうわく》するため、愚民は益々《ますます》迷信に迷信を重ぬるに至り、教育道徳の進路を妨げ、社会に害毒を流すようになるを免れぬ。これ余が妖怪の真相を明らかにして、迷信の害を除かんことを勉《つと》めたる所以《ゆえん》である。已《すで》に妖怪の偽物を退治し終れば、真怪の実在を明示し、これと同時に宗教の正しき信仰を証立《しょうりつ》したいと思う。この目的に向かって他日更に真怪論を発表する積《つも》りである。

第百三十項　妖怪研究の結果

余は今より二十三四年前、妖怪研究の結果を編纂して妖怪学講義の題目にて世間に発表したるも、(46)その書はあまり大部にして容易に通読し難きを知り、数年前に自ら極々《ごく〱》簡短《かんたん》に結論の大要を書き綴《つづ》ったものがある。此処にその全文を掲げておくから、願《ねが》わくばこれを一読して余の研究の結果と本意のある所とを諒察せられんことを。これ余が世間に向かって懇望する所である。

諸君よ、余が最初妖怪研究に着手しましたは明治十七年のことにして、爾来《じらい》材料を拾集するに十年の星霜を重ね、二十六年に至って初めてその研究の結果を世に公にするようになりました。即ち妖怪学講義録[ママ]と題するものが正《まさ》しくその結果であります。この講義録は元来四十八号二十四冊より成りたるも、昨年これを合綴《がってつ》して六大冊に致しました。その中には四百余種の妖怪事項を集めて、これに一々学術上の説明を与え、古今民間に伝われる妖怪は大抵網羅し尽くした積りであります。然るにその全部の紙数二千六[ママ]百頁《ページ》に余る程の頗《すこぶ》る浩瀚《こうかん》の大書籍なれば、世間よくこれを通読するもの至って少ない。依って余は此処にその研究結果の一端を摘《つ》み出《いだ》して世人に紹介することに定めました。

世人多く余が妖怪研究を以て物数奇《ものずき》か慰みか道楽のように申すものがありますが(47)、決して斯かる次第ではありませぬ。畢竟《ひっきょう》この一事に貴き光陰を十年以上費やせしは、深く思う所ありてのことであります。斯く云うと何やら御釈迦様を気取るようで可笑《おか》しく感ずる人がありましょうけれども、余は幼少の頃より死は何物ぞ、生は何物ぞ、天災は何の為に起り(48)、病患は何の為に生ずるや等の問題が常に心にかゝり、早晩これを研究してみたいとの念より妖怪研究の志《こゝろざし》を起すようになりました。人間は生きているに衣食住が一番大切であると申すけれども、衣食住よりモット大切のものは安心すると云うことであります。犬や猫は動物であるから飲んだり食ったりすればその外に何等の望みもありませぬけれども、人間は動物より一段階級が進んでおりますから、飲食《のみくい》ばかりでは満足致しませぬ。必ず衣食住の外に安心したいとの一念が常に動き出して止めることが難しい。如何に貧困にして毎日の糊口《ここう》に逐《お》わるゝような身分でも、一日《いちじつ》として安心を願わざる者はありませぬ。されば犬や猫は飲食的動物、人間は安心的動物と異名を付けても宜《よろ》しからんか。とにかく人間と獣類との別は、安心を願うことを知ると知らざるとによりて定むることができます。

諸君は彼《か》の道に太鼓を敲《たゝ》きて題目を唱え、手に御幣《ごへい》を握りて「遠神《トオカミ》」を叫び、観音参詣の老婆が一文ヅゝ溜《た》めたる金子《かね》を中店《なかみせ》の売卜《ばいぼく》に費やし、天理信仰の病人が祖先伝来の財産を天《てん》輪王《りんおう》の御水に傾け、或いは成田の不動に断食の願を懸け、或いは川崎の大師に日参の誓いを立て、或いは炎天を侵《おか》して高山を攀《よ》じ、或いは厳冬に際して冷水に浴し、或いは伊勢参宮、四国巡礼、或いは京参り大和廻《めぐ》り等は何の為であると考えますか。皆安心したい為ではありませぬか。人間に安心する道を求むる念の切なることこの通りであります。今余が妖怪研究は斯かる切要なる安心の道を講ずるものなれば、全く無用と申すことはできますまい。

民間にて一般に用い来れる御水や御札や或いは禁厭《まじない》の類までも、皆人をして安心せしむるを目的とするに相違なけれども、訳《わけ》も道理も分らずに盲目的にこれを用うるからして、一時の後は忽ち心が動き出して更に大いに迷うようになります。故に斯くの如きは真の安心とは申し兼ねます。そうして真の安心は必ず訳や道理の分った方法に依るより外《ほか》はありませぬ。殊に今より後は民間の教育学問が一体に進んで来ますから、訳道理の分らぬことを聞かしても誰も信ずるものがありますまい。それ故に今後の安心は必ず道理に基づき、学問に考えて説明したるものでなければ役に立たぬと思います。これが余が妖怪事項を集めてその説明に着手したる次第でありますから、予《あらかじ》め御承知置きを願います。

段々沢山《たくさん》なる妖怪の種類を集めて研究してみると色々面白い事が出て参ります。社会の内幕や人情の秘密が皆分るようになりて来ます。言葉を換えて申せば人の心を解剖して見ることができます。表《おもて》には玉の如く月の如く立派に紳士然たる顔を装《よそお》うている人が、その心の中《うち》を探り見るに土の如く芥《あくた》の如く至って不潔なる魂情《こんじょう》が隠れていることが分ります。実に可笑《おか》しくもあり、気の毒でもあり、憎らしくもあり、可愛《かあい》そうでもあります。されば妖怪研究は如何にも不思議なものであると考えます。これは人心の秘蔵を開く唯一の鍵と申して宜《よ》い。局外の者にとっては妖怪などは社会現象中の一小事のように見ゆれども、間口は狭くても奥は千畳万畳敷《じき》でありて実に広大無辺の研究であります。何と申しても人間の心全体が妖怪の幻灯仕掛《げんとうじかけ》(49)にできておりますから、一寸《ちょっと》心の灯《ともしび》を点じても直ちに色々の妖怪が顕《あらわ》れてきます。故に社会万般の現象は大抵皆妖怪の現象と申しても差し支えありますまい。諸君よ、ナント妖怪の学問は滅法界《めっぽうかい》もない[50]広大の研究でありて、実に驚く許《ばか》りではありませぬか。

さて妖怪の種類を挙げて申さば四百五百乃至《ないし》千以上もありて夥《おびたゞ》しきことでありますが、余はこれを実怪と虚怪との二大類に分けました。更にこれを細別すれば、実怪の方には真怪と仮怪との二種あり、虚怪の方には偽怪と誤怪との二種ありて、偽怪は一名人為的妖怪と云い、誤怪は一名偶然的妖怪と云い、仮怪は一名自然的妖怪と云い、真怪は一名超理的妖怪と云います。もし超理的妖怪より論ずれば独《ひと》り人間社会のみならず、宇宙間の事々物々一として妖怪ならざるなき程に至ります。天地已《すで》に一大妖怪なれば、その間に現ずる森羅の諸象は元《もと》より妖怪の現象にして、一滴の水も一片の雲も皆妖怪なりと申して宜《よ》い。何故なれば超理的妖怪とは不可思議不可知的の異名でありて、事々物々もしその根元を窮むれば皆不可知的に帰するようになります。諸君は、かの笑うが如き春山《しゅんざん》の景中《けいちゅう》に不可思議の霊光を浮かべ、歌うが如き秋水《しゅうすい》の声裏《せいり》に不可知的の妙味を含む[51]を知りませぬか。誰人《たれびと》もその心中に一たび哲眼を開き来らば、見るもの聞くもの皆超理的真怪となりて現るゝようになります。妖怪研究もこの点まで窮め尽さなければ真の面白味は知れませぬ。しかし世間の者にこのような話をして聞かせても、所謂《いわゆる》馬耳東風の類にて、サッパリ感じませぬは実に困ったものであります。もし強《しい》て聞かすればビックリ仰天して逃出すばかりであります。それはその訳でありて、世間の者の妖怪と思うている事柄は、余が所謂偽怪誤怪もしくは仮怪に過ぎませぬから、仰天するのは強《あなが》ち無理とは申されませぬ。依って暫《しばら》く真怪の話はさし措《お》き、専《もっぱ》ら世間普通の偽怪誤怪に関する話を致しましょう。

偽怪誤怪の話をする前に一応その説明を与えなければなりますまい。まず偽怪とは人の工夫より色々作り出したる妖怪にして、或いは利欲の為、或いは政略の為、或いは虚名の為に無き妖怪を有るように云い触らし、針小の妖怪を棒大に述べ立て、一犬虚《いっけんきょ》を吠えて万犬実《ばんけんじつ》を伝うるなどの類は、皆偽怪と申すものであります。世の中にはこの種類最も多けれども、あまり巧《たくみ》にできたる分は偽怪の化《ばけ》の皮を現さずに、真物《ほんもの》となりて伝わりております。次に誤怪とは妖怪にあらざるものを誤り認めて妖怪となせるの類にして、暗夜に木骨《ぼくこつ》を鬼と認め路上に縄を蛇と誤るもその一例であります。次に仮怪とはこれに物理的妖怪と心理的妖怪の二種ありて、物理的妖怪とは狐火鬼火の類を云い、心理的妖怪とは幽霊狐憑の類を申します。次に真怪の事は既に説明したから再び述ぶるに及びませぬ。以上四種の中《うち》偽怪仮怪真怪を以て世界の三大怪と致します。その時は誤怪は偽怪の中に合して別に立てませぬ。学問上より世界を見るときは人間界自然界絶対界の三種に分けますが、この三種は正《まさ》しく余が所謂三大怪と合する分類であります。即ち偽怪は人間界の妖怪、仮怪は自然界の妖怪、真怪は絶対界の妖怪であります。故に偽怪を研究するときは社会人情の秘密を知ることを得、仮怪を研究するときは万有自然の秘密を解くことを得、真怪を研究するときは宇宙絶対の秘密を悟ることを得る訳であります。諸君がもし政治家にならんと欲せば必ずまず偽怪を研究し、教育家にならんと欲せば必ずまず仮怪を研究し、宗教家にならんと欲せば必ずまず真怪を研究せられよ。これ余が諸君に忠告する所であります。

余は先年来日本国内を巡視して、到る処民間の妖怪を聞くが儘に集め記し、此処にその起原を考うるに、総体の七分は支那《シナ》伝来、二分は印度《インド》伝来、残りの一分は日本固有の妖怪のように見えます。又その種類を考うるに、十中の五は偽怪、十中の三は誤怪、残りの二分だけは仮怪の割合となります。但《たゞ》し世間には仮怪最も多きようでありますけれども、その中には偽怪誤怪の混入せる例が沢山《たくさん》でありますからウッカリ信ずることはできませぬ。要するに数種の妖怪中偽怪誤怪の類が最も多いに相違ありませぬ。果して然らば世間の者は妖怪の贋物《にせもの》ばかりをかつぎ出し、真物《ほんもの》は却って知らずにおります。諺《ことわざ》に盲者《めくら》千人に明者《めあき》一人とは、尤《もっと》もの格言ではありませぬか。

斯様《かよう》に世の中には妖怪に贋物ばかり流行している原因を尋ぬるに、全く人の奇情《きじょう》(52)と迷心との二が製造場となりて、不断《たえず》種々の妖怪を造り出す故であります。奇情とは誰人《たれひと》も有する好奇心の事にして、何にても見慣れず聞き慣れぬ珍しき事あれば、これを大層らしく云い立てゝ人を驚かそうとする一種の癖心のことであります。迷心とは安心の反対にして、物事の道理に暗く自分の思うように往かない時に色々の妄想を起して迷い出すことであります。人にこの迷心があるから安心することができず、安心ができぬから益々《ます〱》迷うようになります。奇情の方は稍《やゝ》狂気《きちがい》じみているけれども、さほど害にはならず且つ重《おも》に偽怪のみに関係しているから、やかましく論ずるにも及びませぬが、迷心の方は偽怪にも誤怪にも仮怪にも関係し、一人の利害は勿論、国家の盛衰にも関係していることなれば、こればかりはその儘に見捨て置く訳には参りませぬ。寧ろ重箱の隅を楊子《ようじ》でほじくるように隅から隅まで迷心の大掃除を致し、以て人をして安心させてやりたいものであります。余はこれを迷信退治と名づけます。

諸君よ、今日は文明日新とか教育普及とか唱えながら、迷信の雲が依然として愚民の心天を鎖《とざ》しているのは何と申して宜《よろ》しかろうか。世の天狗を気取っている学者や教育者に御尋ね申してみたいではありませぬか。痲疹《はしか》の流行に際し入口に鎮西八郎為朝宿《ちんぜいはちろうためともやど》と題して、吾が家には病気入ることできぬものと信じおるが如き[53]、隣家の失火に際し主人自ら鎮火の祈禱を行い、遂にその家と共に焼け死ぬに至りたるが如き、学校建築に際し村会の第一問題は鬼門方位の吉凶を議するが如き[54]、実にあきれ果てたる次第ではありませぬか。故なくして医師を取換え、故なくして奉公を見合せ、故なくして結婚を断り、故なくして親戚と絶交し、故なくして妻と離縁し、故なくして住居を転じ、故なくして家屋を毀《こぼ》ち、故なくして旅行を止《や》め、故なくして約束を破る等、多くはこれ迷信より起りております。諸君よ、ナント迷信の害は此処に至って極《きわま》れりと云わなければなりますまい。これを黙々に付し置きて学者や教育者の本分が立つでありましょうか。人は兎《と》にあれ角《かく》にあれ余は飽《あく》まで迷信退治を一身に任じて、人心の妄雲を掃《はら》い去り真怪の明月を開き顕し、以て光明の新天地を作り出さんことを日頃熱望のあまり、揣《はか》らずも妖怪研究に着手することになりました。

斯くして多年研究の結果、迷信は一片の迷心より起るは申すまでもなく、迷心は畢竟《ひっきょう》するに吉凶禍福の道理に暗きと世態人情の意の如くならざるとの二者より起ると考えます。言葉を換えて申さば知識に乏《とぼし》きと意力の弱きとに起因すと云うことであります。已《すで》に迷心は智と意との二者の不具もしくは病体より起ると知る以上は、これに相応の薬を与えて治療を施さば忽ち智徳健全の人となりて安楽の心地に到ることができるに相違ありませぬ。凡そ人一たび迷えば必ずその心を苦しめ、愈々《いよいよ》迷えば益々《ますます》苦しむは人情の常則なれば、安心の要道はその迷《まよい》を去るより外にはありませぬ。もし一たびその迷を去れば、苦境は一変して至楽の天国となり、百難は四散して無憂の世界となる。仏教の所謂娑婆即寂光《しゃばそくじゃっこう》(55)とはこの事ならんと思わるゝ程であります。もし更に進んでその心地《しんち》に真怪の別天地を開き来らば、上《かみ》は日月星辰より下《しも》は山川草木に至るまで皆不可思議の光明を放ち、春花秋月は勿論、雨夕風晨《うせきふうしん》猶《なお》よく最妙極楽の光景を現し、一望忽ち快哉《かいさい》と呼び、手の舞い足の踏むを知らざるの妙境に達することを得るは、実に不思議中の不思議ではありませぬか。世に斯かる不思議のあるを知らずして徒《いたず》らに生死の門に迷い禍福の路《みち》に惑うは、これを評して愚中の愚と申さなければなりませぬ。豈《あに》哀しき次第ではありませぬか。

今日愚民の智と意との不具を療《りょう》する方法は宗教と教育との二道ありて、教育は知識を進むるを目的とし、宗教は惑情《わくじょう》(56)を定むるを本意とする故、この二道並び行わるれば、自然に迷信を一掃することができる道理でありますけれども、その方法は内科の治療の如く漸々徐々《ぜんぐじょぐ》にその結果を示すものなれば、あたかも靴を隔てゝ足を掻《か》くが如くに思われ、何となく迂遠《まわりどお》きように感じられます。今迷信の弊害は旦夕《たんせき》に迫る有様なれば、外科の治療の如く即時直接に痒《かゆ》き処に手を届かするような方法がありそうに考えます。世間の学者はとかく高きを見て卑《ひく》きを忘れ、近きを捨てゝ遠きを取るの風ありて、迷信妖怪の如きは大いに実際上の利害あるにも拘《かゝわ》らず、斯かる卑近の事に心を用うるは学者の体面を汚すように思っております。又一般の教育者は読本算術の日課を授くるに汲々《きゅうく》として他《た》を顧みるの暇《いとま》なきが如く、偶々《たまく》閑隙《かんげき》ありて講学に志すものは、さほど実際に急切《きゅうせつ》の関係もなきヘルバルト氏の学理[57]を探究するを以て教育家の能事終れりと信じ、愚民迷信の熱度四十度以上に超過せるも更に知らざるものゝ如くに気楽を構えております。又普通の宗教家は木魚を鳴らして伽藍《がらん》を守り、死人を迎えて引導《いんどう》を渡すを以て僧家の本分を尽くせりと思い、甚《はなはだし》きに至りては檀家《だんか》の機嫌を取りて受納を殖《ふや》さんことのみに心を用うるが如きあさましきものもあります[58]。偶々《たまく》学事に篤志のものあれば、三界唯心《さんがいゆいしん》とか一心三観《いっしんさんかん》とか高尚の理屈ばかりを唱え、唯識《ゆいしき》三年倶舎《くしゃ》八年[59]などゝ気永《きなが》の事ばかりを云い立てゝ、更に時弊《じへい》に応じて教義を調合する匙加減《さじかげん》を知らざる風情《ふぜい》であります。故に近年教学共に振起《しんき》勃興《ぼっこう》せるにも拘《かゝわ》らず、民間に下りて見れば積年の迷信依然としてその勢力を逞《たくま》しゅうし、以て教育の進路を遮《さえぎ》り宗教の改良を妨ぐること日一日より甚《はなは》だしくなるように感じます。これ独《ひと》り国家の為のみならず教学の為に残念至極のことであります。

余は曾て古人の詩[60]を思い出し、

尽日尋春《じんじつはるをたずねて》　不見春《はるをみず》　芒鞋踏遍《ぼうあいふみあまねし》　隴頭雲《ろうとうのくも》
帰来笑《かえりきたりてわろうて》　撚梅花嗅《ばいかひねりてかげば》　春在枝頭《はるしとうにありて》　已十分《すでにじゅうぶん》

とあるように、今日の学者教育家宗教家は大抵皆近く枝頭《しとう》の春に背《そむ》きて、遠く隴頭《ろうとう》の雲を踏むの類にあらざるかを疑い、独り自ら嘆息している次第であります。今日の教育宗教の状態《ありさま》は唯今《たゞいま》述ぶる通りの事情でありますから、この二道に依って迷信を退治するは容易の事にあらずと考え、余は自ら一工夫を運《めぐ》らし寧《むし》ろ外科的医法によりて即席療治を施さんと欲し、妖怪研究の看板を掲げ妖怪講義を発行して世に公にすることに致しました。今その要点を一口に摘《つま》んで申せば、余以為《おもえら》く、世人が迷心惑情を去り難きは全く天運と云える一大怪物が目前に懸《かゝ》りて、何程《なにほど》己れの心を尋ねてみてもサッパリ分らぬ故であります。蓋《けだ》し天運とは生死常ならず禍福定まりなく世事意の如くならざる一事にして、これぞ宇宙の最大怪物と申して宜《よろ》しい。この怪物が実に迷信のバクテリヤにして、これに消毒法を施すにあらざれば、到底世に迷信の痕跡を絶つことは難しいと考えます。妖怪研究の必要は全くこの点にあることは、諸君も已《すで》に御分りでありましょう。喩《たと》えて申さば妖怪学は迷信のバクテリヤを殺す消毒剤でありて余はこれを専売する薬店でありますから、この病に罹《かゝ》りたる人は一服用いてその効験《こうけん》を試みられたきものであります。

　老《おい》て子に別れ、幼にして父を失い、妻は乳児を棄てゝ去り、夫は家産を破《やぶり》て死し、昨年は天災に困《くるし》められ、本年は病患に悩《なやま》され、盗難火難、水災風災相続《あいつい》で到るときは、非凡の豪傑賢人にあらざるよりは迷《まよい》を起さゞるもの蓋し一人もなかるべしと思います。生死禍福の門に迷わざることは実に難中の至難であります。然《しか》しながら迷い易《やす》きものはまた悟り易きものにして、もしその人の病に相応せる薬法を以てこれを投ずれば、積年固結せる惑病迷疾《わくびょうめいしつ》も一朝《いっちょう》にして雲の如く散じ烟《けむり》の如く消《きゆ》ることができます。瘧《ぎゃく》を医《い》するにはキニーネ剤に若《し》くものなく、迷信を医するには妖怪学に若くものなしとは、余が証券印紙付にて保証する所であります。畢竟するに人をして一たび天運の何たるを明らかに了解せしむれば、生死の迷門も禍福の暗路も容易《たやす》く通過し得る道理でありますから、余は此処に一寸《ちょっと》一口天運の何たるを述べようと考えます。

天運は規則なきが如くにして規則あり、定まりなきが如くにして定まりありて、あたかも夏は暑く冬は寒いと同《おなじ》き道理でありますから、決して迷うにも、怪《あやし》むにも、歎くにも、悲《かなし》むにも及びませぬ。凡そ天の道は公平無私にして人間の如く偏頗《へんぱ》の私心あるものではありませぬから、人の方で自分勝手に願うた祈《いのり》だとて、天はそれが為に規則を枉《ま》げるようなことは決して致しませぬ。已《すで》に公平無私なれば、何事も権衡《けんこう》平均を保つように傾くが天道の常性であります。高きものはこれを抑え、卑《ひく》きものはこれを揚《あ》げ、弱きものはこれを助け、強きものはこれを斥《しりぞ》け、張るものはこれを屈し、縮むものはこれを伸ばすが所謂天道の平均主義であります。[61] あたかも鉄道の敷設《ふせつ》に、高き処はこれを削り、低き処はこれを埋《うず》め、なるべく地平を保たんとすることに似ております。故に余は天道は猶《なお》鉄道の如きかと申しています。

古来の諺《ことわざ》にも人間万事《にんげんばんじ》塞翁馬《さいおうがうま》とあるが如く、天道は決して一人の者に幸福のみを与うることなく、又不幸のみを下すことなく、幸福の後には不幸あり、不幸の後には幸福ありて、その循環の次第は、風雨の後には晴天あり、晴天の後には風雨あるが如く、豊年の後には凶年あり、凶年の後には豊年あるが如く、誠に天道の公平無私にしてしかも平均権衡を失わざるは感服するばかりであります。我々などの或る時は晨起《はやおき》し、或る時は朝寝し、或いは忽然《こつぜん》として怒り、或いは卒爾《そつじ》として喜び、気儘《きまゝ》に規則を犯し、勝手に約束を破るものとは実に天地の相違ではありませぬか。この道理をよく〳〵推《お》し極めてみれば、世に真の不幸者《ふこうしゃ》なく、真の罹災者《りさいしゃ》なく、長き年月《としつき》の間に吉凶禍福の差引《さしひき》を立つれば、さほどの損もなければ得もないことが分ります。然るに一たび不幸に遇えば再三これを重ねんとし、一人天災にかゝれば一家尽《ことごと》くこれにかゝらんとする傾向あるは、これ多くは天の然らしむるところにあらずして、自ら招くところであります。凡そ天災不幸は弱点に付け込むものなれば、あまり災難を恐れて迷心を増長せしむれば、益々種々の災難が四方より推《お》しかけて来るものであります。諺にも疑心暗鬼を生ずと云えるが如く、多くの災難不幸はこれを疑懼《ぎく》するより起るに相違ありませぬ。軽症の病が重患となり、活《い》くべき病人が俄《にわか》に死するが如きは、多くは自分の迷心より招くところであります。一家の衰微滅亡もやはり天の然らしむるところにあらずして、自ら招くところなるは、これに準じて知ることができます。

世に不幸の種類至って多きも、不幸中の不幸は死の一事であります。死は天道の常則にして、我人《がじん》の免るべからざるところなれども、天寿を全うすること能《あた》わざるは、多くその人自ら招くところなることは、実際に照して明瞭であります。死已《すで》に然らば、他は云わずとも分りましょう。斯かる道理でありますから、苟《いやしく》も人たるものは、天道天運の規則を明らかにし、生死禍福の門路《もんろ》を究め、百難千死を侵《おか》しても、決して迷情を動かさず、疑念を起さず、泰然として一心を不動の地に置き、復《ふたゝ》び生死路頭の迷子《まよいご》とならざるように平素研究し置くは、この世の浮橋《うきはし》を渡るに肝要中の肝要なる心得であります。

一家の建築には小刀《こがたな》細工では間に合わず、大店《おおみせ》の商法には目子《めのこ》勘定[62]では役に立たず、生死の迷心を定むるには人相方位の如き小刀細工や売卜禁厭《ばいぼくまじない》の如き目子勘定では到底難しい。必ずや天地の大道に基《もとづ》き、道理の根元を明らかにせなければなりませぬ。誰も富士山に登りて初めて箱根の低きを知り、地球図を見て初めて日本の小なるを覚ゆるが如く、天地の大道を究めて初めて迷信の恃《たの》むに足らざるを了解するようになります。故に我人の恃《たの》むべく依《よ》るべく安心すべきものは、天地の大道を離れて決してその外《ほか》に求むることはできませぬ。諸君もし苟《いやしく》も迷信の恃むに足らざるを知らば、速《すみ》やかに去りて妖怪の学林に遊び、以て天地の大道を講究せよ。諸君もし苟も安心の求むべきを知らば、忽ち来りて余が門庭に入り、以て生死の迷路を看破せよ。天堂[63]近きにあり楽園遠きにあらず、唯《たゞ》生死禍福の迷雲妄霧を一掃して、心天高き処に真月を仰ぐの一事、よく眼前咫尺《しせき》[64]に天堂楽園を開くことができます。諸君決してこの事を疑う勿《なか》れ。もしこれを疑わば、請うこれを神仏に問え。神仏もし答えずんばこれを先聖《せんせい》に問え。先聖尚《なお》告げずんばこれを後人《こうじん》に問え。諸君は必ず先聖後聖《こうせい》その揆一《きいち》(65)なることを知らん。唯《たゞ》余が諸君に誓うところは、古人我を欺かず、我また他人を欺かざることであります。

一人の安逸は一国の安逸であり一家の快楽は一社会の快楽であります。妖怪の研究よく生死路頭の迷人《めいじん》、禍福院内の病客《びょうかく》をして最楽至安の天地に遊ばしむるを得ば、その社会国家を益することは申すまでもありませぬ。古来英雄の事績を見るに、皆生死禍福に痴情を起さず、方寸《ほうすん》城中一点の迷塵《めいじん》を留《とゞ》めざるものに限ります。非凡と凡人との別、英雄と愚俗との差は、迷心を有すると有せざるとによりて分ります。故に人もし英雄とならんと欲せば、必ず先《ま》ず迷心を一定する道を講じなければなりませぬ。如何に平々凡々《へいくぼんく》の人物にても、一たび迷心を翻《ひるがえ》して精神を安定するを得ば、意外の事業を大成し得るは必然の道理であります。よし政治家になるにも実業家になるにも、軍人になるにも役人になるにも、この大決心が欠けていて些々《さゝ》たる吉凶禍福に心を奪わるゝようでは、平々凡々の輩《はい》となりて果つるより外はありませぬ。果して然らば妖怪学の研究は一人一家の幸福のみならず、国家社会の繁盛を来《きた》す基《もとい》となることは、諸君に於ても十分分《わか》りましたであろうと考えます。

以上はあまり妖怪学の功能を述べ過ぎるように見えて、売薬屋の功能書のように思う人もありましょうけれども、余が目的は最初より徒《いたず》らに閑人《かんじん》の道楽の積《つも》りで始めたる訳ではなく、全く愚民の迷心を安定せんとする本心より出でたるものなれば、世人にその趣意を誤解せざるように注意を願いたき一念より、斯くの如く功能を述べたる次第であります。その功能の果して名実相応するや否やは、自分免許の保証では人の承知せざる恐《おそれ》あれば、諸君の研究の結果を待ちて決定することに致しましょう。

余はこの一事につき多年焦慮《しょうりょ》苦心の結果空《むな》しからず、去る頃宮内大臣より　陛下の御前へ奉呈せりとの御沙汰《おさた》を蒙《こうむ》り、不肖の光栄満身に余り、感泣措《お》く所を知らざる程でありました。又引続きて文部大臣より過分の賛辞を賜るの栄を得、その喜びまた将《まさ》に溢《あふ》れんとするばかりでありました。(66) 斯かる栄誉に対しては今より一層精を励まし神《しん》を凝らし以て益々妖怪の蘊奥《うんのう》を究め、宇宙の玄門を開き、天地の大道を明らかにし、生死の迷雲を払い、広く世人をして歓天楽地の間に逍遥《しょうよう》せしめ、永く国家をして金城鉄壁の上に安座せしむることを且つ祈り且つ誓うところであります。(67) 諸君にしてもしよくこの微衷《びちゅう》を知らば、余にとりては誠に願うところの幸《さいわい》であります。

右は自分に書いたるものを自分で引用したのであるから何となく自画自賛のようなれども、その意只《たゞ》先年の所述なることを示さん為に外ならぬ。

補遺

　ここに収める「妖怪学講義細目」「妖怪学講義参考書目」「調査地一覧」は、いずれも『妖怪学講義緒言』に掲載されている。同書は明治二十六年（一八九三）八月に哲学館から刊行された。円了三十六歳の著述である。畢生の著書『妖怪学講義』を開板するにあたり、講義の細目が予告され、大部な参考書目と調査におもむいた市町村名が列挙された。この時点までの記録ではあるが、その後まとまった形での報告はないので補遺として掲載した。

妖怪学講義細目

　妖怪の種類は先に大別する所によれば物怪心怪理怪の三種に分ち、物怪心怪を仮怪とし独り理怪を真怪とするなり。今妖怪学講義もこの分類に従《したがい》て順序を立つべき筈《はず》なるも、余はこれを諸学科の上に考えて説明を与えんとし、且つ哲学館講義録の上に於て講述せんとする意なれば更に左の如き部門を設くるに至る。(1)

妖怪学講義
第一類　総論
第二類　理学部門
第三類　医学部門

第四類　純正哲学部門
第五類　心理学部門
第六類　宗教学部門
第七類　教育学部門
第八類　雑部門

これ実に講義の順序なり。若《も》しその各部門の種類を挙ぐれば左の如し。［中略］

第一類　総論
第一篇　定義　第二篇　学科　第三篇　関係　第四篇　種類　第五篇　歴史　第六篇　原因　第七篇　説明

第二類　理学部門(2)
第一種（天象篇）天変、日月、蝕、異星、流星、日暈、虹蜺、風雨、霜雪、雷電、天鼓、天火、蜃気楼、龍巻《タツマキ》
第二種（地理篇）地妖、地震、地陥、山崩、自倒、地雷、地鳴、潮汐、津浪、須弥山、龍宮、仙境
第三種（草木篇）奇草、異穀、異木
第四種（鳥獣篇）妖鳥、怪獣、魚虫、火鳥、雷獣、老狐、九尾狐、白狐、古狸、腹鼓、妖獺、猫又、天狗

第五種（異人篇）異人、山男、山女、山姥、雪女、仙人、天人
第六種（怪火篇）怪火、鬼火、龍火、狐火、蓑虫、火車、火柱、龍灯、聖灯、天灯
第七種（異物篇）異物、化石、雷斧、天降異物、月桂、舎利
第八種（変事篇）変化、恙虫、カマイタチ、河童、釜鳴、七不思議

第三類　医学部門

第一種（人体篇）人体の奇形変態、屍体の衄血、屍体強直、木乃伊《ミイラ》
第二種（疾病篇）疫、痘、瘧、卒中、失神、癲癇、諸狂（躁性狂、鬱性狂、妄想狂、時発狂、ヘステリー狂等）、髪切病
第三種（療法篇）仙術、不死薬、錬金術、御水、諸毒、妙薬、秘方、食合《クイアワセ》、マジナイ療法、信仰療法

第四類　純正哲学部門

第一種（偶合篇）前兆、前知、予言、察知、暗合、偶中
第二種（陰陽篇）河図、洛書、陰陽、八卦、五行、生剋、十幹、十二枝、二十八宿
第三種（占考篇）天気予知法、運気考、占星術、祥瑞、鴉鳴、犬鳴
第四種（卜筮篇）易筮、亀卜、銭卜、歌卜、太占、口占、辻占、兆占、夢占、御鬮、神籤
第五種（鑑術篇）九星、天元、淘宮、幹枝術、方位、本命的殺、八門遁甲
第六種（相法篇）人相、骨相、手相、音相、墨色、相字法、家相、地相、風水
第七種（暦日篇）歳徳、金神、八将神、鬼門、月建、土公、天一天上、七曜、九曜、六曜、十二運

第八種（吉凶篇）厄年、厄日、吉日、凶日、願成就日、不成就日、有卦無卦、知死期、縁起、御幣カツギ

第五類　心理学部門

第一種（心象篇）幻覚、妄想、迷見、謬論、精神作用
第二種（夢想篇）夢、奇夢、夢告、夢合、眠行、魘
第三種（憑附篇）狐憑、人狐、式神、狐遣、飯綱、オサキ、犬神、狸憑、蛇持、人憑、神憑、魔憑、天狗憑
第四種（心術篇）動物電気、コックリ、棒寄、自眠術、催眠術、察心術、降神術、巫覡、神女

第六類　宗教学部門

第一種（幽霊篇）幽霊、生霊、死霊、人魂《ヒトダマ》、魂魄、遊魂
第二種（鬼神篇）鬼神、魑魅、魍魎、妖神、悪魔、七福神、貧乏神
第三種（冥界篇）前生、死後、六道、再生、天堂、地獄
第四種（触穢篇）祟《タヽリ》、障《サワリ》、悩《ナヤミ》、忌諱、触穢、厄落、厄払、駆儺、祓除
第五種（呪願篇）祭祀、鎮魂、淫祀、祈禱、御守、御札、加持、ノリキ、禁厭、呪言、呪咀、修法
第六種（霊験篇）霊験、感応、冥罰、業感、応報、託宣、神告、神通、感通、天啓

第七類　教育学部門

第一種（智徳篇）遺伝、白痴、神童、偉人、盲唖、盗心、自殺、悪徒
第二種（教養篇）胎教、育児法、暗記法、記憶術

第八類　雑部門
第一種（怪事篇）妖怪宅地、枕返、怪事
第二種（怪物篇）化物、舟幽霊、通り悪魔、轆轤首
第三種（妖術篇）火渡、不動金縛、魔法、幻術、糸引

以上数種の妖怪は学科の部門に応じて八類に分《わか》ちたるものなれば、これを哲学館講義録に掲げ第七学年度講義録を以て妖怪学講義録となさんとす。それ本館発行の講義録は毎年十一月上旬初号を発行し翌年十月下旬に至《いたり》て完結するを例とす。因《より》て本年十一月上旬より発行する講義録に妖怪学講義を掲げ、これを他学年の講義録に区別せん為に第七学年度講義録と名づくるなり。しかしてその講義は理学哲学諸科の原理に照《てら》して説明を附するものなれば、これを通読するものに独り妖怪の道理を知らしむるのみならず、併せて各学科の大要を講究するの便を得せしめ、決して哲学館講義録の名義に違《たが》わざらんことを期す。

妖怪学講義参考書目

数年間古今の書類について妖怪に関する事項を捜索したるもの五百部の多きに及べり。今その書目

を挙ぐること左の如し。

この書目は余が手帖中に記載せる儘《まゝ》此処に掲ぐ。序次錯雑なるも請う、これを恕せよ。[3]

(い及びゐの部)唯一神道名法要集　淫祀論　陰陽五行奇書　印判秘決集　稲生物怪録　一宵話　医道便易　厳島宮路之枝折　伊香保温泉遊覧記　云波草　輶軒小録　酉陽雑俎　稲荷神社考

(ろの部)論語

(はの部)方鑑必携　八宅明鏡弁解　方角重法記　方角即考　方鑑弁説　八門遁甲或問鈔　梅花心易　掌中指南　博物筌　八卦辻占独判断　博聞叢談　博異記　初夢歌合　八門九星初学入門　売買極秘　梅園叢書　万物怪異弁断　万物故事要略　馬関土産　博覧古言

(にの部)二程全書　日本書紀　日本往生全伝　人相早学　人相指南　人相千百年眼　二十八宿一覧表　日用晴雨管窺　日本居家秘用　日用早覧　日本歳時記　人国記　二礼童覧　日本風土記　日本仏法史

(ほの部)本朝列仙伝　本朝高僧伝　本朝人相考　簠簋　本命的殺即鑑　法華宗御鬮絵抄　本朝年代記　本朝奇跡談　卜筮増補盲笻　卜筮早考　本朝語園　茅窓漫録　蓬生庵随筆　本草綱目　法華経　卜法類書　北越雪譜　北窓瑣談　法苑珠林

(への部)秉穂録　秉燭譚　闢邪小言

(との部)読書録　東方朔秘伝置文　動物電気論　東海道名所図絵　兎園小説　東洋心理初歩

(ちの部)中庸　地獄実有説　地震考　中古叢書　珍奇物語　長寿食事戒　竹窓随筆

(りの部)利運談　劉向新序　琉球談　呂氏春秋　梁書　旅行用心集　履園叢語　理斎随筆

（ぬの部）［該当書目なし］
（るの部）類聚名物考　類聚国史
（を及びおの部）温知叢書　織唐衣　大磯名勝誌　欧米人相学図解　小田原記
（わの部）王代一覧　和訓栞　往生要集　和漢暦原考　和漢洋開化年代記　和漢年代記集成　和漢珍書考　和漢名数　和名類聚抄　和漢三才図会　和事始　王充論衡　淮南子
（かの部）孝経　韓非子　漢書　河海抄　家相秘録　家相秘伝集　河図洛書示蒙鈔　家相図説大全　漢事始　合璧事類　仮名世説　閑散余録　夏山閑話　考証千典　学芸志林　格致叢書　貝原養生訓
（よの部）擁書漫筆
（たの部）大学　大極図説　大日本史　大道本義　高島易断　高島易占　大雑書三世相　大雑書　太平御覧　大日本人名辞書　太平記　太平広記　太上感応篇　耽奇漫録　譚海　大聖日蓮深密伝　唐宋八大家　唐詩選　淘宮学秘書　淘宮学軌範　霊能真柱
（れの部）列子　列仙伝　暦日講釈　暦日諺解　霊獣雑記　簾中抄
（その部）続日本紀　続日本後紀　続古事談　続文献通考　宋稗類抄　宋書　祖志　素問　徂徠集　息軒遺稿　続高僧伝　宋元通鑑　宋高僧伝
（つの部）通変亀鑑
（ねの部）年暦調法記　年中行事大成　年中八卦手引草　年山紀聞　年中吉事鑑
（なの部）南留別志　南畝叢書　南史　南斉志　南翁軒相法　南朝紀伝
（らの部）老子　羅山文集　礼記　雷震記
（むの部）無量寿経　夢渓筆談

（うの部）宇治拾遺　雨窓閑話　雲萍雑志　空穂物語
（のの部）農家調宝記　農政全書
（くの部）旧事記　観相奇術　怪談年男　怪談御伽桜　怪談御伽童　怪談全書　怪談実録　怪談諸国物語　怪物輿論　怪談録　訓蒙天地弁　蜘蛛の糸巻　訓蒙浅語　倶舎論　花月草紙　元三大師御鬮判断　元三大師百籤　群書類従　皇朝事苑　広東通志　黄帝陰符経　群芳譜　花史左編　黄帝宅経　奇魂
（やの部）楊子太玄経　大和怪異記　大倭国万物記原　大和本草　夜譚随録
（まの部）万暦大雑書三世相大全　万宝鄙事記　万宝大雑書　万金産業袋　万宝全書　まじなひ百ケ條　魔睡術　魔術と催眠術
（けの部）家語　元明史略　元元集　元亨釈書　原人論　秇苑日渉　芸文類聚　言海　玄同放言　儼塾集　桂林漫録　源氏物語　元史　蘐園十筆
（ふの部）文会筆録　仏祖統紀　仏国暦象編　巫学談弊　扶桑略記　風雨賦国字弁　物学秘伝　筆のすさび　文海披沙　不思議弁妄　文献通考　物理訓蒙　物理小識　扶桑見聞私記　物類相感志　袋草紙
（この部）五行大義　後漢書　国語　古事記　古語拾遺　古今神学類聚抄　古太元図説　国史略　五魂説　護法新論　暦講釈　今古未発日時九星弁　古易察病伝　古事談　古今著聞集　国朝佳節録　古今妖魅考　古易八卦考　古今八卦拾穂抄　古今事類全書　古今類書纂要　今昔物語　五雑俎　昆陽漫録　艮斎文略　吾園随筆　諺草　五趣生死輪弁義　弘法大師一代記　極楽物語　古今考　滑稽雑談
（ゑ及びゑの部）易経　易学啓蒙　永代大雑書三世相　永代重宝　妖婦録　妖怪門勝光伝　易学通解

淵鑑類函　閲古随筆　江戸名所図会　延喜式
（ての部）伝習録　天地麗気記　天元二十八宿指南　天保大雑書　伝法智恵の海　天変地妖決疑弁蒙
天地或問珍　天朝無窮暦　天変地異　庭訓往来　輟耕録　朝鮮征伐記
（あの部）阿弥陀経　安政雑書万暦大成　愛宕宮笥　「アネロイド」晴雨計解説及用法　熱海誌　東鏡　安斎随筆　壒囊鈔
（さの部）三界一心記　算法闕疑抄　相庭高下伝　再生記聞　三元八卦九星方位占独判断　山堂肆考
三才図絵　瑣語　草木子　三余清筆　西国事物紀原　相州大山記　山海経　三代実録　三災録　荘子
三国仏法伝通縁起　三国仏教略史　砂石集　葬経
（きの部）近思録　起信論　亀卜秘伝　吉凶開示　九星方位早操便覧　救荒事宜　救急摘方　錦嚢智術全書　近世奇跡考　鬼神論　鬼神新論　奇説集艸　嬉遊笑覧　奇説著聞集　近代世事談　鋸屑譚
窮理隠語　奇術秘法　木曽路名所図会　強識略　牛馬問　禁秘抄　禁中日中行事
（ゆの部）夢判じ　夢合長寿宝
（めの部）名物六帖　明治震災輯録
（みの部）水鏡　妙術博物筌　民家必用永代大雑書三世相　妙薬妙術集　民家分量記　道の幸
（しの部）周礼　詩経　書経　春秋左伝　荀子　朱子語類　史記　十八史略　神社考　成唯識論　宿曜経　神社啓蒙　神皇正統記　拾芥抄　実験須弥界記　諸活幹枝大礎学　神相全編　神籤五十占　初学便蒙集　商家秘録　人家必用　神変仙術錦嚢　掌中和漢年代記集成　諸国怪談空穂猿　新古事談
新続古事談　神童憑談　島田幸安幽界物語　新著聞集　諸国新百物語　諸国古寺談　神幽弁論　周遊奇談　諸国奇遊談　諸国里人談　諸国奇談西遊記　諸国奇談東遊記　諸国奇談漫遊記　神易選　庶物

類纂　事言要玄集　子史精華事類統編　事纂　社会事彙　書言故事大全　春波楼日記　消閑雑記　信友随筆　視聴雑録　遵生八牋　支那教学史略　塩原繁昌記　修善寺温泉名所記　資治通鑑　十訓抄　周書　諸子彙函　出定後語　出定笑語　自娯集　神代口訣　神明憑談　主夜神修法　駿台雑話　宗門略列祖伝　七十五法名目　塩尻
（ひの部）秘事百撰　秘事思案袋　秘伝世宝袋　百物語評判　閩書　百法問答抄
（もの部）孟子　蒙求　文徳実録　文選
（せの部）先哲叢談　先哲像伝　西籍概論　贅語　聖学自在　世事百談　摂西奇遊談　清明秘伝速占　清明通変占秘伝　善庵随筆　精神啓微　洗心洞剳記　仙台案内　戦国策　星経　性理字義　正字通　説郛　世説　性理大全　蕉窓漫筆
（すの部）水土解弁　水経　隋書　墨色指南　墨色小筌　墨色伝

その他雑誌新聞並《ならびに》西洋書籍の目次は略之［これをりゃくす］。

その書目中極めて通俗卑近のもの迄《まで》を掲《かゝ》ぐるは妖怪の問題は通俗の間に存するもの多きによる。

調査地一覧

余先年この研究に着手せし以来文科大学の速成を教授せんと欲して哲学館を創立し、又国学科漢学科仏学科の専門部を開設せんと欲して全国周遊の途に上れり。故を以て余の研究も一時中止せざるを得ざるに至れり。然れども地方巡回の際実地見聞したるもの尠《すくな》からざれば研究の一助となりしことは疑いを容れず。その巡回の場処はこの事に関係する所あれば左に掲記すべし[4]。
巡回中滞在せし場処は一道一府四十八国二百十五ヶ処（若しこれにその際通行の国数を加うれば六十二国となる）。

伊勢国（山田、松阪、津、一身田、四日市、桑名）
尾張国（名古屋、熱田、津島、大野、半田）
三河国（豊橋、岡崎、北大浜、西尾、蒲郡、豊川）
遠江国（掛川、浜松、平田、中泉）
駿河国（静岡、小川、清水、藤枝）
相模国（大磯）
武蔵国（忍）
上総国（千葉、茂原）
近江国（大津、豊蒲、五個荘、愛知川、八幡、彦根、長浜）
美濃国（岐阜）
上野国（安中、松井田、里見、高崎、八幡）
岩代国（福島）
陸前国（築館、一迫）
陸中国（盛岡、花巻）
陸奥国（弘前、黒石、板屋野木、鰺ヶ沢、木造、五所川原、青森、野辺地）

羽前国（米沢、山形、寒河江、天童、楯岡、新庄、鶴岡）
羽後国（酒田、松嶺、湯沢、十文字、横手、沼館、六郷、大曲、秋田、土崎、五十目、能代、鷹巣、大館、扇田）
越後国（新井、高田、直江津、岡田、安塚、坂井、代石、梶、新潟、沼垂、葛塚、新発田、亀田、新津、田上、加茂、白根、三条、見附、浦村、片貝、千手、六日町、塩沢、小出、小千谷、長岡、大面、寺泊、地蔵堂、新町、加納、野田、柏崎）
丹波国（亀岡、福知山）
丹後国（舞鶴、宮津、峰山）
但馬国（出石、豊岡）
因幡国（鳥取）
伯耆国（長瀬、倉吉、米子）
出雲国（松江、平田、今市、杵築）
石見国（波根、大田、大森、大国、宅野、大河内、温泉津、郷田、浜田、益田、津和野）
播磨国（龍野）
備前国（閑谷）
備後国（尾道）
安芸国（広島、呉）
周防国（山口、西岐波、宮市、徳山、花岡、下松、室積、岩国）
長門国（馬関、豊浦、田辺、吉田、王喜、生田、舟木、厚東、萩、秋吉、太田、正明市、黄波戸、人

丸峠、川尻、川棚）
紀伊国（高野山、和歌山）
淡路国（市村、須本、志筑）
阿波国（徳島、川島、脇町、池田、撫養）
讃岐国（丸亀、高松、長尾）
伊予国（松山、宇和島、今治）
土佐国（高知、国分寺、安芸、田野、山田、須崎）
筑前国（福岡、若松）
筑後国（久留米、吉井）
豊前国（小倉、中津、椎田）
豊後国（日田）
肥前国（長崎、佐賀）
肥後国（熊本）
渡島国（函館、森）
後志国（江差、寿都、歌棄、磯谷、岩内、余市、古平、美国、小樽、手宮）
石狩国（札幌、岩見沢）
天塩国（増毛）
胆振国（室蘭）

注

妖怪談

(1) 資金調達のための全国巡講は、哲学館時代の明治二十三年(一八九〇)からはじまり、三十六年(一九〇三)の大学昇格後も継続されていた。

(2) この講演は静岡県曹洞宗教友会の主催による。筆録者「加藤禅童」の名は記してあるが、開催日時と場所の記載はない。会誌『教の友』第二十一号(明治三十八年九月)に円了の講演「今後の仏教」が掲載され、二十二号(同年十月)の本稿「妖怪談」をはさんで、二十三号(同年十一月)から「仏教原理」が断続的に五回分載されている。

(3) 拝跪はひざまづいて拝する意。問擣は敬って問い尋ねること。懐奘編『正法眼蔵随聞記』第四に「問訊礼拝」の語があり、丁重な拝礼の意で用いられる(道元禅師全集第一六巻、春秋社、二〇〇三年)。

(4) 円了は生前は哲学者・妖怪学者である以上に宗教家として知られていた。明治三十二年(一八九九)博文館発行の雑誌『太陽』が「明治十二傑」と題して各界の名士を選んだ(『井上円了研究資料集』第一冊、東洋大学井上円了研究会、一九八一年)。政治家第一位は伊藤博文、法律家は鳩山和夫、教育家は福澤諭吉、商業家は渋澤栄一である。円了は宗教家の第四位に名がある。教育家第十五位、文学家第十六位にも名をつらねているが、それにもまして宗教家としての知名度が高かった。死後の霊魂の有無に関する問いはそれにつながるのではないか。

(5) 円了は明治三十五年(一九〇二)から翌年にかけて二度目の海外視察旅行におもむいた。十一月十五日に横浜港を発ち、上海からシンガポールを経てインドに至り、コルカタで哲学館科目修了生の河口慧海に邂逅する。慧海はチベット潜入を果たした直後であった。ついでムンバイからスエズを経て、翌三十六年一月二十四日にロンドンに到着、翌二月十二日まで滞在した。欧州各地を訪れ、六月二十日にニューヨークに到着した。二十四日にボストンで文中の「ウエド氏」に会見する。円了著『西航日録』に「ボストンに出で、ウェード氏を其本宅に訪ひ、同氏秘蔵の妖怪的図画を一覧せり」とある（鶏声堂、一九〇四年）。二十八日までニューヨークに滞在し、シアトルを経て太平洋を横断、七月二十七日に横浜港へ帰還した。

（6）明治十九年（一八八六）に不思議研究会を創設した円了が最初に手がけたのは狐狗狸様、今言うところのコックリさんの実態解明だった。翌二十年、哲学館開学の年に『哲学会雑誌』を創刊し、第一号から論説「こっくり様ノ話」を連載した。連載と同時に一冊の書物にまとめ、『妖怪玄談』と題して出版した（哲学書院、一八八七年）。副題は「狐狗狸の事」である。

（7）心に思うことは態度や言動におのずから現れるの意。本書所収『大学』第六に「誠於中。形於外（心中に誠があれば外に形《あらわ》れる）」とある（新編諸子集成、中華書局、二〇〇八年）。

（8）撃剣は剣術、剣道。

（9）狐憑《きつねつき》。この一篇のみ「狐就」と綴られる。

（10）夢のメカニズムについては本書所収『妖怪学講義録』にも記事がある。

（11）汽車と狐の話は本書所収『おばけの正体』第二十一項にも見える。

（12）官管の語は用例を見出しがたい。感覚器官の意か。後段には「感官」とある。

（13）前掲『妖怪玄談——狐狗狸の事』に「洋の東西を論せす世の古今を問はす宇宙物心の諸象中普通の道理を以て解釈す可らさる者あり之を妖怪と云ひ或は不思議と称す」とある（哲学書院、一八八七年）。

（14）妙心は推しはかることのできない心の意。『大方広円覚修多羅了義経』に「一切衆生種種幻化。皆生如来円覚妙心（生きとし生けるものが様々に捉えがたく変容する。すべてはまったき真理に到達した者の不可思議な心のなせるところである）」とある（大正新修大蔵経第一七巻、大正一切経刊行会、一九二五年）。

（1）間言語は間言、間語あるいは閑語。閑人《ひまじん》の無駄話の意。

（2）御幣担ぎは縁起をかついで迷信にとらわれること。不浄を祓う幣束《へいそく》を御幣と称した。

（3）『円了茶話』第二十五話に「我邦の迷信を一掃せんと欲せば、先つ干支を全廃せざるべからず、干支を廃せんと欲せば、暦表を改めざるべからず、暦表に干支を掲くる間は迷信止まずとは、余が公言して憚らざる所なり」とある（哲学館、一九〇二年）。これは妖怪学に限らない。真宗寺院の長い歴史の中で培われたものが、円了の思想形成の基盤をなしている。宗祖親鸞の『正像末和讃』に「かなしきかなや道俗の 良時吉日えらばしめ 天神地祇をあがめつつ 卜占祭祀つとめとす」とある（金子大榮編『原典校註 真宗聖典』法藏館、一九七五年）。親鸞は嘆じた。出家も在家もみな日時の吉凶を気に病んでいる。天地の神をむやみに祀り、まじないや祈禱に心を砕いている。世間は迷信に煩わされてばかりいるのだという。円了の迷信打倒精神のひとつの源泉はここにあるのではないか。

（4）権道は臨機の便法。権は「かりそめ」の意。

（5）本書所収『妖怪学雑誌』論説「妖怪学と諸学との関係」に「諸学に事物の常態を論ずる部分と変態を論ずる部分あり。その変態を論ずる部分は皆妖怪学の範囲なり」とある。

（6）アポローン。英語綴りの Apollo を円了はこう読んだ。『円了茶話』第三十七話に「其英書を読むや、変則流の訓訳にして、読方の如きは Night をニグフトと読み、Often をオフテンと読みたるほどなれは」云々とあるのが想起される（哲学館、一九〇二年）。

（7）円了は伝記（伝説）や口碑に依拠すべきでないとした。かたや柳田國男はこれを大いに尊重する。この発言には柳田民俗学との懸隔が顕著にうかがえる。編者序文を参照されたい。

（8）『孟子』尽心章句下第十四に『尽信書。則不如無書（書に記されたことを何もかも信じるくらいなら、むしろ書などない方がよい）』とある（十三経注疏整理本、北京大学出版社、二〇〇〇年）。ここに言う「書」

とは儒教の聖典『書経』のことと解されている。

(9) 偏執狂。井上哲次郎・有賀長雄編『改訂増補 哲学字彙』に「Monomania 偏狂」とある(東洋館、一八八四年)。

(10) 一八七九年創刊後、一八八八年に『東京朝日新聞』に改称するまで『朝日新聞』を称した。狐に憑かれた洋服店主の話は本書所収「妖怪談」にも見える。

(11) 円了邸内の白狐の話は本書所収『おばけの正体』第十二項にも見える。

(12) 本書所収『妖怪学雑誌』論説「真怪論」に「余の目的は全く偽怪誤怪仮怪を払いて真怪を顕すに外ならず」とある。

(13) 不知火の原因究明の話は『おばけの正体』第十七項にも見える。

(14)『論語』述而第七に「子不語怪力乱神(孔夫子は怪異と暴力と紊乱と神秘については語らなかった)」とある(十三経注疏整理本、北京大学出版社、二〇〇〇年)。

(15) 神社境内の雄鶏の話は『おばけの正体』第九十三項にも見える。

(16) 神木の祟の話は『おばけの正体』第四十七項にも見える。

(17) 円了著『迷信解』に「世に遠方数百里隔たりたる処の変事が自然の感通によりて知ることが出来る、其一例は夢の感通である」と述べ、その一例をあげて「古来親戚の者が数百里の外《ほか》にありて死亡したる場合に殆んど同時刻に其事が夢中に現じ、実際の通知に先《さきだ》ちて知ることが出来たと申す話が沢山ある」として、種々分析を加えたうえで「如何に今日は無線電信があるからというても、精神までが無線電信同様に通ずるといふことは余り空想に過ぎたる話である」と結論づけている(哲学館、一九〇四年)。

(18) 幽界については神道家や国学者の発言が注意される。平田篤胤は文化十年(一八一三)刊行の『霊能真柱』および文政五年(一八二二)刊行の『仙境異聞』においてこれを詳述した。円了と同時代では出口王仁三郎の『霊界物語』の存在が大きく、口述筆録が大正十年(一九二一)から継続して刊行された。円了と王仁三郎の接点については、以下の拙著を参照されたい。『妖怪学の祖 井上圓了』角川選書、二〇一三年。

(19) 円了著『妖怪学講義』巻五「心理学部門」に「蛮民が夢について与へし解釈は既にスペンサー氏も社会学の宗教進化篇中に詳に論究せり、氏の引証する所の事例に拠れば、野蛮人は夢時と現時とを同一に看做し、夢中に江河山川を跋渉せしことを見るときは、実際此に到りしものと信じたること明なり、(中略) 又サレー氏も其幻妄論に、夢想の説明を下して、最初野蛮人は夢想世界と現実世界と同一なりと信し、一身重我説を唱へたり」とある (哲学館、一八九四年)。同『妖怪玄談』に「古代の愚民は (中略) 一身重我と云ひて一身に二様の我ありて其一は一方に住止するも他の一は他方に出入して奇異の作用を現するなりと信して更に其源因を問はざるなり」とある (前掲書)。

(20) 日本でも死者の魂を呼び戻そうとする魂呼《たまよばい》の習俗がほぼ全国にわたって伝承されており、葬儀に先立つ儀式としておこなわれた。円了の郷里の口碑伝承集『越後風俗志』に、人が亡くなると修験者を雇って「家の上へ登り北に向ひ大音にて三度呼招き」云々とある。文化年間 (一八〇四〜一八年) 頃まで流行したという (温古談話会、一八九五年)。

(21) この病像は現代の精神医学では解離性同一症に分類される (日本精神神経学会 日本語版監修『DSM－5 精神疾患の診断・統計マニュアル』医学書院、二〇一四年。なお、同書の二〇〇四年新訂版には解離性トランス障害という項目があり、憑依トランスについて「外部の魂または存在が自分の身体に入ってきて乗り移ったと表現する事実」をあげている)。

(22) 『列子』周穆王第三に「藉帯而寝則夢蛇 (帯を敷いて床につくと果して蛇を夢にみる)」とある (新編諸子集成、中華書局、二〇二一年)。

(23) 刺衝は突き刺すこと。刺戟。

(24) 塋は塚。塋地は墓場。

(25) 囈語は寝言。

(26) 円了編『妖怪学雑誌』第九号に「谷子爵が国家学会に於て演説せられたる幽霊談中に、土佐の某の幽霊は白昼出で来りて友人を尋ね、共に茶漬一飯を喫したりとの事」とある（妖怪学雑誌社、一九〇〇年）。

(27) この逸話は『列子』湯問第五に見える。結語に「孔子不能決也。両小児笑曰。孰為爾多知乎（孔子には判断がつかなかった。ふたりの子が笑いながら言った。「誰が先生を物知りだと言ったのですか」）」とある（新編諸子集成、前掲書）。

(28) 円了最初期の著作『仏教活論序論』に「人誰レカ生レテ国家ヲ思ハサルモノアランヤ人誰レカ学ンテ真理ヲ愛セサルモノアランヤ余ヤ鄙賤ニ生レ草莽ニ長シ加フルニ非才浅学ナルモ亦敢テ護国愛理ノ一端ヲ有セサルモノニアラス」とある（哲学書院、一八八七年）。

(29) 白紙を張っただけの提灯《ちょうちん》。葬式に用いる。

(30) 墓地の白衣幽霊の話は『おばけの正体』第五十八項にも見える。

(31) 長い喙《くちばし》、鷲《わし》の爪《つめ》。

(32) 曩日は先の日。昔日。

(33) 単発は単発銃。後掲の連発は連発銃。

(34) 佐渡市相川に設置された鉱石採掘後の金採取場。礦はあらがね。

(35) 荻生徂徠。本姓物部氏と伝えられる。

(36) 憑依された者の異常な言動に関しては西洋の悪魔憑きも同様の徴候を示すことが知られている（拙著『悪魔という救い』朝日新書、二〇〇八年）。

(37) 狐憑きの原因究明についてはエルヴィン・フォン・ベルツ著「狐憑病説」に詳細な記述がある（『官報』四六九、四七〇号、一八八五年）。円了が妖怪学を構築するうえでベルツの方法論に影響を受けたことが考えられる。編者序文を参照されたい。

(38) 吾妻橋の身投げと摺鉢山の首縊《くく》りの言い伝えはどのくらい昔から知られていたのか。古典落語「文七元結」や「長屋の花見」が思い浮かぶだけなので、識者の教えを乞いたい。

(39) 馬島東白の催眠療法は臨床心理学の開拓につながっていく。明治二十一年（一八八八）の『哲学館講義録』に馬島の「催眠術治療法」の講義題目が見える。

(40) 幻々居士のことは円了著『通俗絵入　妖怪百談』第八十九段に記事がある。居士の言葉を伝え、「吾最初幻術に志せしは、世間多く神に禱《いの》りて病を治《ち》するものあれども、是れ必しも神力に限るにあらず、人工を以て同一の効験を試《ためさ》んと欲し」云々とある（四聖堂、一八九八年）。円了は居士を哲学館に招聘して種々の実験を試みている。その報告が『妖怪学講義』巻五「心理学部門」に見える（前掲書）。

(41) 元良勇次郎は米国ジョンズ・ホプキンズ大学で学位を取得し、帝国大学と高等師範学校で心理学を講じた。高島平三郎は心理学談話会で元良に師事。社会教育者として活動し、のちに東洋大学学長を務めた。

(42) 東洋大学附属図書館の円了旧蔵書中に英国の生理学者カーペンターが著した『精神生理学原論』（William Benjamin Carpenter, *Principles of Mental Physiology*, Appleton Press, 4th ed., 1887）がある。円了自身の書き込みがあり、人間の潜在意識が筋肉を動かす可能性に注目したことが知られる。そうした潜在意識に「予期意向」の訳語を与え、それに動かされる筋肉作用を「不覚筋動」と理解したのである。前掲『妖怪玄談――狐狗狸の事』にその要点を記した。「コックリの主源因は意向信仰より生ずる不覚作用にして即ち予期意向と不覚筋動より生するものなり他語以て之を言へは其心に於て予め斯くあるへしと思ふ所のもの知らす識らす其作用を筋肉の上に起して自ら要する所の結果を得るに至る」とある（哲学書院、一八八七年）。

(43) 高島嘉右衛門は高島易断で知られる易学家。

(44) 太極。陰陽二気の根源。

『妖怪学雑誌』論説

(1) 三界（欲界・色界・無色界）と六道（地獄・餓鬼・畜生・修羅・人間・天）。すなわち生あるものが生死流転する、ありとあらゆる世界。

（2）偽怪・誤怪・仮怪・真怪については本書所収『妖怪学講義録』ならびに『おばけの正体』第百三十項に記事がある。

（3）娑婆即寂光は苦しみに満ちた現世の娑婆世界がそのまま仏の在《いま》す寂光浄土であることをいう。叡山横川真迢述『真迢上人法語』に「豈ニ散心多障ノ衆生。直ニ娑婆即寂光ヲ見ンヤ」とある（大正新修大蔵経第七七巻）。

（4）前掲『円了茶話』第二十話に「或る人余に妖怪研究の結果を詩句を以て示されんことを乞ふ。余即ち筆を採りて左の句を書す。老狐幽霊非怪物。清風明月是真怪。是れ余が悟道の語なりと知るべし」とある。老狐も幽霊も怪しげな物ではなく、清風や明月こそが真怪であるという。書影が『井上円了遺墨資料集（二）』に掲載されている（東洋大学井上円了研究センター、一九九九年）。識語に「辛丑之春日　妖怪窟主人題」とある。辛丑は明治三十四年（一九〇一）。

（5）中秋三五は陰暦八月十五日。円了著『南船北馬集』第五編に「時正に中秋三五の月明に会し、図らずも飛州の観月をなす」とある（修身教会拡張事務所、一九一〇年）。

（6）降石の怪については『おばけの正体』第三十八項以下に類似の記事がある。

（7）口称は声に出して唱えることだが、百万遍念仏のように連呼することに力点がある。

（8）実際はカトリック教会において古来さかんに口称が実践されてきた。典礼書や祈禱書に連願（litaniae）がおびただしく記載されており、日本でも十六世紀後半から信者のあいだで普及したことがイエズス会士の報告から知られる（*Cartas que os padres e irmãos da Companhia de Iesus, desdo anno de 1549 atè o de 1580*, I, Manoel de Lyra, Evora, 1598）。

（9）この論説が執筆された明治三十四年（一九〇一）までの国字改良の動きとして、前島密の漢字廃止論、福澤諭吉の漢字節減論、森有礼の国語外国語化論、南部義籌のローマ字専用論、近藤真琴の仮名文字専用論、上田萬年の表記改良論等々があった。

おばけの正体

（1）円了著『通俗絵入 妖怪百談』四聖堂、一八九八年。同『通俗絵入 続妖怪百談』哲学書院、一九〇〇年。

（2）『妖怪学雑誌』第二十一号の会報欄に「地方新聞に左の報道を依頼せり 昨年以来地方現時の妖怪事実を蒐集し一々之が説明を試んと欲し妖怪雑誌を編輯し論説雑録雑報講義の数欄を設け毎月二回発行し居るも地方より報道を得る道なく従て雑報の材料に乏く候間若し貴社にて雑報の余白を割愛して左の数項を掲載被下候はゞ大幸此事に御座候 ○天変 ○地異 ○奇草 ○異木 ○妖鳥 ○怪獣 ○異人 ○鬼火 ○狐火 ○火柱 ○蓑火 ○龍灯 ○奇石 ○毒井 ○奇病 ○畸形 ○仙術 ○妙薬 ○食合 ○食忌 ○前兆 ○予言 ○卜筮 ○察心 ○暗合 ○偶中 ○幻覚 ○妄覚 ○奇夢 ○夢告 ○狐惑 ○狐憑 ○狸憑 ○犬神 ○人狐 ○天狗 ○狐遣 ○降神 ○口寄 ○巫覡 ○幽霊 ○禁厭 ○天啓 ○感通 ○神通 ○幻影 ○怪音 ○魔法 ○狐術 ○投石 ○鎌鼬 ○再生 ○舟幽霊 ○蜃気楼 ○天狗筆跡 ○狐書狸画 ○誤怪偽怪 其他すべて世間の所謂不思議にして通俗の了解し難き事項は何なりとも左の名宛にて事実報道あらんことを望む 明治三十四年一月二十日 東京市小石川原町哲学館内 妖怪雑誌発行所 妖怪研究会」とある（妖怪学雑誌社、一九〇一年）。

（3）円了著『迷信と宗教』至誠堂書店、一九一六年。

（4）円了著『真怪』丙午出版社、一九一九年。

（5）明治十九年（一八八六）創設の不思議研究会のこと。円了著『妖怪学講義緒言』に「抑も余が妖怪学研究に着手したるは今を距た［る］こと十年前即ち明治十七年夏期に始まる其後此研究の講学上必要なる理由を陳べて東京大学中に其講究所を設置せられんことを建議したることあり之れと同時に同志を誘導して大学内に不思議研究会を開設したることあり」とある（哲学館、一八九三年）。

(6) 柳田國男は『遠野物語』序文に「此は是目前の出来事なり」と記した(聚精堂、一九一〇年)。円了が話題を「明治維新後に起った出来事」に限定したのは、『遠野物語』の作者を意識した姿勢がうかがえる。編者序文を参照されたい。
(7) 前掲『通俗絵入 妖怪百談』第四十一談に同じ話があり、挿絵は同書から転載した。
(8) 卵塔は卵形の墓石。転じて墓石一般。したがって卵塔場は墓地のこと。現在の墨田区両国にある回向院境内の墓地に文中の鼠小僧次郎吉の墓が現存する。
(9) 咫尺を弁ぜずとは、視界がきかず近くのものさえ見分けがつかないことをいう。
(10) 就褥は床につくこと。就寝。
(11) 北門新報。明治二十四年(一八九一)小樽の北門新報社が創刊。翌年、本社を札幌に移した。
(12) 燐化水素が燃焼して生じる青い火。須川賢久訳『具氏博物学』巻二に「燐火 湿地或ハ埋葬地等ニテハ往々青色ノ火光飛動スルコトアリ之ヲ燐火ト名ヅク世人ノ之ヲ見ル者頗迷ヲ抱クト雖モ畢竟此火ハ動物体質ノ混合シタル水素燐ト称スル者ヨリ生ズルナリ」とある(文部省、一八七六年)。
(13) 雪隠は便所。禅寺の語。
(14) 南京鼠はハツカネズミのこと。愛玩用に飼育された。
(15)『通俗絵入 妖怪百談』第四十七談に同じ話があり、挿絵は同書から転載した。
(16) 元治元年(一八六四)再興の法華庵は小塚原刑場の死刑囚の菩提を弔う寺院であった。大正十二年(一九二三)に市電設置により北区岩淵に移転、十五年(一九二六)に陸軍砲兵工廠設立のため足立区西保木間に移転し、のちに日蓮宗法華寺に改称した(「東京都寺社案内」https://tesshow.jp/adachi/temple_whokima_hokke.html)。
(17) 腹部腰部の疼痛を疝気と俗称した。人の疝気に気を揉むとは、自分に関係ないことまで案じる譬え。
(18) 本文に「十人」とあるが、記載された総数は九人である。

「横濱伊勢佐木町通り」https://www.city.yokohama.lg.jp/kurashi/kyodo-manabi/library/shuroku/memory/memory8/memory8-1.html

(19) 慶應三年（一八六七）から翌明治元年にかけて伊勢神宮はじめ各地の社寺の御札が降下した。「ええじゃないか」の囃子にあわせた一大騒動へ展開する一方、各地で祭祀がおこなわれ施行振舞も盛行した（『國史大辞典』第二巻、吉川弘文館、一九八〇年）。

(20) 円了は明治二十年（一八八七）に本郷区龍岡町（現在の文京区湯島）の臨済宗麟祥院境内の一棟を借りて哲学館を開校し、その二年後に本郷区駒込蓬莱町（現在の文京区向丘）に新校舎を建設した。移転後に寄宿舎を付設し、自身も近傍に住した。

(21) 円了著『日本周遊奇談』第百九十四話に「臆病の家はお化の問屋なり」とある（博文館、一九一一年）。

(22) 現在の台東区谷中にある蓮華寺。文中の「題目」は「南無妙法蓮華経」である。

(23) 胡乱《うろん》の誤植か。怪しく疑わしいこと。

(24) 榛澤郡新会村。同村は昭和二十九年（一九五四）に廃され、現在は埼玉県深谷市と群馬県太田市に編入。

(25) 日蓮宗の寺院には「南無妙法蓮華経」の文字を刻んだ石塔、いわゆる題目宝塔が数多く見られる。「ばんげ」は坂下か。『妖怪学雑誌』第二十二号（一九〇一）に本文と同じ記事があり、妖怪研究会報告欄に「高橋平治（越後）」の名がある。

(26) 勧工場は種々の商品の陳列販売場。横浜館の創業は明治三十三年（一九〇〇）三月である（『横浜社会辞彙』横浜通信社、一九一七年)。横浜伊勢佐木町通りを撮影した当時の絵葉書写真の右上に「横濱館」の看板が見える。

(27)一匹の犬が突然吠えると犬どもがむやみに吠え出す。一人が好い加減なことを言うと世人がそれを本当のことのように言いふらす譬え。

(28)本所七不思議には異伝が少なくない。昇旭斎國輝画『本所七不思議之内』に「送提灯《おくりちょうちん》」「送撃柝《おくりひょうしぎ》」「足洗邸《あしあらいやしき》」「置行堀《おいてけほり》」「無灯蕎麦《あかりなしのそば》」「片葉芦《かたはのあし》」「狸囃子《たぬきはやし》」とある(小嶌亀吉蔵板、一八八六年)。また平出鏗二郎著『東京風俗志』上巻に「本所に七不思議あり、一に馬鹿太鼓、二においてけ堀、三に片葉の蘆、四に天井の足洗、五に二つ提灯、六に云々と、今おいてけ堀の名を空しく留むるのみ」とある(冨山房、一八九九年)。

(29)柳田國男は同じく長崎の温泉岳周辺の伝承をあげている。論考「ひだる神のこと」に「以前旅人が此辺で餓死し、其魂が附近に留つて居るとも謂ひ、又かつて此処で首を釣つて死んだ者があるとも謂ふ」とある(『民族』第一巻一号、一九二五年。再録『妖怪談義』柳田國男全集第二〇巻、筑摩書房、一九九九年)。長崎県雲仙地方の「だらし」伝承に関しては、関敬吾が実例をいくつか紹介している(「『だらし』につけられる話」『旅と伝説』第七巻一〇号、一九三四年)。

(30)禅寺の雑役僧。納所坊主。

(31)円了の郷里長岡が戦場となった北越戦争。慶應四年戊辰の年(一八六八)五月に長岡城は落城して新政府軍に敗退した。会津落城の四か月前である。翌々明治三年(一八七〇)に長岡藩は廃藩となった。廃藩置県実施の前年にあたる。

(32)明治三十七年(一九〇四)に円了は豊多摩郡野方村の東和田の地に哲学堂を建てた。現在の中野区立哲学堂公園内に四聖堂と称する遺構がある。

(33)東北日報社発行の日刊紙。明治四十一年(一九〇八)四月から大正三年(一九一四)十月まで『新潟東北日報』と号し、後年『新潟新聞』と合併した。新潟県立文書館で閲覧可能である（https://www.pref-lib.niigata.niigata.jp/?page_id=644）。

(34) 虎病は虎列拉《コレラ》の俗称。

(35) 名古屋市を拠点とする日刊紙『新愛知』明治三十一年十一月二日刊も同様に報道した。末尾に「何《いつ》れ円了博士の好材料にこそ」とある（湯本豪一編『明治期怪異妖怪記事資料集成』国書刊行会、二〇〇九年）。類似の新聞記事は以下をも参照。湯本豪一編『大正期怪異妖怪記事資料集成』全二冊、国書刊行会、二〇一四年。

(36) 訛言は事実無根の言説。流言。

(37) 「南無阿弥陀仏」の六文字。

(38) 阿弥陀如来が観音菩薩と勢至菩薩を従え、西方極楽浄土から臨終の念仏者を迎えに来るという。これを三尊来迎と呼ぶ。陰暦七月二十六日の夜、月の出に来迎の三尊を拝することが近世に盛行した。曲亭馬琴著『俳諧歳時記秋冬雑之部』に「廿六夜待　江戸の俗今月廿六日の夜月の出に三尊仏の影向《ゑうこう》を拝むとて田安の台。神田湯嶋の社地。江戸見坂。品川高輪《たかなわ》等に群集《くんじゅ》す虫売　菓《くだもの》　飴《あめ》餅いろ〳〵の商人来りて賑《にぎは》へり」とある（蔦屋重三郎等蔵板、一八〇三年）。

(39) 『通俗絵入 妖怪百談』第四十九談に同じ話があり、挿絵は同書から転載した。

(40) 蚕児はカイコ。ヲサキ狐の俗信はもと秩父から始まり武州へ伝播したという。信州で管狐と呼ばれ、大崎様とも呼ばれるヲサキは養蚕の時節にカイコを盗むと言い伝えられている（喜多村筠庭『筠庭雑録』日本随筆大成第二期七巻、吉川弘文館、一九七四年。有賀恭一「信州諏訪湖畔の狐」『郷土研究』第七巻二号、一九三三年）。

(41) ヲサキ狐の外貌については、前掲『筠庭雑録』に「或人信州伊奈郡松島宿ノ孤村ニテ怪獣ヲ殺セリ。其形大サ猫ホドアリ。面ハ全ク猫ノ如ク、身ハ獺ニ似テ、毛ハスベテ灰色、尾ハ太ク栗鼠ノ如クナリ」とある。また窪田空穂は木曽福島新開村字大原の伝承を報じた。「冬の寒い頃など、南向きの日あたりのよい屋根に管狐が並んで日なたぼつこしてゐる事がある。それは小さな子猫ぐらゐな、掌《て》に載せられる程の狐であつた」という（「管狐の事」『郷土研究』第一巻七号、一九一三年）。

(42) 天邪鬼《あまのじゃく》。『日本国語大辞典』（小学館、第二版、二〇〇〇年）および『日本方言大辞典』（小学館、一九八九年）には「アマノジャコ」「アマンジャク」「アマヌシャグメ」「アマネジャク」等の記載はあるが「アマネジャク」という呼称は見あたらない。

(43)『老子』第四十一に「上士聞道。勤而行之。中士聞道。若存若亡。下士聞道。大笑之。不笑。不足以為道（優等な人士は「道」と聞けば誠心にこれを実践する。月並みな人々は「道」と聞くと心にとどめはするが忘れてしまう。低級な者どもは「道」と聞くや馬鹿笑いする。連中に笑われないようでは「道」と称するに値《あたい》しない）」とある。同じく『老子』第五十六に「知者不言。言者不知（ものごとをわきまえている人はあれこれ言わない。あれこれ言うやからは何もわかってなどいない）」とある（国学基本典籍叢刊、国家図書館出版社、二〇一七年）。

(44) 紀賤丸撰『道歌百人一首麓枝折』に鈴木正三の作歌として「釈迦あみだ嘘つけばこそ仏なれまことをいはゞ凡夫なるべし」とある（柳枝軒小川多左衛門蔵板、天保四年刊）。円了の引用とは文字に若干の異同がある。

(45) 本書所収『妖怪学雑誌』論説「真怪論」にも「余の目的は全く偽怪誤怪仮怪を払いて真怪を顕すに外ならず」とある。

(46) 円了著『妖怪学講義』全二十四冊、哲学館、一八九三〜一八九四年。同『妖怪学講義』増補再版、全六冊、哲学館、一八九六年。六冊分の総分量は二五三四ページである。

(47) 雪嶺と号した三宅雄二郎は円了とともに不思議研究会を創設し、のちに政教社の雑誌『日本人』（のちに改題して『日本及日本人』）を創刊するとき円了を同人に加えた。その人でさえ円了の追悼文集に、哲学の研究や哲学館の経営は社会貢献として認められるが、妖怪の研究に対しては「聊道楽趣味を混じ、個人的にならうとし、年と共に愈其の傾向を強うした」と述べている（三輪政一編『井上圓了先生』東洋大学校友会、一九一九年）。

(48)『妖怪学雑誌』第十四号所載の「天災論」に「百方之を避けんとするも遁るゝに道なく、遂に迷信の淵に沈むに至る。是に於て天災の何たるを講究して、之に対する決心を定むるを今日の急務となす」とある（妖怪学雑誌社、一九〇〇年）。

(49)スライド映写機。当時は灯油を光源とする構造で、すでに教育現場等で多用されていた。明治十七年（一八八四）に立正安国会を設立した田中智學は布教活動においても幻灯機を駆使して成果をあげている（『宗門之維新』師子王文庫、一九〇一年）。

(50)滅法もない。途方もないほど。

(51)対句の「不可思議の霊光」と「不可知的の妙味」で人知を超えた境域を言うのであろう。後文の「超理的真怪」にほかならない。この対聯に出典があるなら知りたい。

(52)奇情の意味は後文で説明されるが、他に用例を見出しがたい。円了の造語か。

(53)源為朝は為義の八男で、頼朝の叔父にあたる。九州に放逐されてから鎮西八郎を名のった。剛勇無双ゆえに麻疹《はしか》も疱瘡（天然痘）も寄せ付けずと信じられ、とりわけ疱瘡除けの守り神として民間で崇められた（宮田登『江戸のはやり神』筑摩書房、一九九三年）。

(54)哲学館が明治二十二年（一八八九）本郷区駒込蓬莱町に移転したとき、円了は鬼門にまつわる迷信を排し、方角に拘泥せず新校舎を建設させた。完成後まもなく火災で焼失して周囲から揶揄されたが、それでもなお同じ方針をつらぬいた。円了著『通俗絵入 妖怪百談』第三十八段に「哲学館の焼失は正く鬼門の祟なれば、鬼門は決して犯すべからずと、却て鬼門迷信家に迷信の兵糧を与ふることゝなれり」とある（四聖堂、一八九八年）。後年、新城新蔵が中国科学史研究の立場から鬼門の淵源を『論衡』所引の山海経逸文にさかのぼって考究した。中国では鬼門は特段畏怖されておらず、日本で方位吉凶の観念と混淆して生じた俗習であるという（『迷信』興学会出版部、一九二五年）。

(55)『妖怪学雑誌』論説注（3）に既出。

(56) 惑情は迷妄の心。仏教語。

(57) ヘルバルトはドイツの教育学者。主著『一般教育学』(Johann Friedrich Herbart, *Allgemeine Pädagogik aus dem Zweck der Erziehung abgeleitet*, Röwer Verlag, Göttingen, 1806) は教育学を体系化したもので、その学説は明治の教育界に多大な影響をあたえたとされる。しかし大正期にはすでに時代遅れとなっていた。

(58) 新政府は明治四年（一八七一）に戸籍法を公布し、それまで寺院に任せていた戸籍を役所に管理させた。前代の寺請制度が寺院にあぐらをかかせ、その腐敗につながっていたことはまちがいない。檀家に寺の経済を負担させることは従来のようには行かなくなり、末端の寺院は窮乏した。円了の生家の慈光寺では薬を売って生活の足しにした。小児五疳薬という夜泣き疳の虫の飲み薬があり、その調剤法を某家から譲り受けていたのである。慈光寺の檀家にその薬袋が保存されているという（高木宏夫『井上円了の世界』東洋大学井上円了記念学術センター、二〇〇五年）。

(59)「唯識三年倶舎八年」は「桃栗三年柿八年」をもじっており、仏教学のなかでも唯識論と倶舎論の修学には長い年月を要することをいう。円了はこうした伝統教学の悠長さを揶揄した。

(60) 戴益の七言絶句「探春」である。「終日、春を求めて歩いたが春は見つからず、芒鞋《わらじ》で隴山の頂きの雲に分け入った。帰り着いて破顔し梅の花を採って嗅ぐと、枝の先にすでに春は満ちていた」の意である。高所にばかり目を向けてむなしく探し続けたが、気がつけば求めるものはすぐ足もとにあったという。禅の心にかなった詩として世に広まった。そのため文字に異同が少なくない。戴益は宋代の人とされる。出自経歴不詳でこの一篇が知られるのみである。

(61) この修辞も『老子』に倣うところ大きかろう。第二十九に「天下神器。不可為也。為者敗之。執者失之(天下は霊妙な器であり、人為でことを成し得るものではない。為そうとすればこれに敗れ、執着すればこれを失う)」とあり、第七十七に「天之道。其猶張弓与。高者抑之。下者挙之。有余者損之。不足者補之(天の道は、あたかも弓を張るかのように、[弦《つる》が]高くなればこれを抑え、低くなればこれを持ち挙げ、余りがあればこれを減らし、足りなければこれを補う)」とある(前掲書)。ちなみに円了はかつて襲常と号した。『老子』第五十二に、微小を見つめ柔弱を守る姿勢に「常に襲《したが》う」とある。現刊本はおおむね「習常」とするが、和刻本等の古籍は「襲常」に作る。

(62) 算盤や筆算によらず一々目算する計算法。目子算《めのこざん》。

(63) 天堂は天上界。仏教語。

(64) 咫尺はわずかな隔たりをいう。注(9)参照。

(65) 揆は道筋。揆一は仕方を同じくする意。

(66) 明治二十六年(一八九三)に創刊された分冊『妖怪学講義』がのちに増補されて全六冊の大著となったことは文中に述べてある。三十年(一八九七)二月十六日に文部大臣から秘書官を通じて書面が寄せられた。円了著『迷信解』に「文部大臣御書翰写」が転載されている。文中に「民間ニ於テ尚ホ迷信流行シ往々普通教育ノ進歩ヲ障害スル点モ有之候処学術上一々之レカ説明ヲ与ヘラレシハ頗ル有益ノ事ト思考致候斯カル著述ノ普ネク世ニ公行セバ今ヨリ漸次彼ノ迷信ノ旧習ヲ減退スルノ一助トナルハ信シテ不疑儀ニ候趣右大臣ヨリ貴下ヘ御伝言致候」とある(前掲書)。これが契機となり、同月二十二日に六冊本が宮内大臣から明治天皇に奉呈された(三輪政一編、前掲書所載「甫水井上円了先生譜略」)。

(67) 円了著『仏教活論序論』緒言に「夫レ余ハ赤貧多病固ヨリ権勢ノ途ニ奔走シテ栄利ヲ争フノ念ナク毀誉ノ間ニ出没シテ功名ヲ貪ムルノ情ナク唯終身陋巷ニ潜ンテ真理ヲ楽ミ草茅ニ坐シテ国家ヲ思フノ赤心ヲ有スルノミ」とある(前掲書)。

補遺

（1）妖怪学講義はまず大段落である「類」に分けられる。類は八項目ある。各類は中段落である「種」に分けられる。種は三十四項目ある。種はそれぞれ数個の小段落に分けられる。全部で二百六十九項目ある。今ならば論文に第一部・第一章・第一節等と大中小の段落を設けることは普通におこなわれているが、そうした慣例のない時代のことである。思うに、円了の分類法は仏典を読むとき用いられる科文《かもん》にならったのではないか。科文とは本文を幾重もの段落に細分する作業である。とりわけ大部な経典や難解な論書を読み進めるうえで不可欠とされ、その歴史はたいへん古く、円了が僧籍を授かった真宗でも伝統的に実践されてきた解読法である。大きな区切りとしては、まず大段落のうち第一の「序分」を経典の導入部にあて、第二の「正宗分」を経典の中心となる教えにあて、第三の「流通分」を後世における経典の普及を期した記述にあてる。以上の大段落が科文の柱であり、それぞれが数項目の中段落に分けられ、中段落はそれぞれ数項目の小段落に分けられる。妖怪学講義は第一類「総論」が「序分」に該当し、第二類「理学部門」から第七類「教育学部門」までが「正宗分」に該当し、第八類「雑部門」は第二類から第七類までに分類できないものを一括し、より広い視野に立った解明を将来に期しており「流通分」と同じ役割があたえられている。円了の過剰な分類癖は、複雑多岐にわたる事象を統一的に把握しようとするこうした伝統教学の方法にもとづくものと理解したい。

（2）ここに登場するのは日蝕や月蝕、雷や蜃気楼であるが、昔は天の異象と信じられていた。これに合理的説明を与えようとする姿勢について、日本人がみずから試みた自然学研究の先駆と捉える見方もある（板倉聖宣『かわりだねの科学者たち』仮説社、一九八七年）。また、二〇〇九年に新潮社の季刊誌『考える人』が日本の科学者百人を特集した中で、円了は南方熊楠とともに「豪快にして変人」の項目に登場する。かつては原因がわからず妖怪のしわざとされた自然現象が数多く存在した。それを明らかにするために古い資料をひもとき実地の聞き取りを重ね、そうして得られた情報をもとに観察や実験をくりかえしてその正体を解明していく。これはまさしく科学者の姿勢にほかならない。それを豪快なスケールで試みた変人ということか。哲学者・妖怪学者だけではなく自然科学者でもあったわけだが、こうしたあまりにも多面的な活動が円了の実像を捉えにくくしていることも事実であろう。

（3）配列は歴史的仮名遣の読みによる。通用の書名と文字が相違するものや配列に妥当でないものもあるが、すべてそのままとした。

（4）『哲学館講義録』第一期（哲学館、明治二十三年）に記載された訪問地は以下のとおりである。『妖怪学講義緒言』の記載とはやや異同がある。市町村名の多くは後に変更されたが、ここでは原著のままとし、記載順に従って示す。神奈川県大磯町。静岡県静岡、焼津、掛川町、浜松。愛知県豊橋、岡崎、名古屋。岐阜県岐阜市。滋賀県長浜、彦根、大津、常楽寺村、五個荘村、愛知川村。三重県一身田、津、松阪、山田、四日市、桑名。愛知県津島、熱田、大野、半田、北大浜、西尾町、蒲郡、豊川。

同第三期および第四期（明治二十四年）に記載された訪問地は以下のとおりである。静岡県清水、藤枝町、平田村、中泉町。滋賀県八幡町、五個荘、愛知川。和歌山県高野村、和歌山。徳島県徳島市、川島町、脇町、池田町。高知県高知市、国府村、安芸町、田野村、山田町、須崎町。愛媛県松山市、宇和島、今治町。香川県丸亀市、高松市、長尾村。徳島県撫養町。兵庫県市村、洲本町、志筑町。京都府亀岡町、福知山、舞鶴町、宮津町、峰山町。兵庫県出石町、豊岡町。鳥取県鳥取市、長瀬村、倉吉。島根県松江市。鳥取県米子町。島根県平田町、今市町、杵築町、波根西村、大田、大森、大国村、宅野村、天河内村、温泉津、郷田、浜田、益田、津和野。山形県米沢市、山形市、寒河江村、天童町、楯岡町、新庄町、鶴岡町、酒田町、松嶺、新庄町。

同第五期（明治二十五年）に記載された訪問地は以下のとおりである。兵庫県龍野町。岡山県閑谷。広島県広島市、呉。山口県赤間関、豊浦町、豊東村、吉田村、王喜村、生田村、船木村、厚東村、西岐波村、萩

町、秋吉村、大田、山口町、佐波村、三田尻、徳山、花岡、下松、室積村、岩国町。広島県尾之道。群馬県安中町、松井田町、里見村、高崎町、八幡村。新潟県新井村、高田、直江津、上杉村、安塚村、坂井村、代石村、梶村、新潟、沼垂町、葛塚村、新発田町、亀田町、新津町、田上村、加茂町、白根町、三条町、見附町、浦村、片貝村、千手町村、六日町、塩沢、小出、小千谷町、長岡、大面村、寺泊町、野中才村、新町村、加納村、野田村、柏崎町。福島県福島。北海道函館、江差町、渡島町、潮路村、有戸、美谷、島古丹、岩内、余市、湊町、小泊村、札幌、永寿町、小樽、手宮町、色内町、熊碓村、岩見沢、室蘭、森、簗館村、一迫村。山口県深川村、黄波戸村、菱海村、向津具村、川棚村。

同第六期（明治二十六年）に記載された訪問地は以下のとおりである。福岡県小倉。熊本県熊本市。長崎県長崎。佐賀県佐賀市。福岡県福岡市、若松町、久留米市、吉井町。大分県豆田町、隈町。山口県赤間関。大分県中津町。福岡県椎田村。

これ以降の訪問地については、『能州各地巡回略報告』（哲学館、明治三十三年）『紀州南部各地巡回報告』（明治三十四年）『加越及播丹巡回略報告』（明治三十五年）ならびに『修身教会雑誌』二号（哲学館、明治三十七年）、同二十一号（明治三十八年）、同三十一号（明治三十九年）等に記載がある。

KODANSHA

本書は講談社学術文庫のために新たに編集されたものです。

井上円了（いのうえ　えんりょう）

1858-1919年。越後国三島郡生まれ。東京大学卒業。哲学館（現東洋大学）館主。文学博士。著書に『仏教活論序論』『純正哲学講義』『霊魂不滅論』『妖怪学講義』（全６冊）など。

菊地章太（きくち　のりたか）

1959年，横浜市生まれ。筑波大学卒業。東洋大学教授。博士（文学）。著書に『儒教・仏教・道教』『妖怪学講義』『哀話の系譜』など。

講談社学術文庫

定価はカバーに表示してあります。

妖怪学《ようかいがく》とは何《なに》か　井上円了精選《いのうええんりょうせいせん》

井上円了《いのうええんりょう》　菊地《きくち》章太《のりたか》 編・解説

2023年６月８日　第１刷発行

発行者　鈴木章一

発行所　株式会社講談社

東京都文京区音羽 2-12-21 〒112-8001

電話　編集（03）5395-3512

販売（03）5395-4415

業務（03）5395-3615

装　幀　蟹江征治

印　刷　株式会社ＫＰＳプロダクツ

製　本　株式会社国宝社

本文データ制作　講談社デジタル製作

ISBN978-4-06-532226-0

「講談社学術文庫」の刊行に当たって

これは、学術をポケットに入れることをモットーとして生まれた文庫である。学術は少年の心を養い、成年の心を満たす。その学術がポケットにはいる形で、万人のものになることは、生涯教育をうたう現代の理想である。

こうした考え方は、学術を巨大な城のように見る世間の常識に反するかもしれない。また、一部の人たちからは、学術の権威をおとすものと非難されるかもしれない。しかし、それはいずれも学術の新しい在り方を解しないものといわざるをえない。

学術は、まず魔術への挑戦から始まった。やがて、いわゆる常識をつぎつぎに改めていった。学術の権威は、幾百年、幾千年にわたる、苦しい戦いの成果である。こうしてきずきあげられた城が、一見して近づきがたいものにうつるのは、そのためである。しかし、学術の権威を、その形の上だけで判断してはならない。その生成のあとをかえりみれば、その根は常に人々の生活の中にあった。学術が大きな力たりうるのはそのためであって、生活をはなれた学術は、どこにもない。

開かれた社会といわれる現代にとって、これはまったく自明である。生活と学術との間に、もし距離があるとすれば、何をおいてもこれを埋めねばならない。もしこの距離が形の上の迷信からきているとすれば、その迷信をうち破らねばならぬ。

学術文庫は、内外の迷信を打破し、学術のために新しい天地をひらく意図をもって生まれた。文庫という小さい形と、学術という壮大な城とが、完全に両立するためには、なおいくらかの時を必要とするであろう。しかし、学術をポケットにした社会が、人間の生活にとってより豊かな社会であることは、たしかである。そうした社会の実現のために、文庫の世界に新しいジャンルを加えることができれば幸いである。

一九七六年六月　　野間省一

文化人類学・民俗学

年中行事覚書
柳田國男著（解説・田中宣一）

人々の生活と労働にリズムを与え、共同体内に連帯感を生み出す季節の行事。それらなつかしき習俗・行事の数々に民俗学の光をあて、隠れた意味や成り立ちを探る。日本農民の生活と信仰の核心に迫る名著。

124

妖怪談義
柳田國男著（解説・中島河太郎）

河童や山姥や天狗等、誰でも知っているのに、実はよく知らないこれらの妖怪たちを追究してゆくと、正史に現われない、国土にひそむ歴史の真実をかいまみることができる。日本民俗学の巨人による先駆的業績。

135

中国古代の民俗
白川　静著

未開拓の中国民俗学研究に正面から取り組んだ労作。著者独自の方法論により、従来知られなかった中国民族の生活と思惟、習俗の固有の姿を復元、日本古代の民俗的事実との比較研究にまで及ぶ画期的な書。

484

南方熊楠《みなかたくまぐす》
鶴見和子著（解説・谷川健一）

南方熊楠――この民俗学の世界的巨人は、永らく未到のままに聳え立ってきたが、本書の著者による満身の力をこめた独創的な研究により、ようやくその全体像を現わした。〈昭和54年度毎日出版文化賞受賞〉

528

魔の系譜
谷川健一著（解説・宮田　登）

正史の裏側から捉えた日本人の情念の歴史。死者の魔が生者を支配するという奇怪な歴史の底流に目を向け、呪術師や巫女の発生、呪詛や魔除けなどを通して、日本人特有の怨念を克明に描いた魔の伝承史。

661

塩の道
宮本常一著（解説・田村善次郎）

本書は生活学の先駆者として生涯を貫いた著者最晩年の貴重な話――「塩の道」「日本人と食べ物」「暮らしの形と美」の三点を収録。独自の史観が随所に読みとれ、宮本民俗学の体系を知る格好の手引書。

677

仏教民俗学
山折哲雄著

日本の仏教と民俗は不即不離の関係にある。日本人の生活習慣や行事、民間信仰などを考察しながら、民衆に育まれてきた日本仏教の独自性と日本文化の特徴を説く。仏教と民俗の接点に日本人の心を見いだす書。

1085

民俗学の旅
宮本常一著（解説・神崎宣武）

著者の身内に深く刻まれた幼少時の生活体験と故郷の風光、そして柳田國男や渋沢敬三ら優れた師友の回想など生涯にわたり歩きつづけた一民俗学徒の実践的踏査の書。宮本民俗学を育んだ庶民文化探求の旅の記録。

1104

憑霊《ひょうれい》信仰論
小松和彦著（解説・佐々木宏幹）

日本人の心の奥底に潜む神と人と妖怪の宇宙。闇の歴史の中にうごめく妖怪や邪神たち。人間のもつ邪悪な精神領域へ踏みこみ、憑霊という宗教現象の概念と行為の体系を介して民衆の精神構造＝宇宙観を明示する。

1115

蛇　日本の蛇信仰
吉野裕子著（解説・村上光彦）

古代日本人の蛇への強烈な信仰を解き明かす。注連縄・鏡餅・案山子は蛇の象徴物。日本各地の祭祀と伝承に鋭利なメスを加え、洗練と象徴の中にその跡を隠し永続する蛇信仰の実態を、大胆かつ明晰に論証する。

1378

アマテラスの誕生
筑紫申真著（解説・青木周平）

皇祖神は持統天皇をモデルに創出された！　壬申の乱を契機に登場する伊勢神宮とアマテラス。天皇制の宗教的背景となる両者の生成過程を、民俗学と日本神話研究の成果を用いダイナミックに描き出す意欲作。

1545

境界の発生
赤坂憲雄著（解説・小松和彦）

現今、薄れつつある境界の意味を深く論究。生と死、昼と夜などを分かつ境はいまや曖昧模糊。浄土や地獄も消え、生の手応えも稀薄。文化や歴史の昏がりに埋もれた境界の風景を掘り起こし、その意味を探る。

1549

文化人類学・民俗学

吉田敦彦著
日本神話の源流
日本文化は「吹溜まりの文化」である。大陸、南方諸島、北方の三方向から日本に移住した民族、伝播した文化がこの精神風土を作り上げた。世界各地の神話と日本神話を比較して、その混淆の過程を探究する。
1820

小松和彦著
日本妖怪異聞録
妖怪は山ではなく、人間の心の中に棲息している。滅ぼされた民と神が、鬼になった。酒呑童子、妖狐、天狗、魔王・崇徳上皇、鬼女、大嶽丸、つくも神……。日本文化史の裏で蠢いた魔物たちに託された闇とは？
1830

吉野裕子著
山の神 易・五行と日本の原始蛇信仰
蛇と猪。なぜ山の神はふたつの異なる神格を持つのか？神島の「ゲーターサイ」、熊野・八木山の「笑い祭り」などの祭りや習俗を渉猟し、山の神にこめられた意味と様々な要素が絡み合う日本の精神風土を読み解く。
1887

波平恵美子著
ケガレ
日本人の民間信仰に深く浸透していた「不浄」の観念とは？　死＝黒不浄、出産・月経＝赤不浄、罪や病等、さまざまな民俗事例に現れたケガレ観念の諸相を丹念に追い、信仰行為の背後にあるものを解明する。
1957

B・マリノフスキ著／増田義郎訳（解説・中沢新一）
西太平洋の遠洋航海者 メラネシアのニュー・ギニア諸島における、住民たちの事業と冒険の報告
物々交換とはまったく異なる原理でうごく未開社会のクラ交易。それは魔術であり、芸術であり、人生の冒険である。原始経済の意味を問い直し、「贈与する人」の知恵を探求する人類学の記念碑的名著！
1985

J・G・フレーザー著／吉岡晶子訳／M・ダグラス監修／S・マコーマック編集
図説　金枝篇（上）（下）
イタリアのネミ村の「祭司殺し」と「聖なる樹」の謎を解明すべく四十年を費して著された全13巻のエッセンス。民族学の必読書であり、難解さでも知られるこの書を、二人の人類学者が編集した［図説・簡約版］。
2047・2048

文学・芸術

フランス絵画史 ルネッサンスから世紀末まで
高階《たかしな》秀爾《しゅうじ》著
十六世紀から十九世紀末に至る四百年間は、フランス精神が絵画の上に最も美しく花開いた時代である。美の様式を模索する芸術家群像とその忘れ難い傑作の系譜を、流麗な文章で辿る本格的通史。文庫オリジナル。
894

怪談・奇談
小泉八雲著／平川《ひらかわ》祐弘《すけひろ》編
一八九〇年に来日以来、日本と日本の文化を深く愛し続けた小泉八雲。本書は、彼の作として知られている「耳なし芳一」「轆轤首」「雪女」等の怪談・奇談四十二篇を新訳で収録。さらに資料として原拠三十篇を翻刻した。
930

日本の心
小泉八雲著／平川祐弘編
障子に映る木影、小さな虫、神仏に通じる参道――名もない庶民の生活の中に、八雲は「無」や「空」の豊かな美しさを見た。異国の詩人が見事に描いた古き良き日本。八雲文学の中心に位置する名編。
938

明治日本の面影
小泉八雲著／平川祐弘編
美しい風土、様々な人との出会い。八雲は日本各地を旅し、激しい近代化の波の中で失われつつある明治日本の気骨と抒情を、愛措の念をこめてエッセーに綴った。懐かしい明治日本によせた八雲の真情を読む。
943

神々の国の首都
小泉八雲著／平川祐弘編
出雲の松江という「神々の国の首都」での見聞を八雲は新鮮な驚きにみちた眼で把えた。明治二十年代の一地方都市とその周辺の風物、人々の姿を鮮やかに描いた名著。みずみずしい感動に溢れた八雲の日本印象記。
948

モーツァルト
吉田秀和著（解説・川村二郎）
わが国の音楽批評の先導者・吉田秀和の出発点にはベートーヴェンでもバッハでもなくモーツァルトの音楽があった。楽曲の細部に即して語りつつ稀有の天才の全体像を構築した、陰影に富むモーツァルト論集。
949